Fürst Karl Friedrich von Hohenzollern

mit Katrin Frische

ZWISCHEN **FREIHEIT** UND **VERANTWORTUNG**

Fürst Karl Friedrich von Hohenzollern

mit Katrin Frische

ZWISCHEN **FREIHEIT** UND **VERANTWORTUNG**

DIE AUTOBIOGRAFIE

GMEINER

Besuchen Sie uns im Internet:
www.gmeiner-verlag.de

Im Ehnried 5, 88605 Meßkirch
Telefon 07575/2095-0
info@gmeiner-verlag.de

2. Auflage 2023

Lektorat/Redaktion: Anja Sandmann
Korrektorat: Isabell Michelberger
Layout, Satz, Umschlaggestaltung: Florian Gmeiner

Umschlagabbildungen:
Vorne: Volker Dautzenberg Photography
Klappe oben: Erwin Schultheiss, Sigmaringen
Klappe unten: Christoph A. Hellhake

Abbildungen:
© Antje Debus: S. 138
© Alexandra Prinzessin von Hohenzollern: S. 139
© Klaus Schultes: S. 177, 189, 202, 204, 206, 212, 224
© Sascha Baumann: S. 184
© Klaus Schultes: S. 179, 191, 204, 206, 208, 214, 226
Alle sonstigen verwendeten Fotos stammen aus dem privaten Bestand des Fürsten Karl Friedrich von Hohenzollern.

Druck: CPI Books GmbH, Leck
Printed in Germany
ISBN 978-3-8392-0523-5

MIX
Papier | Fördert gute Waldnutzung
FSC® C083411

»

Freiheit ist nicht, zu tun,
was man tun will,
sondern zu tun,
was man tun muss.

«

Yehudi Menuhin

INHALT

VORWORT

Warum meine Biografie?

Die erste Anregung dazu, meine Lebensgeschichte zu verfassen, hatte mir mein Vater gegeben. Er war ein großer Erzähler vor dem Herren. Anlässlich seines 75. Geburtstags hielt ich eine Ansprache, in der ich mich an eine kurze Zusammenfassung seines Lebens wagte. Dabei wurde mir klar, wie viel Interessantes es hier zu erzählen gibt. Kleine Anekdoten und große Geschichten, die den Wesenskern meines Vaters erlebbar machen und die letztlich zum kulturellen Erbe unserer Familie gehören. Ich drängte meinen Vater daraufhin, all diese Geschichten noch zu erzählen und sie so für die Nachwelt zu erhalten. Aber trotz intensiver Bemühungen gelang es meinen Brüdern und mir nicht, ihn mit jemandem zusammenzubringen, dem er das alles erzählen konnte, um es anschließend zu Papier zu bringen. Erst gegen Ende seines Lebens, als sich schon die ersten Anzeichen von Gedächtnisverlust zeigten, konnten wir ihn überzeugen, sich mit einer Historikerin zusammenzusetzen und das von seinem Leben wiederzugeben, was ihm noch in Erinnerung geblieben war. Bedauerlicherweise war das nicht mehr viel, und so ließen sich nur noch Fragmente zu Tage fördern, mit denen nicht allzu viel anzufangen war.

Ich schwor mir damals, es einmal anders zu machen und mit den Aufzeichnungen meiner Erinnerungen zu beginnen, bevor es zu spät sein würde. Damals war ich Mitte fünfzig und der Gedanke an eine Biografie lag in weiter Ferne. In den darauffolgenden Jahren blitzte der Gedanke an die Memoiren immer mal wieder auf, aber das Alltagsgeschäft nahm mich zu sehr in Beschlag. Eines Tages unterhielt ich mich mit einer alten Freundin über vergangene Zeiten und gab dabei einige Geschichten über meinen Vater zum Besten. Daraufhin redete sie auf mich ein: »Diese Geschichten musst du unbedingt einmal aufschreiben, denn nach Dir weiß sie keiner mehr!« Das war ein weiterer Mahnruf, und die Ermutigung zu einer Biografie war damit in die nächste Phase getreten. Im gleichen Jahr wurde ich vom *Jazzverein Bad Saulgau*, in dem ich seit vielen Jahren aktiv bin, gefragt, ob ich einen Beitrag für das Jubiläumsbuch zum 50-jährigen Jubiläum des Vereins schreiben könnte. Ich entschied mich, einen Beitrag über mein Leben als Musiker zu schreiben. *Leben mit Jazz* nannte ich den Artikel. Dabei stellte ich fest, dass ich mich an viele Details erstaunlich gut erinnern konnte.

Als ich anlässlich einer Konferenz der *Stiftung Familienunternehmen und Politik* mit Stefan Heidbreder ins Gespräch kam, empfahl er mir neben zwei weiteren Namen die Münchner Biografin Katrin Frische. Nach einem ersten Kennenlernen hatte ich das gute Gefühl, dass sie die richtige Ko-Autorin für mein Projekt sein könnte. Über mehr als zwei Jahre hinweg trafen wir uns regelmäßig zu Gesprächen. Dabei tauchten verlorene Erinnerungen wieder auf, festigten sich Bilder und wurden Sinnzusammenhänge für mich sichtbar. Bisweilen musste ich erfahren, dass Erinnerungen auch trügen können. Für sicher gehaltene Gegebenheiten entpuppten sich nach Recherche als verzerrt – eine interessante Erfahrung!

Insgesamt war die Reflexion über das Erlebte für mich ein wertvoller Prozess. Ich hoffe, dass auch meine Freunde und Familie sowie folgende Generationen das Buch gern in die Hand nehmen werden. An der Stelle sei mir der Hinweis erlaubt, dass die im Buch enthaltenen Schilderungen *meine Wahrheit* auf das Erlebte widerspiegeln. Andere mögen eine andere Sicht auf die Dinge haben, aber dies ist meine Wirklichkeit, die ich mit bestem Wissen und Gewissen vertrete.

Der rote Faden meines Lebens

Die Beschäftigung mit dem eigenen Leben hilft, dem roten Faden und damit dem Sinn des eigenen Lebens ein Stück auf die Spur zu kommen. Die beiden größten Triebfedern meines Handelns und Seins tauchen schon im Titel auf: Freiheit und Verantwortung. Obwohl es viele Abhandlungen über den Zusammenhang zwischen Freiheit und Verantwortung gibt, habe ich den Titel gewählt, da ich mich in meinem Leben immer in diesem Spannungsfeld bewegt habe. Als ältestes Kind war ich schon früh in einer gewissen verantwortlichen Position. Echte Verantwortung bekam ich dann als junger Offiziersanwärter bei der Bundeswehr übertragen. Auch wenn es damals für mich überraschend kam, fühlte ich mich in der Rolle als Vorgesetzter schnell wohl. Nicht aus Lust an der Macht. Vielmehr weil es sich für mich gut anfühlte, Verantwortung für Menschen und Dinge zu übernehmen und das mir geschenkte Vertrauen nicht zu enttäuschen. Das tut es bis auf den heutigen Tag. Natürlich ist ein Amt wie das Meinige auch eine Bürde. Tagtäglich werden einem Entscheidungen abverlangt, man muss den Erwartungen vieler Menschen standhalten, repräsentative Pflichten übernehmen und finanzielle sowie soziale Verantwortung tragen. »Eigentum verpflichtet« lautet eine Spruchweisheit. Gemäß unserem Grundgesetz wird das Recht auf Eigentum mit der sogenannten Sozialpflichtigkeit des Eigentums in dem Sinne eingeschränkt, als dass der Gebrauch des Eigentums dem Gemeinwohl zugutekommen soll. Schon als Kind bekam ich mit, wie sich unsere Familie sozial engagierte. Wir wurden beispielsweise zur Weihnachtsbescherung der Kinder des

Hauses Nazareth in Sigmaringen mitgenommen, wo seit Generationen der Fürst und seine Familie Geschenke an Waisenkinder und Kinder aus sozial schwachen Familien verteilen, eine Tradition, die es heute noch gibt. Auch waren wir von klein auf beim Martinssingen dabei. Am 11. November, dem Tag des heiligen Martin, der bekanntlich seinen Mantel mit einem Bettler geteilt hatte, versammelten sich die Grundschulkinder zum Martinsumzug und zogen mit Laternen zunächst durch die Stadt und anschließend singend zum Sigmaringer Schloss, wo mein Großvater und später auch mein Vater Lebkuchen an die Kinder verteilten. Beim Einzug ins Schloss sangen sie stets dieses Lied:

»Hier wohnt ein reicher Mann, der uns vieles geben kann.
Viel soll er geben,
lange soll er leben,
selig soll er sterben,
das Himmelreich erwerben!«

Neben der sozialen hatte auch die ehrenamtliche Tätigkeit Tradition in unserer Familie. Bereits zu Zeiten meines Großvaters waren viele Mitglieder meiner Familie bei den Maltesern aktiv. Er selbst sowie einige seiner Söhne und heute auch meine Brüder waren und sind sowohl Mitglieder des Malteser-Ritterordens als auch beim Malteser-Hilfsdienst tätig. Ich selbst hatte die Berufung zur ehrenamtlichen Tätigkeit mehr im wirtschaftlichen und unternehmerischen Bereich gefunden. Noch heute bin ich in mehreren Verbänden und Organisationen aktiv. Auch im Bereich der Musik nehme ich noch heute verschiedene ehrenamtliche Aufgaben wahr.

Als mich mein Vater kurz vor dem Abitur gefragt hatte, ob ich seine Nachfolge antreten möchte, hielt ich zunächst mit einer Antwort zurück. Aber bald wurde mir klar, dass es mir Freude bereiten würde, die Verantwortung zu übernehmen. Es reizte mich die Vorstellung, Dinge auszuprobieren und voranzubringen und dadurch Sorge für Menschen und Dinge zu tragen. Und dieser Reiz ist bis heute nicht geschwunden. Es sind die Gestaltungsspielräume, die ich mit der Freiheit verbinde. Die Spielräume sind die wahren Triebfedern meines Wirkens. Die Möglichkeiten, sinnvolle Entwicklungen voranzutreiben und weniger sinnvolle zu beenden, Entscheidungsmöglichkeiten zu haben, kurz: Die Geschicke ein Stück zu lenken, nähren mein Gefühl von Freiheit und sie haben bis auf den heutigen Tag eine belebende Wirkung auf mich. Damit habe ich auch Phasen, in denen die Verantwortung besonders schwer wog, gut meistern können.

Auch jenseits der beruflichen Ebene ist Freiheit mir ein wichtiges Gut. Gesamtgesellschaftlich, aber auch privatissimo. Freiheit und Verantwortung sind essenzielle Aspekte des menschlichen Lebens. Diejenigen, die in einer freiheitlichen Gesellschaft leben, tragen Eigenverantwortung und Mitverantwortung, also Verantwortung für sich und für andere. Nur in totalitären Gesellschaften übergibt der Einzelne die Verantwortung an den Staat und gibt im gleichen Zug seine Freiheit auf. Anderen Verantwortung zu übertragen, ist ein erfolgreiches Führungsmodell, das in der Regel besser funktioniert als einsame Entscheidungen eines Einzelnen.

Auch im Privaten habe ich mir meine Freiräume ein Leben lang gesucht. Gefunden habe ich sie besonders in der Mobilität, angefangen beim Fahrradfahren bis zum Fliegen mit der eigenen Maschine. Das konstanteste Freiheitsgefühl habe ich aber immer in der Musik gefunden. Seit ich Schüler bin, stehe ich auf der Bühne. Die Auftritte geben mir, mehr als anderswo in der Öffentlichkeit, die Möglichkeit, mein wahres Ich zu zeigen, mich frei und lebendig zu fühlen.

> *»Ich schlief und träumte, das Leben sei Freude. Ich erwachte und sah, das Leben war Pflicht. Ich handelte, und siehe, die Pflicht war Freude.«*
>
> Rabindranath Tagore

Diesen Spruch zitierte ich einmal in einer Ansprache anlässlich eines runden Geburtstags meines Vaters und sah, wie dabei ein kleines Lächeln über sein sonst ernstes Gesicht huschte. Auch für mich ist der Sinnspruch zu einer klaren Handlungsmaxime geworden. Ich bin der tiefen Überzeugung, dass wir unser Leben durch unsere Einstellung und Handlungen beeinflussen können und dass wir das Beste aus unserer Situation machen können, indem wir uns auf das Positive konzentrieren und uns bemühen, unsere Pflichten als Teil unserer Lebensfreude zu sehen.

In den vielen Interviews, die ich im Laufe der Zeit gab, wurde ich des Öfteren gefragt, was mich in meinem Leben maßgeblich angetrieben habe. Neben dem ausgeführten Spannungsfeld von Freiheit und Verantwortung habe ich hier immer Interesse und Neugier angegeben. Schon als Kind wollte ich wissen, wie Dinge funktionieren, warum sie so sind, wie sie sind, und was dahinter steckt. Ich las Bücher über Erfinder und ihre Erfindungen, über Entdecker und ihre Entdeckungen und über Konstrukteure und ihre Konstruktionen. Ich beschäftigte mich mit Modellbau und Elektrotechnik, immer mit dem Ziel, herauszufinden, wie und warum etwas funktioniert.

Immer wieder fragte ich mich, wie jemand es schafft, etwas zu erfinden, eine bahnbrechende Entdeckung zu machen oder eine Symphonie zu komponieren. Interesse und Neugier haben mich auch später im Leben weiter angetrieben. Bis heute reizt es mich, in unbekannte Gefilde einzutauchen, neue Erfahrungen zu sammeln und meinen Horizont stets ein wenig zu erweitern.

Vorgeschichte/n

In eine so alte und geschichtsträchtige Familie wie das Haus Hohenzollern hineingeboren zu sein, kann man Glück nennen, vielleicht auch Schicksal oder Bestimmung. Ich habe dieses Glück, als ältester Sohn meines Vaters in einer langen Reihe nach meinen Vorfahren zu stehen, denen es gelang, mit Glück, aber auch politischem und wirtschaftlichem Geschick den Besitz der schwäbischen Hohenzollern über Generationen zu erhalten und teilweise zu vermehren.

Bereits im 13. Jahrhundert teilten sich die Hohenzollern in die fränkische Linie, aus der später die brandenburg-preußische Linie hervorging, sowie in die schwäbische Linie auf. Im Jahr 1576 entstanden die beiden Grafschaften Hohenzollern-Hechingen und Hohenzollern-Sigmaringen, aus denen sich 1623 die beiden Fürstentümer gleichen Namens bildeten. In der Gegenwart existiert nur noch die Linie Hohenzollern-Sigmaringen, weshalb die Mitglieder der Familie den Namen ohne den Zusatz »Sigmaringen« führen.

Glück sowie politisches und wirtschaftliches Geschick hatte das schwäbische Haus Hohenzollern in den vergangenen Jahrhunderten in mehrfacher Hinsicht:

Zu Beginn des 19. Jahrhunderts konnte Fürstin Amalie Zephyrine von Hohenzollern-Sigmaringen* eine Mediatisierung durch Napoleon verhindern, da sie in Paris lebte und mit dessen Gemahlin Kaiserin Josephine befreundet war. Auf diese Weise gelang es den beiden hohenzollerischen Fürstenhäusern Sigmaringen und Hechingen, ihre Souveränität zu erhalten. So behielten die beiden Fürsten von Hohenzollern als Einzige ihrer schwäbischen Standesgenossen die Staatshoheit über ihre Gebiete.

Als Folge der Märzrevolution 1848 dankten die Fürsten von Sigmaringen und Hechingen 1849 zugunsten des Königs von Preußen ab, ihre Fürstentümer gingen als »Hohenzollernsche Lande« im preußischen Staat auf. Mein Vorfahre, der Sigmaringer Fürst Karl Anton*, wurde nach dem Tod des letzten Fürsten von Hohenzollern-Hechingen im Jahre 1869 Fürst des gesamten fürstlichen Hauses Hohenzollern und war zwischen 1858 und 1862 preußischer Ministerpräsident.

Die Sigmaringer Linie spielte auch nach der Übernahme Preußens eine bedeutende Rolle. Fürst Karl Antons ältestem Sohn Leopold wurde 1870 die Übernahme des spanischen Throns angeboten, was den Deutsch-Französischen Krieg auslöste. Sein Bruder Karl wurde als Carol I.* König von Rumänien, seine Schwester Stephanie wurde Königin von Portugal. Nach dem Tod König Carols 1914 wurde sein Neffe Ferdinand I.*, der Bruder meines Urgroßvaters Wilhelm*, sein Nachfolger auf dem rumänischen Thron. König Carol hatte im Jahr 1900 das Schloss Umkirch mit Stammgut von seiner Mutter Josephine geerbt. Nachdem er 1914 kinderlos gestorben war, ging es an meinen Großvater Fürst Friedrich Viktor, der es als Sommerresidenz nutzte. Neben meinem Vater Friedrich Wilhelm wurde auch sein jüngster Bruder Ferfried* in Umkirch geboren. Mein Vater verbrachte fast seine gesamte Schulzeit sowie sein Studium in Umkirch und Freiburg.

Im Gegensatz zu nahezu allen seinen Vorfahren diente mein Vater nicht in der Wehrmacht und wurde deshalb glücklicherweise auf Grund des sogenannten Prinzenerlasses auch nicht im Zweiten Weltkrieg eingezogen. Adolf Hitler untersagte 1940 allen der Wehrmacht angehörenden Angehörigen der bis 1918 regierenden Königs- und Fürstenhäuser die Teilnahme an Kampfhandlungen im Zweiten Weltkrieg. 1943 wurden sämtliche Angehörige ehemals regierender Fürstenhäuser von Hitler aus der Wehrmacht ausgeschlossen. Stattdessen wurde mein Vater zum Reichsarbeitsdienst abkommandiert.

Wie mein Großvater, so stand auch mein Vater dem Hitler-Regime kritisch gegenüber. Diese kritische Haltung wäre meinem Vater beinah zu einem üblen Verhängnis geworden: In einem Briefwechsel zwischen meinem Vater und einem seiner Vettern hatte sich mein Vater kritisch gegenüber den Nazis geäußert. Dieser Brief war von den Nazis aufgespürt worden, woraufhin mein Vater auf die Polizeistation geladen worden war und die Familie das Schlimmste befürchtete. Aber das Glück war auf der Seite unserer Familie: Noch bevor es zu dem Termin kam, brannte das Polizeipräsidium ab und damit war alles vermeintliche Beweismaterial vernichtet worden. Der größte persönliche Groll jedoch rührt aus der Zeit der Verdrängung aus dem Schloss durch die Vichy-Regierung. Obwohl mein Vater sich willens gezeigt hatte, die französischen Kollaborateure als Gäste zu empfangen, wurde die Familie aus dem Schloss verbannt. Dieses Ereignis hatte tiefe Spuren der Demütigung bei meinem Vater hinterlassen.

Nach dem Ende des Zweiten Weltkrieges begann mein Vater, der Volkswirtschaft studiert und anschließend einige Zeit in Genf bei einer Bank gearbeitet hatte, 1949 seine Tätigkeit in der Verwaltung unseres Hauses, die damals noch *Fürstlich Hohenzollernsche Hofkammer* hieß. Auch die fünfziger Jahre waren nicht einfach für unsere Familie. Obwohl glücklicherweise noch große Teile des Vermögens vorhanden waren, belasteten die Folgen des Zweiten Weltkrieges wie beispielsweise die sogenannten »Franzosenhiebe« unser Haus. Die Reparationsforderungen in den von Frankreich besetzten Gebieten wurden in den strukturschwachen ländlichen Gebieten durch Holz beglichen. Dennoch wurde in dieser Zeit unter meinem Vater und meinem Großvater vieles bewegt. Von der Arbersesselbahn bis zur Entwicklung der *Fürstlich Hohenzollernschen Hüttenwerke* in der Zeit des Wirtschaftswunders, all das hat mein Vater maßgeblich mit beeinflusst. Zu Lebzeiten meines Großvaters als Erbprinz und später als Fürst hatte er immer den Vermögenserhalt als oberstes Ziel im Blick. Sein unbedingter Wille zu Pflichterfüllung und Verantwortung blieb ihm zeitlebens erhalten.

Weil es im folgenden autobiografischen Abriss im Wesentlichen um mich und meine Zeitgenossen gehen soll, möchte ich an dieser Stelle noch einige Anekdoten über meine Vorfahren, die in meiner Familie kursierten, niederschreiben, auf dass sie nicht der Vergessenheit anheimfallen.

ERBSCHAFTSSTREIT ZWISCHEN MEINEM GROSSVATER UND SEINEM ZWILLINGSBRUDER Mein Großvater hatte einen Zwillingsbruder, Franz Joseph*, der wie alle Nachgeborenen beim Tod meines Urgroßvaters eine große Erbschaft angetreten ist und apanagiert wurde. Franz Joseph, genannt Onkel Joschi, hatte es geschafft, bis zum Ende des Zweiten Weltkriegs sein ganzes ererbtes Vermögen zu verschleudern, indem er eine Reihe unglücklicher Fehlinvestitionen betrieben hatte. Mein Großvater liebte seinen Bruder, aber um das familiäre Erbe zu schützen, konnte er das nicht zulassen. Da keiner der beiden Brüder gegeneinander klagen wollte, schickten sie ihre Kinder vor. So leitete der älteste Sohn von Onkel Joschi einen Prozess gegen meinen Großvater ein. Woraufhin mein Großvater meinen Vater vorschickte. So setzten sich mein Vater und sein Vetter vor Gericht auseinander, was für alle Beteiligten sehr unangenehm war. Der Prozess endete in den fünfziger Jahren in drei Instanzen mit einer Ablehnung. Mein Vater erzählte mir das erst viel später, weil er vermeiden wollte, dass wir Kinder ein schiefes Bild unserer Verwandten bekamen.

BESUCH MEINER GROSSMUTTER BEIM AUFMARSCH ADOLF HITLERS In unserer Familie kursierte die Geschichte, dass sich meine Großmutter eines Tages kurz nach der Machtübernahme auf den Weg zu einer Großkundgebung Adolf Hitlers in Freiburg machte. Auf die Frage meines Großvaters, warum sie sich das antue, hätte sie geantwortet: »Ich muss wissen, mit wem wir es eines Tages zu tun bekommen werden!« Als sie dann zurückkam, befragte mein Großvater sie nach ihrem Eindruck. Daraufhin brach es aus meiner Großmutter heraus: »Er ist ein durch und durch kleingeistiger Mann!« Damit war für uns alles bezüglich des Verhältnisses meiner Großeltern gegenüber Hitler gesagt.

DER STREIT UM DIE NAMENSGEBUNG BADEN-WÜRTTEMBERGS Meinem Großvater wird eine äußerst konservative Geisteshaltung nachgesagt. Dies versinnbildlicht eine Anekdote, die sich im Jahr meiner Geburt zutrug und die später in der Familie die Runde machte: Als Baden-Württemberg im Jahr 1952 gegründet werden sollte, debattierte man, welchen Namen man dem aus den drei Bereichen Hohenzollern, Baden und Württemberg bestehenden neuen Bundesland geben sollte. Im Spiel waren unter anderem die Namen »Hohenzollern« und »BaWüHo«, aber schließlich entschied man auf politischer Ebene, den Namen »Hohenzollern« unter den Tisch fallen zu lassen. Als mein Großvater davon hörte, beschloss er, persönlich zum Regierungspräsidium nach Tübingen zu fahren. Er beschwor Carlo Schmid, der zu dieser Zeit SPD-Landesvorsitzender in Baden-Württemberg war, die Hohenzollern nicht einfach unter den Tisch zu kehren. Mit dem Kompromiss, der Region den Namen »Südwürttemberg-Hohenzollern« zu geben, konnte sich mein Großvater zeit seines Lebens nicht zufriedengeben. Er, der im Ersten Weltkrieg an verschiedenen Fronten gekämpft hatte und zeitlebens ein eifriger Anhänger des Militärs geblieben war, empfand die Haltung meines Vaters in mancher Hinsicht als zu lax und legte ihm diese bisweilen als Schwäche aus. Aber neben all seiner Strenge war mein Großvater auch gütig, hilfsbereit und lustig. So viel Respekt ich vor ihm hatte, so sehr fühlte ich mich zu ihm hingezogen. Ich mochte es, wenn er mir seine Sicht auf die Dinge erklärte, nicht selten mit einem Scherz auf den Lippen.

NÄCHTLICHES SCHLACHTEN IM ZWEITEN WELTKRIEG Während des Krieges war es nicht erlaubt, private Schlachtungen durchzuführen und das Fleisch zu eigenen Zwecken zu nutzen. Um die Versorgung der Bevölkerung aufrecht zu halten, wurden offizielle Schlachttermine vorgegeben und das Fleisch war abzugeben. Das hatte zur Folge, dass »Schwarzschlachtungen« en masse durchgeführt wurden. Mein Vater erzählte, wie man den Säuen des Nachts das Maul zugehalten hat, um die Tiere am Schreien zu hindern.

DIE FRANZÖSISCHEN BESETZER IM SCHLOSS SIGMARINGEN Mein Großvater war den Franzosen sehr zugeneigt. Von Ressentiments war wenig zu spüren, was wohl vor allem auf das gute Verhältnis zu Frankreich in den Jahrhunderten zuvor zurückzuführen war. Auch parlierte er ganz nonchalant Französisch. Eines Tages lud er einen französischen General ins Landhaus Krauchenwies ein. In diesen harten Zeiten verschwammen die Grenzen zwischen legal und illegal bisweilen. So war es laut Erzählung meines Vaters gang und gäbe, den Franzosen Benzinkanister aus den parkenden Jeeps zu stibitzen. Als der General nun mit seinem Auto ins Schloss kam und mit meinem Großvater im Gespräch vertieft war, nutzte mein Vater die gute Gelegenheit und zapfte das Benzin aus dem Franzosenauto ab, um es dann in seinen eigenen Wagen zu füllen. Als jener den Heimweg antrat, kam er mit seinem Auto gerade noch bis zum Ortsrand, bevor ihm das Benzin ausging. Daraufhin kam der Fahrer des Generals zu meinem Vater gelaufen und schilderte seine Misere. Mein Vater verkaufte ihm sodann das gerade geklaute Benzin und erhielt dafür nicht nur Geld, sondern noch ein herzliches Dankeschön des verzweifelten Generals.

1952-1958 Kindheit • Sigmaringen

Was wir spielen, ist das Leben.
Louis Armstrong

Am 20. April 1952 kam ich im Schloss Sigmaringen zur Welt. Meine Eltern, Erbprinz Friedrich Wilhelm von Hohenzollern* und Prinzessin Margarita zu Leiningen*, hatten sich knappe zwei Jahre zuvor bei einer Reise in die Ewige Stadt Rom getroffen, ineinander verliebt und im Januar 1951 geheiratet. Dass ihr erstgeborenes Kind ein Junge war, wird die ganze Familie erfreut haben, denn damit schien die Kontinuität der schwäbischen Hohenzollern-Dynastie gesichert.

Die Geburt wurde von einer erfahrenen Hebamme aus München begleitet. Ihre Unterstützung hat meiner Mutter sicher gut getan, denn sie war eine kränkliche, zaghafte Frau. Der Krieg hatte ihr und ihrer Familie sehr zugesetzt. Seit ich denken kann, litt sie unter den verschiedensten körperlichen und seelischen Krankheiten.

Für meinen Vater war meine Geburt zweifelsohne eine besondere Freude. Er war damals 28 Jahre alt und zwei Jahre zuvor als ältester Spross von insgesamt sieben Geschwistern von seinem Vater zum Generalbevollmächtigten über die Hofkammer, die Verwaltung der gesamten Besitzungen der Sigmaringer Hohenzollern, bestellt worden. Dass ihm nun ein Erbprinz geschenkt wurde, wird er als großes Geschenk betrachtet haben.

Erste Erinnerungen

An meine ersten Lebensjahre habe ich naturgemäß keine konkreten Erinnerungen, aber verschiedene Bilder entstehen in meinem Kopf, wenn ich an meine frühe Kindheit denke: Da ist das Schloss mit seinen knarzenden Türen und langen, dunklen Gängen, in denen es sich herrlich spielen ließ. Da sind die Spaziergänge durch den Prinzenpark mit seinen streng riechenden Schierlingspflanzen und der viel besuchten Sandkiste. Und da ist vor allem die Musik, mit der ich mich seit meiner frühsten Kindheit sehr verbunden fühle. Aus dieser Zeit trage ich vor allem die Lieder in mir, die meine Eltern auf dem Plattenspieler hörten: amerikanische Schlager, Swing und Jazz, aber auch die Orgelmusik meiner Großmutter und die Marschmusik meines Großvaters sowie die Melodien, die meine Mutter und unser Kindermädchen mit uns sangen.

Mein Großvater Fürst Friedrich Viktor, mein Vater Erbprinz Friedrich Wilhelm und ich, Weihnachten 1952

Meine ersten konkreten Erinnerungen setzen mit etwa drei Jahren ein. Und sie sind eigentlich alle mit unserem Kindermädchen Hiltrud Dopfer verbunden. Hiltrud, die von uns Dedda genannt wurde, war die Tochter eines Arztes aus Sigmaringen. Sie kam zu uns, als ich ein Jahr alt war, und sollte bleiben, bis mein jüngster Bruder Ferdinand* das Haus verließ. Dedda war uns eine zentrale Bezugsperson, gerade weil unsere Mutter durch ihre Krankheit immer wieder nicht oder nur eingeschränkt für uns verfügbar war. Aber darauf werde ich später noch zu sprechen kommen. An die Geburt meines Bruders Albrecht* habe ich keine Erinnerungen. Seit ich denken kann, gehört er zu uns, und bis heute ist er mir mein wichtigster Weggefährte geblieben.

ICH BIN DER PRINZ! Eines der ersten Ereignisse, an das ich mich erinnere, ist eine Szene, die sich im Park des Sigmaringer Schlosses abspielte. Es war auf einem der Spaziergänge, die Dedda mit mir machte. »Frische Luft hält gesund!«, pflegte Dedda bei unseren täglichen Gängen zu sagen und zog mich bei Wind und Wetter nach draußen, ob es mir gefiel oder eben nicht. Ich muss vier Jahre gewesen sein, als wir an einem Herbsttag durch den Prinzenpark spazierten, vorbei an den blätterlassenden Linden und den gelb-braunen Buchenhecken. Als wir den Hügel hinaufliefen und auf den Weg Richtung Sandkiste einbogen, kam eine Frau auf uns zu. Nach einer kurzen, freundlichen Begrüßung musterte sie mich und fragte schließlich: »Du bist also der kleine Prinz?« Statt einer Antwort verbarg ich mein Gesicht hinter Deddas Mantelarm. Als die Frau weitergezogen war,

Meine Mutter, Erbprinzessin Margarita

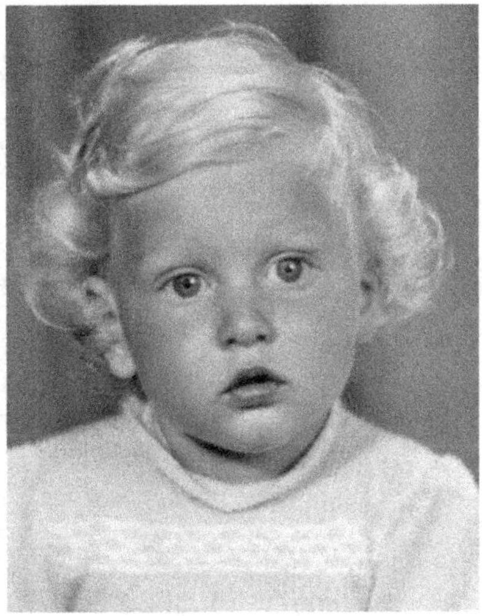

Portrait, 1953

sah ich Dedda fragend an: »Bin ich ein Prinz?« Dedda erwiderte lächelnd: »Ja, das bist Du!« Ein nicht gekanntes Gefühl übermannte mich. Eine Mischung aus Erstaunen, Selbstgewissheit und Stolz. Ich war der Prinz ...!

ALLEIN IM KRANKENHAUS Eine weitere frühe Erinnerung ist eine Mandeloperation im Jahr 1956. Seit meiner Geburt litt ich unter einer bakteriellen Infektion, die eine chronische Entzündung meines Halses verursachte. Während die Medizin heute sicherlich gute Möglichkeiten hätte, eine solche Erkrankung in den Griff zu bekommen, waren die Ärzte damals rat- und machtlos. Medikamente gegen die chronische Entzündung gab es nicht oder waren wirkungslos, aber als ich vier war, wurde meinen Eltern eine Operation vorgeschlagen. So wurde ich eines Tages von meinem Vater und der Kinderschwester in dem dunkelblauen Mercedes 220 meines Vaters ins Augsburger Krankenhaus gebracht. Neben dem süßlich stechenden Geruch der Äthermaske, die man mir vor der Operation verabreichte, erinnere ich mich besonders an den Moment, an dem mich mein Vater nach überstandener OP am Krankenbett besuchte. Er stand mit einem Stapel Auto-Prospekte vor mir, die er von einem Mercedes-Händler für mich organisiert hatte. Eine größere Freude hätte er mir wohl kaum bereiten können, denn schon seit ich denken kann, bin ich ein begeisterter Autofan. Ich schaute mir die Prospekte rauf und runter an und tat dabei so, als ob ich den Wortlaut entziffern könnte. Und tatsächlich lernte ich in meinem brennenden Eifer auch, das Wort »Auto« zu schreiben. Kaum zu glauben, aber diese einfachen Prospekte versüßten mir

Weihnachten, 1953

den unschönen Aufenthalt im Krankenhaus nachhaltig. Glücklicherweise war die Operation auch darüber hinaus ein voller Erfolg. Die ständigen Schmerzen waren verschwunden und ich kam schnell zu Kräften.

SIGMARINGER FASTNACHTSTREIBEN So hielt man mich wohl nun auch für stabil genug, um der Fastnacht beizuwohnen. Dahin führt eine weitere Erinnerung: Dedda nahm uns am Fasnetsdienstag mit zum »Bräuteln«, einem schwäbisch-alemannischen Brauch, der auf den Dreißigjährigen Krieg zurückgehen soll. In einem eigens für mich angefertigten Orient-Kostüm marschierte ich an der Hand von Dedda los, stolz und aufgeregt zugleich. Das bunte Treiben am Rathausbrunnen faszinierte mich außerordentlich. Ich konnte mich gar nicht an der Szenerie sattsehen. Als die Frisch-Vermählten dann anfingen, Brezeln und Süßigkeiten aus ihren Körben zu werfen, beobachtete ich das Geschehen zunächst an Deddas Hand, aber nachdem sie mich ermuntert hatte, die Schätze wie die anderen Kinder aufzusammeln, tat ich das mit wachsender Begeisterung. Emsig deponierte ich die Beute in einem Körbchen, das Dedda in weiser Voraussicht mitgenommen hatte. Der Ausflug sollte der Beginn einer bei uns Kindern beliebten Tradition werden, die Dedda, meine Brüder und ich nur im Krankheitsfall aussetzten.

DIE ERSTE AUSLANDSREISE Schließlich erinnere ich noch gut meine erste Fahrt in den Süden. Es muss im Jahr 1957 gewesen sein, ich war ein kleiner Bub von 5 Jahren, da fuhren wir das erste Mal so richtig in die

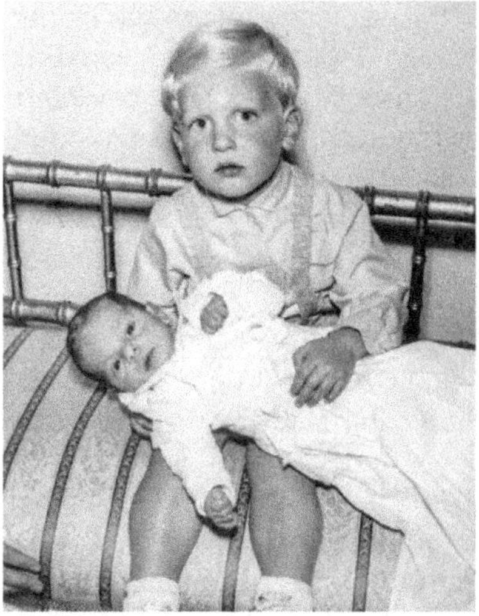

Mit Albrecht kurz nach seiner Geburt, 1954

Als Harlekins im Schlosspark auf dem Weg zum Bräuteln, 1956

Ferien. Unser Ziel war die italienische Adriaküste, genauer Lignano Sabbiadoro, wo mein Onkel Emich* eine Villa besaß. Um dorthin zu gelangen, bildeten wir einen kleinen Konvoi: Meine Mutter fuhr mit Albrecht und mir in ihrem VW, gefolgt von Dedda und unserem Hausdiener, die das Gepäck in unserem Opel Caravan mitnahmen. Einige Tage später erreichte dann mein Vater mit seinem BMW das Ziel. Dieser Italienaufenthalt war für mich ein wunderbares Erlebnis. Meine erste Übernachtung im Hotel, der Strand, das Licht, nicht zu vergessen meine ersten Spaghetti, all das genoss ich in vollen Zügen. Noch heute gehört Italien zu meinen favorisierten Reisezielen und die italienische Küche ist eine meiner Lieblingsküchen. Wenn nichts mehr geht – Spaghetti gehen immer!

Alltag im Schloss

Morgens nach dem Aufstehen waren mein Bruder Albrecht und Dedda in der Regel die ersten Menschen, denen ich begegnete. Mit Albrecht, der nur gut zwei Jahre jünger ist als ich, teilte ich mir ein Zimmer und nicht selten spielten wir direkt nach dem Aufstehen miteinander oder ich vertiefte mich in eins meiner Bücher. Im Anschluss aßen wir dann mit unserer Kinderschwester in der Küche, während meine Eltern in der Regel erst später frühstückten.

Nur zu besonderen Gelegenheiten durften wir sie morgens in ihrem Schlafzimmer besuchen. So zum Beispiel an Geburtstagen. An diesen Tagen rollten wir mit einem roten Holzlastwagen über den langen Schlossflur ins elterliche Schlafzimmer, das Geburtstagskind, vom Bruder gezogen auf dem Wagen sitzend. Ansonsten traf man die Eltern meist erst zum gemeinsamen Mittagessen und dann am Abend wieder.

Der Vormittag verlief oft mit einem Gang an die frische Luft. Besonders vor meiner Operation achtete Dedda tunlichst darauf, dass ich regelmäßig nach draußen kam, denn mein Immunsystem war durch die chronische Angina geschwächt. Meist gingen wir im Prinzenpark spazieren. Dieses Ritual gehörte nicht gerade zu meinen Lieblingsprogrammpunkten, aber ködern konnte mich Dedda mit dem Ausblick auf die Sandkiste oder einem Gang in Richtung Bahnhof.

FASZINATION BAHNHOF Seit ich mich erinnern kann, übte der Bahnhof eine große Faszination auf mich aus. Schon aus dem Park heraus wehte mir bisweilen der Geruch der Dampflokomotiven, die im Bahnhof ein- und ausfuhren, in die Nase. Überhaupt faszinierten mich die großen Dampfloks. Es war immer ein besonderes Erlebnis, wenn wir jemanden am Bahnhof abholten und ich auf dem Bahnsteig diese schnaubenden Ungetüme aus nächster Nähe erleben konnte. Genauso begeisterte mich das Taxi, das seinen festen Platz vorm Bahnhofsgebäude hatte, stets in Wartebereitschaft auf kommende Gäste. Wenn der Motor des Mercedes 260 D, des ersten in Serie gefertigten PKW mit Dieselmotor startete, ließ ich Deddas Hand los und blieb gebannt auf der Stelle stehen. Ich bestaunte das tiefe Brummen des Motors und sog den Ölgeruch auf, der sich rauchwolkenartig auf dem Bahnhofsgelände verteilte. Erst als der Wagen längst von den Häuserfronten verschluckt worden war, konnte Dedda mich zum Weitergehen bewegen.

Die Nachmittage verbrachten wir oft spielend. Gern vertiefte ich mich auch in ein Buch. Solange ich noch nicht lesen konnte, schaute ich mir die Bilder an oder Dedda las mir daraus vor.

Auch die Technik war von frühester Kindheit an mein Steckenpferd. Alles, was eine Mechanik in sich hatte, inspizierte ich eingehend und ließ erst davon ab, wenn ich verstand, wie es funktionierte.

Ab und zu spielten Albrecht und ich mit unserem Hausdiener im langen Schlossflur Fußball, das war immer ein besonderer Spaß. Bisweilen ging im ausgelassenen Spiel etwas zu Bruch. So fiel eines Tages eines der im Flur aufgehängten Hirschgeweihe unserem Spiel zum Opfer. Mein Bruder oder ich kickten es von der Wand, es zerbrach und wurde anschließend vom Hausdiener unter dem Deckmantel der Verschwiegenheit wieder geklebt.

An Sonntagen gingen wir immer in die Kirche, meistens bei uns hier in Sigmaringen. Vom Schloss aus spazierten wir hinüber und setzten uns in unsere Loge, von der aus man einen schönen Blick ins Kirchenschiff hat. Am Nachmittag unternahmen wir meist einen größeren Spaziergang zusammen. Mein Vater, meine Mutter mit ihren Hunden, Albrecht und ich fuhren gemeinsam an eine schöne Stelle im Wald und drehten dort eine Runde. Ich mochte den Duft des frischen Holzes, der besonders an warmen Sommertagen zur Geltung kam. Im Sommer fuhren wir manchmal auch zum Baden an den nahe gelegenen Lausheimer Weiher. Wenn sich der Tag neigte, bereitete uns Schwester Hiltrud das Abendessen vor. Derweil oblag es mir, Ordnung im Zimmer zu schaffen, und manchmal auch, auf meinen Bruder Albrecht aufzupassen. Dedda war es sehr wichtig, dass ich nach meinen Kräften und entsprechend meines Alters Verantwortung übernahm. Auch wenn ich dies, wie es dem kindlichen Naturell entspricht, öfter als lästig empfunden habe und dann und wann über die Aufgaben stöhnte, bin ich Dedda heute dankbar dafür, dass sie mich auf diese Weise in die Pflicht genommen hat, denn es hat mich schon früh Verantwortung gelehrt. Nach dem Aufräumen und Baden aßen wir gemeinsam zu Abend und im Anschluss durften wir zu meinen Eltern gehen.

FRÜHE LIEBE ZUR MUSIK Oft saß mein Vater zu dieser Stunde in seinem Sessel und hörte Musik. Ich liebte es, mit ihm gemeinsam der Musik zu lauschen. Gern auch inspizierte ich seine Plattensammlungen. Immer und immer wieder betrachtete ich die einzelnen Schallplattencover. Wenn die Platte zu Ende war, fragte mich mein Vater bisweilen: »Welche Platte sollen wir jetzt auflegen?« Dann durfte ich aus seiner großen Sammlung eine Scheibe aussuchen. Mein Vater liebte Jazz und ganz besonders den Swing. *Harry Belafonte, The Blue Diamonds, Hazy Osterwald, Trini Lopez, Bill Ramsey* und *Caterina Valente* standen bei mir besonders hoch im Kurs, aber meistens fiel meine Wahl auf *Louis Armstrong*, den ich so verehrte, dass der Wunsch in mir wuchs, selbst Trompete zu erlernen. Auf meine musikalischen Aktivitäten werde ich zu einem späteren Zeitpunkt noch zu sprechen kommen.

Wenn es Zeit war, ins Bett zu gehen, gab Dedda uns ein Signal und wir verabschiedeten uns bei meinen Eltern mit einem Gute-Nacht-Kuss. Gab es einmal Unfrieden, war es meinen Eltern ein wichtiges Anliegen, die Dinge noch vor dem Schlafengehen zu klären. Besonders mein Vater pochte darauf: »Sorgen nimmt man nicht mit ins Bett!« war seine Maxime, die mir bis heute lieb und teuer ist. Schwester Hiltrud brachte uns dann in unser Zimmer und blieb immer noch ein bisschen am Bettrand sitzen. So hatte ich Gelegenheit, die Gedanken, die mir durch den Kopf gingen, mit ihr zu teilen: »Warum beten wir eigentlich?«, »Woher kommt der liebe Gott?«, »Was hält die Welt zusammen?« Kindlich naive Fragen

Albrecht und ich, 1958

dieser Art stellte ich Dedda und bekam von ihr darauf meist Antworten, die mich zufriedenstellten. Zum Abschluss des Tages betete sie mit uns: »Müde bin ich, geh zur Ruh«, dieses einfache Gebet, das doch so viel aussagt. Und darauf sang sie mit uns noch ein Abendlied: *Der Mond ist aufgegangen, Guten Abend, gute Nacht* und *Weißt Du, wieviel Sternlein stehen*, Lieder, die sich tief in mir einbrannten und die ich später unzählige Male mit meinen eigenen Kindern singen sollte.

Die in meiner Familie praktizierten und gelebten Rituale sowie der Gottesglaube meiner Eltern und Erziehungsberechtigten haben mir, so bin ich überzeugt, ein tiefes Urvertrauen geschenkt, das mir einen festen Halt und Sicherheit für mein ganzes Leben gibt.

Mutter und Vater

Seit ich denken kann, war meine Mutter von labiler Konstitution. Ebenso wie ich litt sie unter einer chronischen Angina, die sie mir, so sagte man, über den Geburtsweg übertragen habe. Ihre gesundheitliche Schwäche zog sich wie ein roter Faden durch ihr und unser aller Leben. Sie führte dazu, dass meine Mutter sich und uns von allem abschirmen wollte, was uns schaden könnte. Wenn wir Kinder selbst krank waren, näherte sie sich uns nur aus der Ferne. Sie öffnete dann die Tür zu unserem Zimmer nur einen Spalt weit und erkundigte sich in sicherem Abstand nach unserem Wohlbefinden. War meine Mutter aber bei guter Verfassung, dann war sie für uns da. Zwar blieb sie körperlich immer etwas auf Distanz, aber geistig war sie dann ganz bei uns. Von uns Brüdern hatte ich, so meine ich, den direktesten Draht zu ihr. Zwischen uns brauchte es meist keiner großen Worte, denn wir hatten in vielerlei Sicht eine ähnliche Art zu denken und zu fühlen. Ich mochte ihren Esprit und ihren Wortwitz. Manchmal warfen wir uns die Bälle verbal nur so zu und dann lachten wir miteinander. In diesen Momenten fühlte ich mich meiner Mutter besonders nahe. Auch den Gefallen an guter Lektüre übertrug sie auf mich. So wie ich las sie gerne gute Bücher.

Meine Mutter lebte zeit ihres Lebens klar nach ihren Werten, die sie auch an uns Kinder weitergab. Als sozial eingestellter Mensch war sie darauf bedacht, dass wir nichts machten, womit wir anderen Leuten Schaden zufügen könnten. »Was du nicht willst, das man dir tu, das füg auch keinem andern zu!«, das war eines der Sprichwörter, die sie uns Kindern mit auf den Weg gab. Auch wenn das Bonmot heute abgedroschen klingen mag, nahm ich es mir damals zu Herzen.

Im Alltag verbrachten wir weniger Zeit mit meiner Mutter als mit Dedda, aber bisweilen unternahmen wir auch mit unserer Mutter schöne Dinge. Im Sommer zum Beispiel machte sie mit uns zusammen kleinere Ausflüge in die Umgebung. Albrecht und ich liebten es, mit ihr in ihrem offenen Käfer Cabriolet herumzufahren. Ausgestattet mit einem kleinen Picknick und ein paar Spielsachen fuhren wir an einen der umliegenden Seen, meist an den Lausheimer Weiher in der Nähe von Krauchenwies. Dort verbrachten wir ausgelassene Nachmittage. Ich sehe mich ausstaffiert mit meinem weiß gestrichenen Korkreifen im kühlen Wasser planschen.

Mehr noch als mit meiner Mutter unternahmen wir mit unserem Vater. Von ihm lernte ich besonders die Dinge, die mit Bewegung zu tun haben, so zum Beispiel das Radfahren. Ich sehe mich auf dem roten Staigerrad meiner Mutter in die Pedale treten, neben mir läuft mein Vater, seine stützende Hand in meinem Rücken. Und dann der große Moment des Loslassens! Genau erinnere ich mich an diesen Augenblick, ohne fremde Hilfe auf zwei Rädern, die Hände, die den Kurs frei bestimmten, der Wind um die Nase.

Als ich etwas größer war, brachte mein Vater mir das Schwimmen bei. Im Gegensatz zu meiner Mutter scheute mein Vater die körperliche Nähe zu uns Kindern nicht. Nicht selten zog er mich wie auch meine Brüder zärtlich an sich. Dabei nahm ich den warmen Lavendel-Duft seines Rasierwassers in mich auf, den ich noch heute mit meinem Vater verbinde.

Manchmal nannte er mich, der ich gerne Süßigkeiten aß, liebevoll und ein bisschen neckend zugleich, den »Zuckerhasen«.

Auch wenn ich meiner Mutter geistig näherstand, hatte ich meine Kindheit hindurch im Großen und Ganzen ein sehr gutes Verhältnis zu meinem Vater. Viele seiner Grundsätze und Maximen habe ich in mein Leben integriert. Ein wertvoller Rat, den mir mein Vater mitgab, war: »Wenn du nicht mehr weiterweißt, dann bete, das hilft!« Besonders in den Phasen, in denen es meiner Mutter schlecht ging, aber auch wenn ich Probleme in der Schule hatte, half mir das, über schwierige Phasen hinwegzukommen.

Mit meinem Vater konnte ich mich gut zu den verschiedensten Themen austauschen. Besonders von seinem geschichtlichen Interesse profitierte ich später stark. Immer wieder redeten wir über historische Ereignisse und ihre Bedeutung, und wenn etwas in der Welt passierte, wie der Mauerbau, die Ermordung der Brüder Kennedy oder Anwar as-Sadats in Kairo, nahm er sich Zeit und erklärte mir Ursachen und Hintergründe in kindgerechter Weise. Auf seine unnachahmliche Art imitierte er Politiker oder andere Personen des öffentlichen Lebens: »Niemond hat die Obsicht, eine Mauer zu errichten!«, ahmte er in bestem sächsischem Dialekt den Staats- und Parteichef Walter Ulbricht nach, indem er den Unterkiefer gekonnt verzog.

Mein Vater hatte eine sehr klare Haltung zu den Dingen. Von seinen Prinzipien wich er, soweit ich das mitbekommen habe, nie ab. So bestrafte er uns konsequent, wenn wir nicht bei der Wahrheit geblieben waren oder Dinge vertuschten. Kam das ans Licht, erhielten wir nicht nur eine Standpauke, sondern auch eine saftige Strafe dafür. »Das hätte alles nicht sein müssen«, erklärte uns Vater, wenn wir dann lange Gesichter zogen. »Hättet ihr eure Schandtaten nicht vertuscht, wäre alles weit weniger schlimm gewesen!« Früher waren wir darüber wütend, aber inzwischen habe ich Verständnis für seine Prinzipientreue, die ich mir im Laufe der Jahre selbst ein Stück weit zu eigen machte. Aber dafür musste ich einige Jahrzehnte älter und vielleicht auch reifer werden.

Meine Großeltern

An meine Großeltern mütterlicherseits habe ich keine direkten Erinnerungen. Mein Großvater, Fürst Karl zu Leiningen*, war in Russland im Krieg geblieben. Entsprechend hatte sich meine Großmutter Maria Kyrillowna* von Russland mit sieben Kindern allein durchschlagen müssen. Den Erzählungen nach hatte sie eine bestimmende, harsche Art, unter der meine Mutter ihre Kindheit und Jugend über offenbar gelitten hatte. Diese wird sie besonders zu spüren bekommen haben, als die Amerikaner ihr Palais in Amorbach nach dem Krieg besetzt und die ganze Familie in den Keller vertrieben hatten. Da war meine Mutter gerade 14 Jahre alt. Die Familie hatte erdulden müssen, wie die Amerikaner über ihnen wüteten, während sie selbst in

Meine Großeltern, Fürst Friedrich Viktor
und Fürstin Margarete

zwei Zimmern im Keller hauste. Nicht auszuschließen, dass es Übergriffe der Soldaten auf die Frauen der Familie gegeben hat. Meine Großmutter starb 1954 mit gerade mal 44 Jahren. Ich war damals zwei Jahre alt.

Umso inniger war das Verhältnis zu meinen Großeltern väterlicherseits, Fürstin Margarete* und Fürst Friedrich Viktor*, von uns liebevoll Omami und Opapi genannt.

Konservatives Selbstverständnis meines Großvaters Mein Großvater war ein tieffrommer Mann, und dies war auch der Grund, warum er bei allen seinen Enkeln zum Taufpaten ernannt werden wollte. Im Gegensatz zu meinem durch und durch demokratisch gesinnten Vater hing mein Großvater stark an adeligen Privilegien. Auch wenn ich das als Kind noch nicht so einordnen konnte, spürte ich den Unterschied in der Haltung der Generationen. Mein Großvater gebärdete sich – fast 100 Jahre nach der Beendigung der Herrschaft der Hohenzollern im Fürstentum – immer noch als regierender Fürst mit alten Moral- und Wertvorstellungen. 1918 war er mit dem Dienstgrad des Hauptmanns aus dem Ersten Weltkrieg zurückgekehrt. Zeit seines Lebens litt er darunter, dass er es vom militärischen Dienstgrad her nicht so weit gebracht hatte wie seine direkten Vorfahren, allesamt preußische Generäle. Aber über seinen Onkel, König Ferdinand von Rumänien*, war er später dann doch noch ehrenhalber mit dem Obristen-Titel versehen worden und hatte es sich daraufhin nicht nehmen lassen, sich eine deutsche Uniform mit dem entsprechenden Dienstgrad zu organisieren. Diese trug er zu den unterschiedlichsten Anlässen. In der Familie machte die Geschichte die Runde, wie er eines Ta-

Meine Großmutter

Mein Großvater

ges mit dieser Uniform zu einer Manöver-Übung am Heuberg erschienen war. Kurz nach seinem Erscheinen, so erzählte unser Vater immer mal wieder leicht peinlich berührt, habe ihn der General zur Seite genommen und ins Ohr geraunt: »Eure Hoheit, Sie fahren jetzt bitte sofort nach Hause und ziehen sich um!« Auch ich erlebte Großvater sehr oft in seiner Uniform, und wenn er die nicht trug, hing er seine Orden gern einmal an zivile Kleidungsstücke. So sehe ich ihn zu feierlichen Anlässen mit einem ordenbehängten Cutaway herumlaufen.

Meine Großmutter Margarete strahlte Wärme und Geselligkeit aus. Je mehr Menschen um sie herum waren, umso besser schien es ihr zu gehen. Ihr war eine ausgeprägte künstlerische Ader zu eigen. Oft saß sie an ihrem Cembalo oder am Klavier und spielte die sakralen Werke von Johann Sebastian Bach. Nach der Heirat hatte sie noch ein Orgelstudium aufgenommen, was für die damalige Zeit eine echte Besonderheit war.

Schlossbewohner

Der Zweite Weltkrieg war nach meiner Geburt noch nicht lange Geschichte. Das offenbarte sich mir an den Bewohnern, die mit uns im Schloss lebten. Mein Großvater hatte vielen Menschen, die im Krieg ihre Heimat verloren hatten oder anderweitig bedürftig geworden waren, im Schloss Schutz und Schirm gewährt. Das waren nahe und entfernte Verwandte, teilweise auch Großvaters Kameraden. Um ihnen ein Auskommen zu ermöglichen, hatte mein Großvater ihnen Positionen verliehen, auf die man wohl auch schon in der damaligen Zeit hätte verzichten können. Aber damit bekamen sie eine Aufgabe, aus der sie neues Selbstwertgefühl schöpfen konnten. Einer von ihnen war Franz Freiherr von Hallberg, den Großvater zum Kabinettchef berufen hatte. Ein anderer Hans-Harry von Selchow, der zum Protokollchef ernannt worden war. Sie kümmerten sich um Großvaters private und öffentliche Belange. Ein anderer war Martin Hauffe, ein ehemaliger Offizier, den meine Großmutter aus Sachsen kannte. Er bekam die Position des Verwaltungsleiters. Sie bildeten einen kleinen Hofstaat, der teils in Umkirch, teils bei uns im Schloss oder in Krauchenwies untergebracht war und meine Großeltern mit »Königliche Hoheit« ansprach.

Zugleich standen sie in freundschaftlicher Verbundenheit zu unserer Familie. Oft begleiteten sie meinen Großvater und meinen Vater auf die Jagd. Meine Großmutter hatte ihre ehemalige Hofdame am sächsischen Hof, Carola Bienert, geborene Gräfin von Mallorti, bei sich aufgenommen, nachdem diese aus dem russischen Besatzungsgebiet geflohen war. Carola Bienert war meiner Großmutter im Laufe der Zeit zur Freundin geworden und lebte nach dem Tod ihres Mannes noch lange in Krauchenwies in engem Verhältnis zu unserer Familie.

Für mich gehörten diese Schlossbewohner zur Normalität und ich mochte sie in der Regel gern. Am nächsten stand mir zweifellos Irene*. Sie war die Tochter meines Onkels Georg Herzog zu Mecklenburg*, genannt Georgie, und Tante Ilona Herzogin zu Mecklenburg*, Ilka genannt. Irene, die bei uns Reni hieß, war fast auf den Tag so alt wie ich und sie wurde mir im Laufe meiner frühen Kindheit so etwas wie eine Schwester, mit der ich viele schöne Erinnerungen teile. Von diesen wird später noch die Rede sein.

Auch mein Onkel Franz Joseph*, kurz Onkel Franz, lebte mit uns im Schloss. Er war Bruder meines Vaters und ein freundlicher Genosse. Leider hatte er in Sachen Familiengründung kein glückliches Händchen. Zunächst hatte er Prinzessin Fernanda von Thurn und Taxis* geheiratet. Diese Ehe wurde dann allerdings nach zwei Jahren annulliert. Ein paar Jahre später heiratete mein Onkel wieder, dieses Mal Prinzessin Diane von Bourbon-Parma*. Das Paar lebte in der Wohnung im Hochschloss. Zwei Jahre nach der Eheschließung kam Alexander zur Welt. Ich war damals fünf Jahre alt und freute mich über den Nachwuchs im Schloss. Später, als wir schon in Josefslust lebten, kam mein Vater eines Tages mit ernstem Gesicht auf uns zu: »Ich muss euch etwas erzählen!«, sagte er und bat mich und meine Brüder, uns zu setzen. »Tante Diane ist mit Alexander aus Sigmaringen verschwunden!« Ich bin mir nicht sicher, ob ich den Sachverhalt damals schon in seiner Tragweite verstand. Auf jeden

Fall stellte sich heraus, dass Diane mit dem Sekretär und Juristen meines Vaters, Hans-Joachim Oehmichen, durchgebrannt war und dass dieser – und eben nicht Onkel Franz der leibliche Vater von Alexander war. Das tat mir sehr leid für Onkel Franz, den meine Brüder und ich sehr mochte, nicht zuletzt, weil er immer sehr um uns Kinder bemüht gewesen war.

Umzugspläne

Als ich fünf oder sechs Jahre alt war, entschieden sich meine Eltern, ein Haus zu bauen. Für meine Mutter war das die Möglichkeit, sich das erste Mal in ihrem Leben ein eigenes Reich zu erschaffen. Als sie, gerade 19-jährig, meinen Vater geheiratet hatte, war das junge Paar direkt in den sogenannten Wilhelmsbau des Schlosses in Sigmaringen gezogen. Spielräume für die Verwirklichung eigener Ideen und Wünsche hatte es in der komplett ausstaffierten Wohnung nicht gegeben. Für meinen Vater war der Wunsch nach eigenen Gestaltungsräumen vielleicht weniger dringlich. Aber es hatte ihn, leidenschaftlicher Jäger, der er war, schon länger nach draußen gezogen, und so bot sich der Wildpark als Ort für einen neuen Familiensitz an. Hier stand bis zu diesem Zeitpunkt lediglich das Jagdschlösschen, das vom Förster sowie zwei Waldarbeitern bewohnt war. Aber Platz gab es natürlich reichlich und weil mit dem Schlösschen bereits die Grundlage für die Infrastruktur vorhanden war, erschien es als aussichtsreich, die Genehmigung für ein weiteres Wohnhaus zu bekommen. So unterstützten meine Großeltern die Pläne meines Vaters, in Josefslust ein Haus zu bauen, und stellten den Kontakt zu Paul Schmitthenner her, ein damals renommierter Architekt aus dem Elsass, der zunächst als Baumeister des NS-Staates in Erscheinung getreten war, sich später aber von der Partei abwandte. Schmitthenner nahm den Auftrag freudig an und so tauchte er immer mal wieder bei uns auf, um mit meinen Eltern über die Pläne zu sprechen. Wir Kinder mochten es, wenn der Architekt, stets gut gelaunt und adrett gekleidet mit Jackett und Einstecktuch, zu Besuch kam. Bisweilen beugte er sich zu uns herunter, zückte sein Einstecktuch aus seiner Tasche und formte es vor unseren Augen zu einer Maus, die er dann zu unserer großen Freude aus seiner Hand springen ließ. Von den Planungen selbst bekam ich als Kind nicht viel mit. Nur als der Architekt meinem Vater und meinem Großvater eines Tages seinen Vorentwurf und den dazugehörigen Kostenvoranschlag auf den Tisch legte, sorgte das für Wirbel, der zu uns Kindern durchdrang. Der Architekt hatte wohl gedacht, dass er sich hier mit einem großen Palast verewigen könnte, was die Vorstellungen meines Großvaters aber

Hausbau Josefslust, 1956

bei Weitem überstieg. Sowohl der Garten als auch das Haus wurden größenmäßig somit deutlich reduziert.

Immer wieder nahm mein Vater mich und meinen Bruder Albrecht mit zur Baustelle. Schon als nur eine große Baugrube zu sehen war, sagte er stolz: »Hier werden wir bald zu Hause sein!« Zwar fiel es mir schwer mir vorzustellen, wie man in so einer Grube mal wohnen können würde, aber ich spürte, was für eine Bedeutung diese Baustelle für meinen Vater hatte. Mit den wachsenden Mauern, dem Einbau von Fenstern und Fußböden wurde das Unternehmen auch für mich immer greifbarer und die Vorfreude auf den Umzug steigerte sich, je mehr das Haus Gestalt annahm.

1958-1962 Grundschulzeit • Sigmaringen und Josefslust

Wir erfinden unseren Auftrag in dieser Welt nicht, sondern wir entdecken ihn. Er liegt in uns und wartet darauf, verwirklicht zu werden.
Viktor Frankl

Zum Jahreswechsel 1957/58 war es dann so weit. Als unsere Eltern Albrecht und mich in unser neues Haus führten, waren wir überwältigt. Alles war so ganz anders als in Sigmaringen: lichte, große Räume, helle Farben, fast alle Möbel waren neu. Wir Kinder hatten einen eigenen Bereich mit verschiedenen Zimmern für uns. Im Eingangsbereich stand, für alle eintretenden Gäste gut sichtbar, ein Tisch, unter dessen Glasplatte meine Mutter einen Spruch von Romano Guardini gelegt hatte: »Das ist aller Gastfreundschaft tiefster Sinn, dass einer dem anderen Rast gebe auf dem Weg nach der ewigen Heimat«, Ausdruck der Gastfreundschaft, die in Josefslust herrschen sollte. Überhaupt machte sich eine Art Aufbruchsstimmung in unserem neuen Zuhause breit. Zunächst fühlte sich all das Neue für mich ein bisschen fremd an, aber dieses Fremdeln wich bald einem echten Glücksgefühl. Die lichtdurchfluteten Räume wirkten nach den Jahren im dunklen Schloss wie Balsam auf die Seele unserer Familie. Meine Mutter erfreute sich ganz offenkundig daran, das neue Zuhause nach ihren Vorstellungen und Wünschen zu gestalten und sie blühte dabei für uns alle spürbar auf. Für meinen Vater war es ein großer Gewinn, nun mehr Distanz zu seiner Wirkstätte und das Jagdrevier vor der Tür zu haben. Und wir Kinder genossen neben den lichten, modernen Räumen und dem Schwimmbad im eigenen Garten vor allem die Möglichkeit, zum Spielen direkt vor die Haustür treten zu können, was wir ausgiebig auskosteten.

EINWEIHUNGSFEIER IN JOSEFSLUST Wenige Wochen nach dem Einzug wurde eine große Housewarming-Party für Freunde und Familie veranstaltet und damit auch die Bar in unserem Keller eingeweiht. Albrecht und ich freuten uns über die vielen Gäste in unserem neuen Zuhause. Aufgeregt liefen wir zwischen den Besuchern hin und her. In der Bar spielte eine Band auf, die die Gäste mit ihren eingängigen Schlagern zum Tanzen brachte, und auch als wir zu unserem Leidwesen zu vergleichsweise früher Stunde von Dedda ins Bett gesteckt wurden, klang uns die beschwingte Musik noch in den Ohren.

Josefslust

Insgesamt waren die ersten Jahre in Josefslust eine schöne und unbeschwerte Zeit. Das Familienleben verlief im Großen und Ganzen in ruhigen Bahnen.

Albrecht und ich verbrachten viel Zeit draußen im Park. Stück für Stück kundschafteten wir den weitläufigen Wildpark aus. Immer wieder entdeckten wir neue Stellen. Besonders an zwei Orte zog es uns immer wieder hin: Einen nannten wir »das Loch«. An dieser Stelle, an der wohl früher einmal Sand geschürft worden war, war der Boden trichterförmig abgesackt. Im Winter rutschten wir mit dem Schlitten in dieses Erdloch hinein, bis wir das schaurig-schöne Gefühl hatten, vom Erdboden verschluckt worden zu sein. Diesen Spaß wiederholten wir wieder und wieder. Eine andere Lieblingsstelle im Wildpark wurde uns der Weiher, an dem wir endlose Stunden mit Spielen verbrachten. Das Wasser übte eine große Faszination auf uns aus. »Wenn wir mal schwimmen können, dann schwimmen wir im Weiher!«, versprachen wir uns damals. Aber als es dann so weit war, zog ich mir beim ersten Badeversuch einen Blutegel ans Bein und damit war das Thema Weiherbaden für mich erledigt.

Dadurch, dass wir in Josefslust mehr oder weniger allein lebten, hatten wir in der Nähe keine dauerhaften Spielgefährten. Im Jagdschlösschen gegenüber wohnten neben dem Revierförster noch die beiden Familien der Waldarbeiter Anton Stecher und Emil Fischer, deren Kinder aber bereits aus dem Haus waren. Emil Fischer hatte einen Sohn, der später bei uns Förster wurde, und eine Tochter, die in die Malerfamilie Henselmann aus Laiz geheiratet hatte. Die Enkelkinder aus der Familie Henselmann

Albrecht und ich beim Spielen im Park in Josefslust, 1958

Meine Mutter an der Bar in Josefslust, circa 1959

waren am Wochenende oft zu Besuch bei den Großeltern in Josefslust und so freundeten Albrecht und ich uns mit dem Sohn Heinz an, der sozusagen unser erster Freund wurde und zu dem wir beide noch heute in Kontakt stehen.

Mit Heinz durchstreiften wir die Scheunen und Ställe der Josefsluster Hofstelle, erlebten dort richtige Abenteuer und spielten dem Förster und den Waldarbeitern ordentliche Streiche. Revierförster Edwin Lutz spielte dabei eine unerfreuliche Rolle, denn er war uns gegenüber von einer falschen Freundlichkeit, verpfiff uns hinten herum bei unseren Eltern und bauschte die aus heutiger Sicht eher harmlosen Streiche zu richtigen Schandtaten auf, was zu Hause jedes Mal für Unmut sorgte. Mehr als nur einmal saßen Albrecht und ich abends auf dem Bettrand zusammen und überlegten, wie wir es ihm heimzahlen könnten.

Manchmal standen wir auch am Eingangstor zum Park Spalier und warteten auf Handwerker oder Zulieferer, um sie zu bitten, auf die letzten Meter bis zum Haus in ihren Liefer- oder Lastwagen mitfahren zu dürfen. Oder wir sahen den Waldarbeitern im Forst dabei zu, wie sie das Holz mit einem der Lanz-Bulldogs aus dem Wald rückten. Albrecht und ich waren fasziniert von den archaisch anmutenden Traktoren, denen wir den Namen »Ta-Ta« gaben. Noch heute erkenne ich einen Lanz-Bulldog aus weiter Entfernung an seinem Motorgeräusch.

BEKANNTSCHAFT MIT PFERDEN In der Hofstelle, die zum Jagdschlösschen Josefslust gehörte, gab es einen Pferdestall mit zwei Haflingern.

Diese dienten zum Herausziehen von gefällten Bäumen aus dem Wald, was damals bei der Waldarbeit durchaus üblich war. Gleichzeitig wurden die Pferde für die Jagdkutsche verwendet, wenn mein Großvater zur Damwildpirsch im Wildpark Josefslust unterwegs war. Betreut wurden die Pferde von Anton Stecher, einem Waldarbeiter, der zum Kutscher und Pferdepfleger ausgebildet war. Oft schauten wir am Nachmittag bei Herrn Stecher vorbei und sahen zu, wie er die Pferde nach der Arbeit trocknete und striegelte.

Meine Tante, Fürstin Eilika zu Leiningen*, war eine begeisterte Reiterin und eines Tages bekamen wir von ihr zwei Ponys, ich ein dunkelbraunes Shetlandpony, Mohrle genannt, und mein Bruder Albrecht ein graues Islandpony, das Peterle hieß. Wir beide hatten von Pferden keine Ahnung und so führte uns zunächst Friedrich Möller in den Umgang mit Pferden ein. Herr Möller war Kammerdiener meines Großvaters und im Ersten Weltkrieg Reiter gewesen. Er zeigte uns auch, wie man mit dem Pferdewagen fährt, zuerst mit einem sogenannten Dogcart. Diese Kutsche war ursprünglich für den Hundesport gedacht. Bei uns wurde eines der Ponys davorgespannt. Auch gab es einen Ponywagen, mit dem wir mit Herrn Möller das Fahren mit zwei Ponys übten. Später bekamen wir Reitunterricht im Reiterverein in Sigmaringen bei Herrn von Gustedt, einem Ostflüchtling, der zuvor Gutsbesitzer gewesen war. Meine Reitkünste probierte ich dann auf Mohrle aus, was meistens nur bedingt von Erfolg gekrönt war. Mohrle hatte wie viele seiner Gleichen die Eigenschaft, stur zu sein und seinen Reiter nicht wirklich zu akzeptieren. Des Öfteren kam es vor, dass ich ihn bei einem Ausritt am Zügel zurück nach Hause führen musste, weil er mich abgeworfen hatte und nicht mehr aufsteigen ließ. Gelegentlich biss er mich oder trat nach mir. So wurden wir nie dicke Freunde.

Also ritt ich in erster Linie auf großen Pferden im Reitverein, hauptsächlich in der Reithalle. Wirkliche Freude bereitete mir das Reiten indes nie und so kam es mir ganz gelegen, als ich nach einem Skiunfall mit Schienbeinbruch längere Zeit mit dem Reiten pausieren musste. Als ich wieder genesen war, eröffnete ich meinen Eltern, dass ich keine Lust mehr hätte, weiter zu reiten. Bei meinem Vater rannte ich damit offene Türen ein, nachdem er als Junge selbst vom Pferd gefallen war, sich eine Schädelverletzung zugezogen hatte und seitdem auf Pferde nicht mehr gut zu sprechen war. Damit war meine Reiterlaufbahn Geschichte.

Einschulung

PRIVATUNTERRICHT Mit dem Einzug in Josefslust begann für mich zugleich der »Ernst des Lebens«. Mit gut sechs Jahren war ich schulpflichtig und hätte in die Schule kommen sollen. Aber da meiner Mutter bei dem Gedanken, mich mit vielen Kindern zusammen zu wissen, unwohl war, setzte sie sich dafür ein, dass ich einen Privatlehrer bekam. Da ich wenig Kontakt zu anderen Kindern hatte, erschien mir das damals nicht ungewöhnlich und so protestierte ich nicht gegen ihr Ansinnen. Stattdessen freute ich mich auf den Beginn eines neuen Lebensabschnitts.

Für den Unterricht wurde in unserem Kinderbereich ein eigenes Schulzimmer mit einer Schulbank für zwei Personen eingerichtet, denn auch meine Cousine Reni sollte mit mir unterrichtet werden. An unserem ersten Schultag bekam ich feierlich eine Schultüte überreicht. Sie bestand aus goldschimmerndem festem Papier und war gefüllt mit Süßigkeiten. Stolz marschierte ich damit ins Unterrichtszimmer, wo unser Lehrer Otto Schmitz bereits auf uns wartete. Herr Schmitz war ein freundlicher Herr mit schütterem Haar und einem gemütlichen moselfränkischen Dialekt. Neben Lesen, Rechnen und Schreiben standen Musik und Religion auf dem Stundenplan. Besonders gefiel mir der Rechenunterricht. Die logischen und lebendigen Übungen, die uns Herr Schmitz gab, hatten ein bisschen etwas von Knobelaufgaben, deren handfeste Ergebnisse mich sehr befriedigten. Insgesamt war Herr Schmitz ein konsequenter Lehrer, dem es nicht an Humor mangelte. Bisweilen kam es vor, dass Irene oder ich ihn ein bisschen foppten. Dann rief er in vorgetäuschtem Ernst: »Jetzt gibt es aber gleich eins hinter die Löffel!«, eine Drohung, die der gute Herr Schmitz indes nie umsetzte. Besonderen Wert legte er auf Genauigkeit. Beim Schreiben achtete er tunlichst darauf, dass wir die Linien einhielten und mit unserem Füllfederhalter schöne Bögen schwangen. Die Komplimente, die ich bis heute für meine Handschrift bekomme, verdanke ich wohl im Wesentlichen dem guten Herrn Schmitz.

EINSCHULUNG IN DER VOLKSSCHULE VON SIGMARINGEN Nach den ersten zwei Schuljahren mit Hauslehrer sollte mir dann doch eine »normale« Schullaufbahn zuteilwerden. Ich wurde in die Volksschule aufgenommen. Am Tag meiner Einschulung war ich ziemlich aufgeregt, denn es sollte das erste Mal sein, dass ich Teil einer größeren Gruppe von Kindern werden sollte. Ein Stück weit übertrugen sich die Bedenken meiner Mutter auch auf mich, aber Dedda und mein Vater ermutigten mich mit ihrer freudigen, zuversichtlichen Stimmung. Auch meine Vorfreude auf meine Schulkameraden und darauf, ein »ganz normales« Schulleben zu führen, schoben die mütterlichen Sorgen in den Hintergrund. Besonders stolz war ich auf meinen Schulranzen, einen hellbraunen Ledertornister mit zwei Schnallen, die beim Verschließen ein schönes Klick-Geräusch machten. Mit diesem ausstaffiert betrat ich im September 1960 die dritte Klasse der Sigmaringer Volksschule. Mein Zweig nannte sich die »katholische Bekenntnisschule«, denn wie zu dieser Zeit üblich, war auch mein Jahrgang aufgeteilt in Protestanten und Katholiken. Zur Begrüßung stellte mich der Lehrer, Herr Raible, mit den Worten vor: »Das ist Euer neuer Mitschüler, Karl Friedrich, Prinz von Hohenzollern.« Und zu mir gerichtet sagte er vor der versammelten Klasse mit einem süffisanten Unterton: »Und von einem Prinzen darf man wohl erwarten, dass er besonders gut in der Schule ist!« Seine Einführung wurmte mich, hatte ich mir doch so sehr gewünscht, ein ganz normales Schulkind zu sein. Auch in der Folge gebarte sich Herr Raible nicht als besonders einfühlsamer Pädagoge. War man nicht »artig« oder zeigte große Wissenslücken, bekam man gern mal eins mit dem Lineal auf die Finger oder wurde an den Ohren gezogen. Aber nichtsdestotrotz gefiel es mir, jetzt ein richtiges Schulkind zu sein, morgens aus dem Haus zu gehen und Schulkameraden zu mir nach Hause einzuladen oder zu diesen mit nach Hause zu gehen. Einige der gewonnenen Freundschaften aus der Grundschulzeit tragen bis heute.

Die Familie wird komplett

Als ich acht Jahre alt war, wurde meine Mutter schwanger. Da es in den Jahren zuvor immer mal wieder zu Fehlgeburten gekommen war, hatte sie sich in der Zeit vor der Niederkunft besonders zu schonen. Zudem wurde sie engmaschig von einem erfahrenen Professor des Sigmaringer Krankenhauses begleitet. Im Gegensatz zu den Hausgeburten von Albrecht und mir sollte sie nun im Krankenhaus entbunden werden. Entsprechend der Umstände war die Aufregung rund um die Geburt natürlich besonders groß. Ich erinnere mich noch genau an den Tag der Niederkunft.

DIE GEBURT FERDINANDS Wie jeden Sonntag besuchten wir die Kirche in Sigmaringen. An diesem Sonntag allerdings nur in Begleitung von Dedda, denn mein Vater war an diesem Sonntagmorgen nach einem Anruf des behandelnden Arztes in aller Früh zu meiner Mutter ins Krankenhaus aufgebrochen. Auf heißen Kohlen saßen wir auf unserer Empore, als plötzlich während des Gottesdienstes die Tür unserer Empore aufging. Herein trat mein Vater, der uns von hinten ins Ohr raunte: »Ihr habt einen gesunden Bruder bekommen!« Auch wenn Albrecht und ich insgeheim auf ein Mädchen gehofft hatten, freuten wir uns natürlich sehr über die frohe Botschaft.

Mit Ferdinands Geburt änderte sich unser Familiensystem. Auch wenn ich mich bisweilen vor meinem Vater gegenüber Albrecht etwas

Die Familie ist komplett, 1961

zurückgesetzt fühlte, liebte ich meinen Bruder und wir unternahmen fast alle Dinge gemeinsam. Wir waren ein eingespieltes Paar. Nun waren wir zu dritt. Meine Mutter nahm den kleinen Bruder in den ersten Jahren stark in ihre Obhut – nach dem Geschmack von Albrecht und mir manchmal zu stark, was uns dann ärgerte. Wenn wir mit Ferdinand oder in seinem Beisein herumtobten oder unsere Spielsachen vor ihm verteidigten, fühlten wir uns bisweilen übertrieben oder ungerecht gemaßregelt. Hier und da hatte ich auf Ferdinand aufzupassen, was mir aber nichts ausmachte. Im Gegenteil, ich tat es gern. Heute denke ich, dass meine Freude daran, Verantwortung zu übernehmen, sicherlich auch auf meine Stellung innerhalb der Familie zurückzuführen ist. Schon früh lernte ich, für andere geradezustehen.

Und für einen kleinen Buben gibt es wahrscheinlich wenig Besseres, als zwei große Brüder zu haben, die einem die Welt zeigen. Albrecht nahm Ferdinand gern mit nach draußen. Er war der Abenteuerlustigste unter uns. Wann immer er die Möglichkeit hatte, zog er seine Gummistiefel an und streunte im Park umher. Dabei scheute er nicht Schmutz und Gefahr. Er liebte es, den Waldarbeitern bei der Arbeit zuzuschauen oder selbst mit Hand anzulegen. Wenn er dann verdreckt nach Hause kam, rümpfte Dedda die Nase und schickte ihn in die Badewanne. Von mir konnte Ferdinand sich eher das Tüftlerische, Feinmotorische abschauen. Im Vergleich zu Albrechts lebhafter, bisweilen etwas forscher Art war ich ein eher ruhiges, introvertiertes Kind. Ich liebte es, mich technischer Herausforderungen anzunehmen und gab mich meinen Aufgaben so lange hin, bis ich den Bausatz konstruiert, das Problem behoben oder

Die Familie, 1963

Hüttenweihnacht, mein Vater mit Albrecht und Ferdinand, 1968

das Fahrzeug in Gang gebracht hatte. Wenn ich über meinem Märklin-Baukasten saß, an einem Modellfahrzeug bastelte oder ein Fahrrad reparierte, schaute er mir über die Schulter oder mischte mit – nicht immer zu meiner Freude. Am liebsten setzte er sich aber schon damals an den Tisch und malte Häuser in allen Variationen.

Besuche, Feste und Feiertage

Sonntags stand meist ein Besuch bei den Großeltern in Krauchenwies auf dem Programm. Mein Großvater hatte sich im benachbarten Jagdschloss eine Kapelle eingerichtet und leistete sich neben seinen zahlreichen Bediensteten auch einen eigenen Hofkaplan. Soweit ich denken kann, war das Herr Dr. Walter Kaufhold. Wenn Dr. Kaufhold meinem Großvater nicht die Messe las oder die Beichte abnahm, kümmerte er sich als studierter Kunsthistoriker um die Hofbibliothek. Meinem Bruder Albrecht und mir gefiel die Messe bei Dr. Kaufhold, nicht zuletzt, weil er ein freundlicher, aufgeschlossener Mann war, mit dem man auch mal ein Späßchen machen konnte. Während er die Messe las, konnte ich meinen Blick nicht von seiner imposanten Nase lassen und auch sein weißer voller Haarschopf war ein beeindruckender Anblick für uns Kinder.

Im Anschluss an die Messe gingen wir zusammen mit den Großeltern ins Schloss Krauchenwies. Schon beim Eintreten in die geräumige

Empfangshalle des klassizistischen Schlosses strömte uns der typisch Krauchenwies'sche Geruch entgegen, eine Mischung aus Möbelpolitur und Zigarrenrauch. Im Speisezimmer, dessen Wände mit einem lindgrünen Stoff bezogen waren, erwartete uns nach der sonntäglichen Messe ein ausgiebiges Frühstück. Wir Kinder griffen meist zum einfachen Honigbrötchen, das uns, vom Kirchgang ausgehungert, besonders gut schmeckte. Nach dem Frühstück machten wir es uns in der Regel noch im Salon gemütlich. Mein Großvater legte dann eine Platte auf seinem Schallplattenspieler auf, meist eine Marschmusik: Der *Radetzkymarsch* von Johann Strauss etwa oder der *Yorckscher Marsch* von Beethoven, aber auch mal unbekanntere Kompositionen wie *Der Bayerische Defiliermarsch* von Adolf Scherzer oder *Des Großen Kurfürsten Reitermarsch* von Kuno Graf von Moltke. Als Kind freute ich mich über die metrischen Akzente der Bläser und Trommler und klatschte den Rhythmus auf meinen Knien mit, während mein Großvater in seinem Sessel saß und gemütlich an einer Zigarre paffte, deren Rauchwolken sich im Raum verteilten und diesen strengen Geruch verbreiteten, den ich bis heute mit meinem Großvater verbinde. »Warum rauchst du eigentlich Zigarre?«, höre ich mich ihn fragen und Opapi antwortete in seiner lakonischen Art: »Weil es mir schmeckt!«

BESUCHE IN UMKIRCH Oft und gern hielten sich meine Großeltern auch auf ihrem Landsitz in Umkirch bei Freiburg auf. Dies war vor allem im Frühjahr und Sommer der Fall, denn das im italienischen Landhausstil erbaute Schloss diente meinen Großeltern in den fünfziger und sechziger Jahren neben ihrem Wohnsitz in Krauchenwies als Sommerresidenz. Ich liebte die Aufenthalte in Umkirch. Dies ganz besonders in der Zeit vor unserem Umzug nach Josefslust, denn hier hatte ich den Auslauf, den ich in Sigmaringen vermisste. Die lichten Räume, der weitläufige Schlosspark mit seinen alten Bäumen, Weihern, Bassins und duftenden Fliederhecken, gesellige Treffen mit Cousins und Cousinen, die Geburtstage meiner Mutter – all das verbinde ich mit unseren Aufenthalten in Umkirch. Stundenlang streunte ich hier durch den Park, teilweise auf eigene Faust, teilweise zusammen mit meinem Bruder Albrecht und manchmal auch mit Cousins und Cousinen. Nachdem ich durch meinen Vater das Fahrradfahren erlernt hatte, fuhr ich am liebsten auf zwei Rädern herum. Das war ein schönes Gefühl, denn mein Bewegungsradius vergrößerte sich damit enorm. Bald drehte ich immer größere Runden mit dem Fahrrad durch den Park und dann sogar in den Krämerladen des nahe gelegenen Örtchens Umkirch. Dedda steckte mir ein paar Groschen zu und damit besorgte ich mir und meinen Brüdern Kaugummis, Bonbons oder Brause. Aber nicht nur der

Mit unseren Fahrrädern in Josefslust

Süßigkeiten halber liebte ich diese Ausflüge. Die großen alten Bäume dienten uns als Verstecke und zum Klettern.

Eines Tages stieg ich weit auf einen der Thuja-Bäume. Ganz oben im Wipfel des Baumes machte ich es mir bequem, ließ meine Beine baumeln und freute mich über die Aussicht und meinen Erfolg. Plötzlich knackste es und der Ast brach ab. Durch das dichte Gehölz des Baumes, das meinen Aufprall, Gott sei Dank, stark abfederte, fiel ich zu Boden, es werden so sieben Meter gewesen sein. Völlig zerkratzt, aber ohne gravierende Verletzungen, lief ich zu Dedda. Ich musste gar nicht viel erklären. Während sie meine blutigen Stellen mit Jod versorgte und das ein oder andere Pflaster verklebte, erklärte sie mir: »Das kommt davon, wenn man zu hoch hinaus will, Karlchen!«

Nicht selten waren in Umkirch auch die Kinder von Tante Mädi (Maria Adelgunde*) dabei, unsere Cousins Leopold* und Adalbert* sowie Monika* und Angelika* Hess, die Töchter meiner Tante aus zweiter Ehe. Zusammen spielten wir so ausgelassen, dass wir erst wieder ins Haus kamen, wenn die Glocke so eindringlich läutete, dass wir keine Ausrede mehr hatten, sie überhört zu haben. Nach dem Mittagessen konnten wir Kinder es kaum erwarten, die Tafel zu verlassen, um uns wieder nach draußen zu begeben. Während mein Vater dann mit seinem Bruder und den Dienstboten in der Kammer Karten spielte, führten wir Kinder unsere Streifzüge durch den Park fort. Wenn es richtig heiß war, wagten wir uns auch mal ins eiskalte Wasser des Schwimmbads oder benetzten unsere Füße im Weiher. Oder wir spielten im Schatten der Thuja- und Sequoiabäume auf einer eigens dafür angelegten Bahn

Fürst Emich zu Leiningen

Omami

Boccia. Bisweilen gesellte sich Omami zu uns in den Garten. Von einer gewissen Entfernung aus beobachtete sie uns, elegant gekleidet und mit einer Zigarette in der Hand, bei unserem Spiel, und wenn wir Glück hatten, spielte sie auch einmal eine Partie mit! Das war allerdings eine echte Seltenheit, denn viel Zeit hatte Omami nie für ihre Enkelkinder. Neben ihrer Musik waren ihr ihre Cockerspaniel-Hunde von großer Bedeutung. Zudem hielten sich neben uns eigentlich immer noch andere Gäste im Schloss auf, die ihre Aufmerksamkeit erforderten, und so waren die Momente rar, in denen wir die Großmutter für uns hatten. Aber diese genossen wir, denn wir liebten unsere Großmutter sehr.

Nun unternahmen wir vermehrt Besuchsreisen zu Verwandten und Freunden. So zu Maria Antonia* (Tante Mimi), einer der Zwillingsschwestern meines Vaters, und ihrer Familie auf die Heinrichsburg in der Nähe von Biberach. Mimi hatte mit ihrem Mann Heinrich* zehn Kinder, von denen einige im Alter von uns Brüdern waren, und insofern freuten wir uns auf die Aufenthalte bei der Familie und hatten eigentlich immer eine lustige Zeit dort.

AMORBACH Öfter besuchten wir meinen Patenonkel Emich und seine Familie im Schloss Amorbach im Odenwald. Obwohl ich das Palais wie auch den Schlosspark als sehr schön empfand und Emich zudem mein Patenonkel war, hielt ich mich dort eher ungern auf. Wenn ich, meist zusammen mit Albrecht, nach Amorbach kam, wohnten wir mit den vier Kindern von Emich und seiner Frau Eilika* gemeinsam in einem eigenen

Stockwerk, der sogenannten Kinderetage, die wir nur selten verließen. Meine Vettern und ihre Schwestern hatten ein eigenes Kindermädchen, deren Aufmerksamkeit Albrecht und mir nur selten zuteilwurde, und so kamen wir uns dort etwas verloren vor. Ich glaube, uns beide beschlich hin und wieder ein Gefühl von Heimweh, und so war es gut, dass wir einander hatten. Ein Besuch in Amorbach ist mir allerdings in besonders guter Erinnerung. Ich muss sechs oder sieben Jahre alt gewesen sein, da wurde im Schloss ein großes Kinderfest gefeiert, das mein Onkel Emich ausrichtete. Es war in der Faschingszeit und so kamen die vielen geladenen Kinder aus dem Familien- und Freundeskreis in bunten Verkleidungen an. Das Verkleiden war für uns ja nichts Neues, wohl aber, dass so viele Kinder zusammenkamen. Alles war bunt geschmückt, es gab kindergerechtes Essen und es wurde ausgelassen getanzt und gesungen. Mein erstes richtiges Fest unter Altersgenossen und ich genoss es in vollen Zügen!

Immer wieder bekamen wir Besuch von der Verwandtschaft und manchmal auch von Freunden meiner Eltern.

ONKEL HANSI Ein oft und gern gesehener Gast war Johann Georg*, der zweitjüngste Bruder meines Vaters, von uns Onkel Hansi genannt. Als ich Kind war, studierte er noch Medizin und später Kunstgeschichte in Paris, Freiburg und München und kam von dort immer mal wieder bei uns vorbei. Ich mochte Hansi sehr und bewunderte ihn für seine musische Begabung und kulturelle Bildung. Wenn er bei uns war, nahm er meistens meine Mutter mit auf eine Spazierfahrt. Damals dachte ich mir nichts dabei, aber später weihte mich mein Vater in die pikanten Zusammenhänge ein: Bei ihrem Antrittsbesuch in Sigmaringen hatte sich meine Mutter zunächst mal in Onkel Hansi verliebt. Aber da meine Großeltern sie für meinen Vater vorgesehen hatten, hatte diese Liebe keine Aussicht auf Erfolg. Die besondere Sympathie hatte sich aber offensichtlich über die Jahre gehalten, auch lange, nachdem meine Mutter auf der Wallfahrt nach Rom ihr Herz doch noch an meinen Vater verloren hatte.

Auch der jüngste Bruder meiner Großmutter mütterlicherseits, Karl Ernst Heinrich von Sachsen*, genannt Onkel Ernie, war ein beliebter und häufiger Gast. »Mein Neffe«, nannte er meinen Vater immer etwas theatralisch und mit leicht scherzhaftem Unterton. Mein Vater und Ernie teilten ihre Leidenschaft zur Jagd und wenn er kam, konnte man sicher sein, dass die beiden nicht nur einmal gemeinsam auf Pirsch gingen. Onkel Ernie war eine lustige Figur. Meine Brüder und ich mochten ihn, weil er mit seinem leicht sächsischen Akzent immer eine lustige Geschichte auf den Lippen hatte. Seine ganze Familie stand bei meinem Vater im Ruf, teilweise etwas zu fabulieren. Auf Grund dieser Eigenschaft nannte er sie die »Toskanesen. Der Begriff geht auf die Großmutter meines Vaters mütterlicherseits zurück, eine Erzherzogin von Österreich-Toskana. Die Erzherzogin war für ihre Übertreibungen bekannt und dieser Ruf hing auch ihren Nachfahren noch an. Eine von Onkel Ernies Geschichten handelte vom Flusskrebse-Essen, das damals vielerorts Tradition war. Seiner Erzählung zufolge hatte Onkel Ernie, der im Ruf stand, leidenschaftlich gern zu essen, bei einem dieser höfischen Krebse-Essen einmal zehn Dutzend Krebse hintereinander verdrückt. Für uns war es schlichtweg unvorstellbar, 120 Krebse zu verschlingen, und mein Vater äußerte seine Zweifel an der Geschichte: »120 Krebse zu sich zu nehmen, ist unmöglich, das schafft kein Mensch!« Daraufhin erwiderte Ernie: »Mein Neffe, ich schwör's Dir!«

WEIHNACHTSZEIT Wie wohl in den meisten Haushalten des Landes gehörte die Advents- und Weihnachtszeit bei uns zu den bedeutendsten Festen des Jahres. Dieser Zeit lag ein besonderer Zauber inne. In der Kaminhalle hing ein großer Adventskranz, der seinen Duft im Haus verströmte. Ein weiterer Kranz hing bei uns im Kinderbereich. Unter diesem saßen meine Brüder und ich oft mit Dedda zum weihnachtlichen Basteln. Von Postkarten über Kerzen bis hin zu Weihnachtspyramiden und Mobiles, an deren Holzstäbchen Watte-Engelchen tanzten, stellten wir unter Deddas Anleitung die schönsten Dinge her. So richtig begann die magische Zeit mit dem Besuch des Nikolaus'. Jahr für Jahr klopfte es am Abend des 6. Dezembers an der Tür. Herein trat ein stattlicher alter Herr mit Rauschebart, Bischofsmütze und Hirtenstab, dessen Anblick meinen Brüdern und mir immer einen leichten Schauder über den Rücken laufen ließ. Wenn dieser seine goldene Fibel zückte und mit seiner sonoren Stimme Geschichten vorlas, in denen wir uns im Laufe des Jahres mehr oder weniger vorbildlich verhalten hatten, saßen wir mucksmäuschenstill auf unserem Hosenboden und lauschten gebannt seinen Worten. Auf wundersame Weise schien er alles über uns zu wissen. War ich in den ersten Jahren seiner Besuche voller Ehrfurcht vor diesem allwissenden Mann, beschlichen mich irgendwann leise Zweifel. Ich machte mir Gedanken darüber, woher er all diese Anekdoten wissen konnte, und fragte mich, wie es überhaupt möglich war, an einem einzigen Abend alle Kinder dieser Welt zu besuchen. Ein paar Jahre später entzauberte sich der allweise Besucher für mich gänzlich, als ich Herrn Wälder, den Gärtner unseres Großvaters, als Nikolaus entlarvte. Aber meinen Brüdern zuliebe behielt ich diese Entdeckung zunächst für mich.

HÜTTENWEIHNACHT UND BESCHERUNG IM WAISENHAUS Zwei wichtige Termine unseres Vaters bestimmten die Vorweihnachtszeit. Da ist zum einen die Weihnachtsfeier in unserer Firma im Laucherthal, die sogenannte Hüttenweihnacht. Sie begann mit einem Krippenspiel, das von einer Spielgruppe aufgeführt wurde. Im Anschluss bekamen die Kinder der Mitarbeiter Geschenke in Form von Süßigkeiten, Büchern und kleinen Spielsachen. Meinem Vater war es sehr wichtig, dass Ferdinand, Albrecht und ich dabei waren und – als wir größer waren – auch dabei halfen, die Geschenke zu verteilen. Der zweite Termin betraf die vorweihnachtliche Bescherung im Waisenhaus *Haus Nazareth*, das von einem Vorfahren von uns mitbegründet worden war. Unsere Familie stiftete dort immer einen nennenswerten Betrag, mit dessen Hilfe die Geschenke für die Kinder angeschafft wurden. Auch hier gab es ein Krippenspiel, und mein Vater hielt im Anschluss eine Ansprache. Wir freuten uns eigentlich immer auf den vorweihnachtlichen Nachmittag im Kinderheim. Auf der Rückfahrt sagte unser Vater dann bisweilen zu uns: »Schaut mal die armen Kinder an und macht euch bewusst, wie gut es euch im Vergleich geht. Es ist ganz heilsam, sich das von Zeit zu Zeit einmal wieder vor Augen führen!«

Einige Tage vor dem Heiligen Abend wurde das Schreibzimmer meines Vaters zum Weihnachtszimmer erklärt und durfte ab diesem Zeitpunkt nicht mehr von uns Brüdern betreten werden. Als ich kleiner war, konnte ich eines Tages der Versuchung nicht widerstehen, mal durchs Schlüsselloch zu äugen, was meine Eltern erboste und dazu brachte, den Hohlraum ab sofort mit Kreppband abzukleben. Je näher das Weihnachtsfest rückte, umso mehr wuchs die Aufregung bei meinen Brüdern und mir, die ihren Höhepunkt am Heiligen Abend erreichte. An diesem Tag wollte die Zeit einfach nicht vergehen. Als wir kleiner waren, gingen wir mit Dedda am Nachmittag spazieren. Jahr für Jahr versuchten wir auf diesen Gängen das Christkind zu erspähen. Wir suchten hinter Büschen und Bäumen. Manchmal rief Dedda dann: »Ich glaube, ich hab es gesehen!« Aber wenn wir ihrer Spur folgten, war zu unserer großen Enttäuschung nichts Engelsgleiches zu entdecken. Nach diesen Spaziergängen gingen wir dann in unsere Zimmer, badeten und zogen uns festliche Kleidung an. Danach begann das große Warten. Dedda legte Musik auf, und wir spitzten unsere Ohren und lauerten auf den Klang des Glöckchens, mit dem unsere Eltern die Weihnachtszeit offiziell einläuteten. Dann stürzten wir Kinder die Treppe in die Kaminhalle hinunter. Dort standen meine Eltern schon zusammen mit den Bediensteten um den festlich geschmückten Christbaum. Mein Vater hielt eine kurze Rede, überreichte den Mitarbeitern daraufhin Geschenke und wünschte allen ein frohes Weihnachtsfest. Dann ging es endlich ins Weihnachtszimmer. Unter dem hellen Geläut von Kirchenglocken, das vom Tonband meines Vaters abgespielt wurde, erwartete uns hier ein schöner, mit bunten Kugeln geschmückter Baum, unter dem unsere Geschenke lagen. Nach dem Kirchengeläut wurde das Weihnachtsoratorium aufgelegt und dann durften wir endlich unsere Geschenke auspacken. Oft wurden uns hier unsere Herzenswünsche erfüllt. Besonders groß war die Freude, als mein erstes Fahrrad unter dem Baum stand. Ein blaues Staiger-Rad - ich war überglücklich! Aber auch über die anderen Geschenke freute ich mich in der Regel sehr. Oft lagen Bücher auf dem Gabentisch. Noch heute habe ich die Stimme Deddas im Ohr: »Bücher machen klug und sind das beste Geschenk!«, pflegte sie zu sagen und in der Regel beschenkte sie uns mit einem auf uns und unsere Interessen zugeschnittenen Buch. Entsprechend meiner Leidenschaft für Technik bekam ich meistens ein Geschenk zum Tüfteln, Aufbauen oder Experimentieren, womit ich mich am liebsten die ganze Weihnachtszeit über beschäftigt hätte. Gegen 18 Uhr wurde dann festlich gegessen. Im Anschluss stürzten wir uns wieder auf unsere Geschenke. Spätestens um 20 Uhr war die Spielzeit für uns Kinder erstmal vorbei. Dann wurden wir ins Bett geschickt, um für die Mitternachtsmesse vorzuschlafen. Erleichtert wurde uns das Ende des Weihnachtsabends dadurch, dass wir ein Geschenk unserer Wahl mit nach oben nehmen durften. Meist gingen wir mit einem Murren zu Bett. Das Einschlafen nach der Aufregung fiel uns schwer. Als wir dann wenige Stunden später von Dedda geweckt wurden, um zur Weihnachtsmesse nach Krauchenwies aufzubrechen, hätten wir indes am liebsten weitergeschlafen. Aber spätestens beim vom Orgelspiel begleiteten Einzug der Ministranten war ich wieder wach. Ich mochte die festliche Stimmung in der Messe, den Kerzenschein, den Duft des Weihrauchs und die wohlbekannten Weihnachtslieder, die von Herrn Gmeiner an der Orgel begleitet wurden. Nach der Christmesse gab es bei meinen Großeltern Kaffee und Christstollen, eine Tradition, die meine Großmutter als gebürtige Dresdnerin aus ihrer Heimat mitgebracht hatte. Am ersten Weihnachtstag fuhren wir in der Regel wieder zu den Großeltern nach Krauchenwies. Dort aß man im großen Kreis zusammen zu Mittag. Meistens waren mit uns die unverheirateten Geschwister meines Vaters anwesend: Tante Hesi*, Onkel Franz, Onkel Hansi und Onkel Ferfried. Später fuhren wir im Anschluss an das Weihnachtsfest immer direkt nach Klosters zum Skifahren. Davon wird später noch die Rede sein.

Aber auch über die Weihnachtszeit hinaus spielten Feste eine wichtige Rolle bei uns.

Fürst Friedrich Viktor, Prinzessin Sibylla von Schweden*, Birgitta von Schweden*, Prinz Johann Georg, Fürstin Margarete, König Gustav Adolf von Schweden*, hinten: mein Cousin Josef zu Waldburg, meine Cousine Margarete zu Waldburg und ich, 1961

Das Osterfest begann meistens mit einem Besuch im Kloster Beuron. Hier pflegte sich mein Großvater mit den Mönchen auf das Osterfest vorzubereiten. In der Osternacht stießen wir dann dazu. Auch wenn mir der mehrstündige Gottesdienst teilweise lang wurde, hatten die gregorianischen Gesänge etwas wohlig Geheimnisvolles und ich empfand sie als einen stimmungsvollen Beginn des Osterfestes. Am Morgen nach der Osternacht schliefen wir aus, bevor sich die Familie in Umkirch traf. Wie wohl jedes Kind, freute ich mich immer über die Eiersuche im Park. Die Fundstücke legten wir in kleine, mit grünem Stroh ausgelegte Osternester. Am Frühstückstisch schlug man die bunten Eier dann gegenseitig an. Wessen Schale eingedrückt war, der musste sein Ei zuerst aufessen. Mein Vater war dabei gerne der Verlierer, denn er liebte die hartgekochten Eier. Ohne mit der Wimper zu zucken, konnte er vier Eier hintereinander essen und schlug damit in unserer Familie sämtliche Rekorde.

Natürlich feierten wir auch die Geburtstage aller Familienmitglieder, allen voran die runden. Besonders opulent ging es bei den Ehrentagen meiner Großeltern zu.

DIE GEBURTSTAGE MEINES GROSSVATERS Gern erinnere ich mich an die Geburtstage meines Großvaters am 30. August, die stets groß gefeiert wurden. Auf der Wiese vor dem Jagdschlösschen in Josefslust wurde ein großes Festzelt aufgebaut und die Bäume waren mit Lampions und

Erste heilige Kommunion, 1962

Luftballons geschmückt. Für die Mitarbeiter der Verwaltung gab es einen eigenen Empfang. Für den Betrieb wurde auf der Wiese vor dem Jagdschlösschen ein Festzelt aufgebaut, in dem Bier und Würstchen für die Forstarbeiter gereicht wurden. Die Jagdhornbläser sorgten für die musikalische Untermalung. Ein Highlight war das Tontaubenschießen, an dem alle teilnehmen durften, die Lust darauf hatten. Wenn die Nacht anbrach, gab es immer ein schönes Feuerwerk, das mein Vater, der einen Feuerwerkerschein hatte, für ihn organisierte.

Ein besonderes Fest war die Hochzeit von Onkel Hansi (Johann Georg)*, dem jüngeren Bruder meines Vaters. Am 30. Mai 1961 ehelichte er Birgitta von Schweden*, die Enkelin des damaligen und Schwester des jetzigen schwedischen Königs. Die beiden heirateten zunächst in Schweden kirchlich-evangelisch und dann noch einmal hier in Sigmaringen. Dazu war die ganze königliche Familie angereist. Bereits Wochen vorher war das Fest Gesprächsthema in der Familie. Albrecht und ich fieberten dem Ereignis besonders entgegen, weil wir dem Brautpaar die Blumen streuen durften. Ganz besonders neugierig waren wir natürlich auf die Autos der fremden Gäste mit ihren ausländischen Kennzeichen. Als die königliche Familie in Sigmaringen eintraf, liefen wir aufgeregt zwischen den Fahrzeugen hin und her. Aber auch darüber hinaus habe ich die Hochzeit in besonderer Erinnerung: vom Einzug in die Kirche, dem Empfang, den vielen Menschen, der eigentümlichen Sprache der schwedischen Gäste, die in meinen Ohren völlig fremd klang, bis hin zu den schön gekleideten Gästen, die leider zeitweise ziemlich frieren mussten, weil das Wetter für die Jahreszeit viel zu kalt war. Auch ich fror in meinem dünnen Seidenhemd, das mir eigens für die Hochzeit geschneidert worden war, ordentlich durch, genoss aber dennoch das große Fest in vollen Zügen.

ERSTKOMMUNION IN SIGMARINGEN Schöne Erinnerungen habe ich auch an meine Erstkommunion, die in der Kirche St. Johann in Sigmaringen begangen wurde. Paarweise marschierten wir ein, zuerst die Jungen, dann die Mädchen. Nach Eröffnung des Gottesdienstes durch den Stadtpfarrer Richard Schell wurde jedes Kind der Gemeinde namentlich vorgestellt. Unter den Gästen waren neben meinem Patenonkel Emich und seiner Familie selbstverständlich auch meine Großmutter und mein Großvater. Begleitet wurden sie von Dr. Walter Kaufhold, dem Hofkaplan meines Großvaters. Dieser war über meine ganze Kindheit hinweg für mich ein wichtiger Gesprächspartner und entsprechend hatte er mich auch gedanklich und spirituell auf die Kommunion vorbereitet. Die Feier im Anschluss fand bei uns zu Hause in Josefslust statt. Mein Großvater, der ja auch mein Taufpate war, überreichte mir hier ein besonderes Geschenk: eine hölzerne Madonna, die mit einer Silberprägung versehen war: »Für Karl zur ersten heiligen Kommunion von seinem Großvater Friedrich« stand darauf. Die Statue bekam einen Ehrenplatz in meinem Zimmer.

DER UNERWARTETE TOD MEINER GROSSMUTTER MARGARETE Der nächste Anlass, bei dem sich große Teile der Familie wiedersehen sollten, war leider ein äußerst trauriger. Wenige Monate nach meiner Kommunion erkrankte meine Großmutter Margarete. Als mein Vater uns erklärte, dass seine Mutter unheilbar krank war, war das für mich ein unerwarteter Schlag in die Magengrube. Damit änderte sich für unsere Familie einiges an schönen Gepflogenheiten. Von heute auf morgen war Schluss mit den regelmäßigen Besuchen in Krauchenwies und Umkirch. Nach einer kurzen schweren Krankheit starb Omami im Jahr 1962. Wie ich später erfahren sollte, hatte sie Bauchspeicheldrüsenkrebs. Ihr Tod machte mich sehr traurig. Es war das erste Mal, dass mir bewusst wurde, wie es ist, einen Menschen zu verlieren. Auch und besonders mein Großvater trauerte unter dem Verlust seiner Frau. Er zog sich, für uns alle erkennbar, immer mehr zurück. Zwar kam er nun öfter als vorher zu uns, aber die Zeiten, in denen wir regelmäßig die Sonntage in Krauchenwies verbrachten, waren jetzt Geschichte.

Klosters, März 1971

Klosters

Als ich acht Jahre alt war, kaufte mein Vater ein Ferienhaus im Skiort Klosters/Kanton Graubünden. Klosters war für uns Kinder das Paradies auf Erden. Das Haus lag an einem Hang, der im Winter mit einer dicken Schneedecke belegt war. Zum Haus führte ein kleiner Fußweg, den wir nach Ankunft erst mal gehörig vom Schnee befreien mussten. Auf Grund der großen Schneemassen war das oft eine ziemliche Quälerei. War der Weg fertig und wir entsprechend aus der Puste, musste das ganze Gepäck noch nach oben transportiert werden. Um nicht für jedes Gepäckstück einzeln zu gehen, behalfen wir uns mit einem großen Holzschlitten, auf den wir das Gepäck schnallten. Als mein Vater aber auch von diesem Prozedere die Nase voll hatte, beauftragte er einen Mechaniker aus den Zollern-Werken damit, eine mechanische Vorrichtung zu montieren. Ab da konnten wir das Gepäck mit Hilfe einer elektrischen Seilwinde auf einem großen Metallschlitten nach oben transportieren.

Viele Wochen im Jahr verbrachten wir fortan in Klosters. Hierfür durften wir bisweilen sogar von der Schule fernbleiben. Aber nicht nur deshalb mochten wir die Aufenthalte in Graubünden. Allein die Fahrt dorthin war ein kleines Abenteuer. Für die rund 200 Kilometer von Sigmaringen nach Klosters brauchten wir je nach Straßenverhältnissen in unserem *Ford 17* bis zu fünf Stunden. Gerade wenn die Wege stark verschneit waren, war das eine sehr anstrengende Fahrt, denn die

Straßen waren nicht geräumt und Salz oder andere Streumittel gab es damals noch nicht. Oft musste man in bergigen Regionen Schneeketten anlegen.

In Klosters lernten Albrecht und ich zusammen das Skifahren. Am Vormittag erhielten wir Unterricht von einem privaten Skilehrer und am Nachmittag fuhren wir meist noch mit unserem Vater ein bisschen und übten das Gelernte. In der Regel machte mir das Skifahren großen Spaß, nur wenn das Wetter gar zu garstig war, verging mir die Lust. Da hing einem dann der durchnässte Popelinanorak am Leib, die sowieso schon schweren Lederhandschuhe wurden noch einmal schwerer und die beschlagene Brille nahm mir das letzte bisschen Sicht auf der schneeverhangenen Piste. Aber solange die Lifte fuhren, kannte mein Vater in der Regel kein Pardon. Nur wenn diese wegen Unwettern außer Betrieb gesetzt wurden, verkündete er einen offiziellen Pausentag. Diesen genoss ich immer sehr. Dann igelte ich mich in meinem Zimmer ein, las ein Buch oder spielte. Erhielt mein Vater die Nachricht, dass die Lifte wieder fuhren, ging es flugs wieder hinauf auf die Bretter. Dennoch oder vielleicht gerade darum gehört das Skifahren zu meinen beständigsten Hobbys, das ich noch heute mit viel Freude betreibe.

1962-1970 Gymnasialzeit • Josefslust und Sankt Blasien

Auch eine schwere Tür hat nur einen kleinen Schlüssel nötig.
Charles Dickens

Nach meiner Volksschulzeit wechselte ich auf das Sigmaringer Gymnasium in den altsprachlichen Zweig. Das hatte mein Vater, der selbst eine humanistische Bildung genossen hatte, so für mich entschieden. Die ersten Jahre der Höheren Schule bewältigte ich ziemlich problemlos. Ich konnte dem Unterricht gut folgen und schrieb ohne viel Aufwand ordentliche Noten. Selbst in den alten Sprachen Griechisch und Latein kam ich zunächst gut mit. Alles in allem war ich ein zurückhaltender, nicht gerade überengagierter Schüler. Bei meinen Mitschülern hatte ich durchaus einen guten Stand. Wenn ich etwas konnte, ließ ich meine Schulkameraden bereitwillig abschreiben und umgekehrt genauso.

Bisweilen wiesen mich die Lehrer wegen meiner spitzen Zunge zurecht, aber ernsthafte Konflikte gab es nicht. Besonders haften geblieben sind mir die Lehrer der »alten Garde«, Herr Hermann und Herr Riester, die mich in Deutsch und Latein unterrichteten. Bei ihnen hatte man aufzustehen, wenn man etwas gefragt wurde. Unternahmen wir Klassenausflüge, mussten wir in Zweierreihen marschieren und Lieder dabei singen. Auch wenn es etwas altbacken klingen mag, behaupte ich, dass mir diese Art von Disziplinierungsmaßnahmen nicht geschadet hat.

Zu einigen Schulkameraden entwickelten sich Freundschaften, so zu einem Geschwisterpaar aus dem Ort. Mit ihnen verbrachte ich so einige Nachmittage, was Dedda und meine Eltern mit gewissem Argwohn betrachteten. Nicht ganz zu Unrecht, denn uns fielen immer wieder Dinge ein, die Eltern nicht sonderlich gerne sehen. So machte ich mit dem Geschwisterpaar meine ersten Rauchererfahrungen, nachdem einer von beiden dem Vater, der sich die Zigaretten selber drehte, Tabak entwendet und am Kiosk für zwei oder drei Mark eine sogenannte »Maurer-Pfeife« erworben hatte. Damit verabredeten wir uns eines Tages an einem abgelegenen Weg am Wasserreservoir, wohin wir uns immer zurückzogen, wenn wir ungestört von den Blicken der Erwachsenen bleiben wollten. Leicht linkisch stopften wir die Pfeife und zündeten sie umständlich an. Danach zogen wir abwechselnd daran. Es brannte fürchterlich im Rachen, aber ich muss sagen, es schmeckte nicht schlecht.

Im Gymnasium Sigmaringen, 1963

Später fragte mich mein Vater, der ja selbst ein starker Raucher gewesen war, einmal mit etwas bedrohlichem Unterton, ob ich denn gelegentlich rauchen würde. Ich wich seiner Frage aus, wohlwissend, dass er das Rauchen bei mir nicht toleriert hätte, und gab schließlich zu, dass ich gelegentlich Pfeife rauchte, aber nicht Zigaretten. Daraufhin hellte sich sein Blick auf und er sagte: »Das kannst du von mir aus weitermachen!« Ich fragte ihn, ob ich denn auch zu Hause Pfeife rauchen dürfte, was er zu meiner großen Freude bejahte. Das war der Beginn einer genussvollen Rauchergeschichte, die bis heute währt.

Interessen und Hobbys

Schon von klein auf hegte ich Interesse für zahlreiche Dinge. Immer wieder reizt es mich, in unbekannte Gefilde einzutauchen, neue Erfahrungen zu sammeln und meinen Horizont zu erweitern. Mein absolutes Lieblingsbuch war eines über Entdecker und Erfinder: *Die Großen der Welt* hieß es. Ich las die Geschichten daraus so oft, bis ich sie fast auswendig konnte. Leidenschaftlich verschlang ich auch weitere Bücher über Entdecker und Eroberer, angefangen bei den Polarforschern Ernest Shackleton und Roald Amundsen bis zu den großen Seefahrern Ferdinand Magellan, Amerigo Vespucci und Alexander von Humboldt. Auch die großen Erfinder und Universalgelehrten begeisterten mich, allen voran Wilhelm Conrad Röntgen, Rudolf Diesel, Alexander Fleming und Albert Schweitzer. Was mich besonders beeindruckte, war die Beharrlichkeit und die Disziplin, mit der sie ihre Ziele verfolgten. Noch heute halte ich diese Tugenden für die wichtigsten Voraussetzungen für ein erfolgreiches Handeln, wichtiger noch als Talent und Leidenschaft.

Von meinen Vorbildern animiert, versuchte ich mich selbst ab und zu an kleineren Erfindungen. Ein Dauerbrenner auf meinen Wunschlisten zu Geburtstagen und Weihnachten waren neben den Büchern Experimentier- und Konstruktionsbaukästen jedweder Art, mit denen ich Autos, Flugzeuge und Radios zusammenbaute, teilweise wieder auseinandernahm und kleine Zeichnungen und Skizzen davon anfertigte.

Aber auch an eigene kleine Erfindungen wagte ich mich, wie zum Beispiel – inspiriert von Leonardo da Vinci und Lukas dem Lokomotivführer – an die Herstellung eines Perpetuum mobiles. Erst später erfuhr ich im Physikunterricht, dass der Wunsch, Energie aus dem Nichts zu erzeugen, dem Energieerhaltungssatz widerspricht und damit eine physikalische Unmöglichkeit darstellt.

Auch Fahrzeuge jeglicher Art übten nach wie vor eine große Faszination auf mich aus, besonders natürlich die ausgefalleneren Modelle. Wenn sich Besuch angekündigt hatte, von dem wir wussten oder mutmaßten, dass er mit interessanten Autos anreiste, warteten Albrecht und ich bisweilen geduldig am Eingang von Josefslust und freuten uns dann, wenn wir Fahrzeuge erspähten, die wir bis dahin noch nicht gesehen hatten. Auch an Motorrädern hatte ich besonderen Gefallen. Mit Respekt schaute ich den lederbekleideten Männern auf der Straße nach, die ihr Motorrad bei Wind und Wetter bewegten. Die Typenbezeichnung der Maschinen las ich am Tank ab und so kannte ich bald jedes Motorrad, das auf deutschen Straßen fuhr. Mit großem Eifer spielten Albrecht und ich an Sonn- und Regentagen Auto- und Flugzeugquartett. Oder wir studierten die Autozeitschriften, die mein Vater abonniert hatte. So die *Motor Revue*, ein vierteljährlich erscheinendes Hochglanzmagazin. Mit großer Begeisterung lasen wir auch die *auto, motor und sport*, die vierzehntägig erschien. Ich ahnte damals nicht, dass ich später mit Peter-Paul Pietsch, dem Sohn des Gründers dieser Zeitschrift, in die Klasse kommen sollte.

DIE ERSTE AUTOFAHRT Als ich elf war, saß ich das erste Mal alleine am Steuer eines Auto. Es war bei einem der Besuche während der Schulferien bei den Großeltern in Umkirch. Für den dortigen Haushalt hatten sich meine Großeltern einen *VW Käfer* angeschafft, der meistens direkt vor dem Schloss stand. An diesem Tag steckte der Schlüssel, ich setzte mich kurzerhand hinein und ließ den Motor an. In der Theorie wusste ich schon ganz gut, wie man Auto fuhr, zumal mein Vater mich und später auch Albrecht im Josefsluster Park auf seinem Schoß immer mal wieder hatte lenken lassen. Aber so ganz allein im Auto sitzend war das natürlich eine andere Nummer. Ich tat das, was ich mir bei meinem Vater abgeschaut hatte: Kupplung treten, erster Gang, Gas geben, Kupplung loslassen – und dann fuhr ich ...! Schon nach Kurzem sah ich den Chauffeur meiner Großmutter, Wolfgang Daberkow, neben dem Auto herrennen. Er öffnete die Tür und warf sich auf den Beifahrersitz. Ich erwartete einen Anpfiff, stattdessen sagte er nur: »Fahr weiter!« Wir fuhren also weiter durch den Park und ich genoss das Gefühl, Herr über das Auto zu sein, in vollen Zügen. Auch in den Folgetagen durfte ich ein bisschen fahren. Auf diese Weise brachte mir Herr Daberkow in kurzer Zeit das Autofahren bei. Fortan durfte ich gelegentlich das Auto, mit dem unser Hausmeister Erich Kaltenbach uns zur Schule brachte, von unserem Haus in Josefslust bis zum Tor zur Hauptstraße fahren.

DIE ALTE MIELE UNSERES FÖRSTERS Ein Jahr später entdeckte ich in der Garage unseres Josefsluster Revierförsters ein Motorrad, das offensichtlich schon länger nicht mehr gefahren worden war. Es handelte sich um eine alte Miele mit 98 Kubikzentimetern, also keine allzu große und schwere Maschine. Auf meine Frage, ob das Motorrad noch laufen würde, bekam ich zur Antwort, dass es kaputt sei und demnächst vom Schrotthändler, damals noch »Alteisenmann« genannt, abgeholt werden würde. Ich fragte den Förster, ob ich denn mit dem Motorrad fahren dürfte, wenn ich es in Gang bringen würde. »Ja, ja, ja«, antwortete er, wie immer, wenn ihn Dinge nicht sonderlich interessierten. Ich bekam den Meister unserer eigenen Autowerkstatt dazu, sich das Motorrad einmal anzuschauen. Nachdem er die Benzinleitung gereinigt, eine neue Zündkerze eingesetzt und frisches Zweitaktgemisch eingefüllt hatte, sprang die Miele ohne Probleme an und meinen Fahrten im Josefsluster Park stand nichts mehr im Weg. Nachdem ich mich schon länger damit auseinandergesetzt hatte, wie ein Motorrad funktioniert, kam ich schnell damit zurecht.

In diesem Sommer ging ich immer wieder zum Forsthaus, fragte den Förster, ob ich das Motorrad nehmen könnte, und fuhr im Park herum. Wenn er nicht da war und die Garage offenstand, holte ich das Motorrad einfach für eine Spritztour heraus. Im kommenden Frühling war das Motorrad auf einmal weg. Auf meine irritierte Frage, teilte der Förster mir mit, dass es nun doch der Schrotthändler geholt habe, da er das Motorrad nicht mehr bräuchte. Als ich ihn fragte, warum er ein Motorrad, mit dem man offensichtlich noch fahren konnte, wegwerfen würde, antwortete er: »Das Motorrad gehört mir und ich kann damit machen, was ich will.« Seitdem war unser durch andere Vorfälle sowieso schon gestörtes Verhältnis endgültig am Ende.

EINE STINKENDE LANDUNG Etwa zeitgleich unternahm ich meine erste Traktorfahrt. Zusammen mit meiner Familie verbrachten wir die Osterferien in Umkirch. Ich fieberte diesem Aufenthalt regelrecht entgegen, weil ich wusste, dass ich nun, gerade 14 Jahre alt geworden, endlich Traktor fahren dürfte. Als ich mich auf den großen Porsche-Traktor setzte und den ratternden Motor anließ, fühlte ich mich stolz wie ein frisch gebackener König auf seinem Thron. Einmal sollte ich zusammen mit dem Verwaltersohn Christian Müllerschön ein Fass mit frischer Gülle aus der Hofstätte rausfahren. Ich fuhr aus dem Tor hinaus und bremste kurz. Damals hatten die Anhänger keine Auflaufbremse und so knallte der Anhänger auf die Hängerkupplung. Dabei sprang der Deckel vom Fass auf, der offensichtlich nicht richtig verschlossen war, und die volle Ladung frische Gülle spritzte auf mich und den Verwaltersohn. Drecküberströmt und stinkend bat ich Christian, erstmal zum Umziehen nach Hause zurückkehren zu dürfen, aber der kannte kein Pardon: »Das kommt gar nicht in Frage, da musst du jetzt durch!« Und so fuhr ich den Rest der Fahrt miefend und fröstelnd weiter. Aber selbst das tat der Freude am Traktorfahren keinen Abbruch.

AUF DEN SPUREN VON LOUIS ARMSTRONG Neben den Fahrzeugen jedweder Art zog mich die Musik von klein auf in ihren Bann. Meinem Traum, Trompete zu lernen, um die Stücke von Louis Armstrong und anderen Jazzgrößen zu spielen, die bei Papi auf dem Plattenspieler liefen und die ich so liebte, stellte sich meine Mutter strikt in den Weg. Stattdessen sollte ich Klavierunterricht nehmen. Aber nach dem Zauber des Neubeginns nahm mein Interesse am Instrument rapide ab, was vermutlich besonders der ältlichen Klavierlehrerin geschuldet war, der es nicht im Entferntesten gelingen sollte, ein Feuer in mir zu entfachen. Einige Jahre quälte ich mich mit der strengen Lehrerin ab, bis ich meinen Eltern eines Tages mitteilte, nicht länger Klavier spielen zu wollen. Da ich wusste, dass mein inniger Wunsch, Trompete zu lernen, auf keinerlei Gegenliebe stieß, wünschte ich mir zunächst eine Mundharmonika, auf der ich einige Zeit spielte, bis ich mit zwölf oder dreizehn Jahren die Gitarre für mich entdeckte. Meine Eltern waren zunächst nicht sonderlich erfreut über die Instrumentenwahl. »Wenn schon, dann lernst du aber Konzertgitarre«, sagte meine Mutter und suchte einen Lehrer für mich aus, der mich in klassischer Gitarre unterrichtete. Auch wenn ich lieber einen andern Musikstil erlernt hätte, gefiel mir der Unterricht schon deutlich besser als der langweilige Klavierunterricht. Der Unterricht legte den Grundstein für meine Liebe zum Instrument, die bis auf den heutigen Tag anhält.

Ferienzeiten

Ähnlichen Verdruss wie bei den Klavierstunden der wenig inspirierenden Klavierlehrerin erlebte ich in der Regel im Schulunterricht. Auch wenn ich mich für viele Dinge interessierte, schafften es die Lehrer in der Regel nicht, mich für die schulischen Lerninhalte zu begeistern. So freute ich mich immer besonders, wenn die Ferien nahten. Solange die Großeltern noch gesund waren, verbrachten wir viel Zeit in Umkirch und Krauchenwies, aber immer wieder fuhren wir auch »so richtig« in die Ferien.

SOMMER IN KLOSTERS Irgendwann waren meine Eltern auf die Idee gekommen, dass wir nicht nur im Winter, sondern auch im Sommer Zeit in Klosters verbringen könnten, um dort die gute Luft zu genießen. Diese Aufenthalte fanden in der Regel ohne unsere Eltern statt, denn mein Vater verbrachte die Zeit über bei der Jagd und meine Mutter genoss es bisweilen, mal allein zu Hause zu sein. So begleitete uns Dedda nach Klosters. Die Zeit vor Ort spielten wir immer wieder Gesellschaftsspiele, vor allem wenn es regnete, verbrachten wir oft Stunden um Stunden mit *Halma, Mühle* oder *Mensch ärgere dich nicht!*. Gern zog ich mich auch zurück und las Bücher oder vertiefte mich in technische Tüfteleien. Bei schönem Wetter gingen wir spazieren, manchmal unternahmen wir kleinere Bergwanderungen oder besuchten das öffentliche Schwimmbad. Je älter ich wurde, umso mehr begannen mich diese Aufenthalte zu langweilen.

DIE JAGD IN HINTERHORNBACH Nicht viel spannender empfand ich die Aufenthalte in Hinterhornbach in Tirol. Dort hatte mein Großvater ein Bergjagdrevier gepachtet, in dem auch mein Vater regelmäßig auf Hirsch- und Gamsjagd ging. Bisweilen nahm er mich und meine Brüder mit und wir übernachteten zusammen im Jagdhaus. Mein Vater war meistens auf Jagd und wir wanderten auf den Berg. Später durften wir auch gelegentlich mit meinem Vater und den Jägern die Gegend mit einem kleinen Allradfahrzeug, einem *Puch Haflinger*, auskundschaften. Dabei zeigte mein Vater uns die Plätze, an denen er das Wild erlegt hatte. Ich kann nicht sagen, dass die Ferien in Tirol spannender waren als die in Klosters, aber es war eine Abwechslung.

Vor den großen Ferien des Jahres 1966 wartete eine böse Überraschung auf mich. Mein Vater teilte mir mit, dass ich auf Grund mangelnder Leistungen nicht in die Untertertia versetzt werden würde. Zwar hatte sich schon abgezeichnet, dass es mit der Versetzung schwierig werden könnte, aber ich hatte die schulischen Geschicke offenbar zu sehr auf die leichte Schulter genommen. Das hatte harte Konsequenzen: Meine Eltern entschieden, mich aufs Internat nach Sankt Blasien zu schicken.

Jesuitenkolleg Sankt Blasien (1966/67)

Mit dem Schulwechsel wurde ich meinem vertrauten Umfeld mehr oder weniger von heute auf morgen entrissen. Im Vergleich zu dem geschützten Kreis der Familie und den liebgewonnenen Freiheiten und Annehmlichkeiten unseres Zuhauses in Josefslust herrschte in Sankt Blasien ein gänzlich anderes Regiment. Schon beim Eintritt in die ausladenden Klostermauern schwante mir, dass hier ein rauer Wind herrschen würde. Statt im eigenen Zimmer, schlief ich mit etwa 60 fremden Jungen in einem Schlafsaal. Jeder Schüler hatte ein Bett und einen Schrank im Schlafsaal, dazu noch einen Tisch im Klassenzimmer und einen festen Sitzplatz im Speisesaal. Privatsphäre war ebenso wenig vorhanden wie Raum für geselliges Beisammensein.

Der Tag begann mit einem gemeinsamen Gottesdienst in der unbeheizten Kirche. Nach einem spärlichen Frühstück ging man dann in seine Klasse. Der Unterricht in Sankt Blasien gefiel mir genauso wenig wie das Ambiente. Druck und Bestrafung gehörten zum pädagogischen Konzept. Wider den jesuitischen Leitspruch der »Cura personalis« entstand kein Gefühl von Verbundenheit zu einem der Lehrer.

Auch mit den Schülern ergaben sich kaum tiefere Verbindungen. Die Kälte der Klostermauern schien auszustrahlen auf die dort lebenden Menschen. Und das streng hierarchische Regiment der Mönche übertrug sich bis runter zu den Schülern. Die älteren wurden als Aufsicht für die jüngeren herangenommen und übten ihre Macht über diese aus. Einer der wenigen, mit dem ich mehr zu tun hatte, war Ferdinand Graf Metternich, dessen Eltern mit den meinigen bekannt waren. Dieser kleine gemeinsame Anker sorgte dafür, dass wir im fremden Sankt Blasien schnell zueinander fanden. In den unterrichtsfreien Zeiten trafen wir uns im Keller, um Musik zu hören, oder gingen miteinander spazieren, bei gutem Wetter im Klostergarten, bei schlechtem in den Katakomben des Klosters. In den verschlungenen Gewölbegängen war man vor der strengen Überwachung der Klosterbrüder und sonstiger lauschender Ohren sicher und so konnte man sich hier auch einmal über seinen Kummer austauschen. Die Begegnungen mit Ferdinand brachten etwas Wärme in die soziale Kälte der Klostermauern Sankt Blasiens.

DER TRAUM VON DER TROMPETE Ebenso die Musik. Zu Beginn meines Aufenthaltes erfuhr ich, dass jeder ein Instrument seiner Wahl erlernen dürfe. Glücklich, mir nun meinen großen Kindheitstraum erfüllen zu können, erklärte ich meinem Musiklehrer, dass ich gedenke, Trompete zu erlernen. So sehr ich meiner ersten Stunde entgegenfieberte, so ernüchtert war ich danach. Ich fand einfach keinen Zugang zum Instrument, sodass ich meinem Lehrer nach einigen frustrierenden Stunden verkündete, mich von meinem Trauminstrument wieder verabschieden zu wollen. Er verstand meine Entscheidung und fragte mich, ob ich stattdessen ein anderes Blasinstrument lernen wollte. Ich überlegte. Dabei schweifte mein Blick durch den Übungsraum und blieb auf einem Saxophon haften. Ich zeigte darauf und verkündete: »Das da würde mich interessieren!« Das Instrument war mir schon von meinem Vater bekannt, mehr aus Erzählungen als vom Erleben, denn das Musizieren war bei meinem Vater nach seiner Familiengründung in den Hintergrund gerückt. Mein Lehrer willigte ein, riet mir aber, als Grundlage für das eher herausfordernde Saxophon erst einmal Klarinette zu erlernen. So wurde der Grundstein meiner treuen Liebe zum Saxophon im Kolleg von Sankt Blasien gelegt.

Auch die Musik, die im Radio lief, eröffnete mir im kühlen Umfeld des Kollegs den Zugang zu meiner Gefühlswelt. Es war die Zeit, in der die Beatmusik von Amerika nach Deutschland schwappte. Das Lebensgefühl der Freiheit, das aus der Musik sprach, ergriff mich in den alten Gemäuern mit einer besonderen Wucht. So oft es ging, zog ich mich in den Keller zurück, dem man – mit einigem Wohlwollen – Aufenthaltsqualität zusprechen konnte. Hier gab es einen Plattenspieler und ein Radio, auf dem ich die neue Musik kennen und lieben lernte.

Einmal im Monat kam mein Vater zu Besuch. Albrecht war inzwischen auch in Sankt Blasien untergekommen, aber da er zwei Klassen unter mir war, hatten wir – abgesehen von den Stippvisiten meines Vaters – nur wenige Berührungspunkte miteinander. Beide genossen wir die Besuche unseres Vaters, bei denen wir in der Regel in einem schönen Restaurant gemeinsam zu Mittag aßen und uns ausgelassen unterhielten. Reiste mein Vater dann wieder ab, ging es mir noch schlechter als zuvor. Ich vermisste mein vertrautes Umfeld, allen voran Dedda und meine Eltern.

Auch schulisch kam ich auf keinen grünen Zweig. Zu den Lehrern fand ich keinerlei Zugang. Die schlimmsten Erinnerungen habe ich an unseren Lateinlehrer namens Igelhaut, der wohl so einige Generationen an Schülern mit seinen drakonischen Unterrichtsmaßnahmen drangsaliert hat. Zwar war ich nicht aufmüpfig, aber wenn ich mich von Lehrern provoziert fühlte, machte ich gern mal eine spitze Bemerkung, was bei den

Mönchen nicht gut ankam. »Wenn du so weiter machst, musst du unsere Schule verlassen!«, sagte mir ein Lehrer einmal. »Na wunderbar ...«, dachte ich und unterließ daraufhin jedwede Anstrengung, meinen Ruf zu verbessern.

Nach einem guten halben Jahr empfahl die Schulleitung meinen Eltern, mich von der Schule zu nehmen. Als ich davon mitbekam, war ich glücklich. Und als meine Eltern dann kurz vor Ostern kamen, um mich abzuholen, noch mehr. Die Stimmung indes war zunächst, wie man sich vorstellen kann, nicht berauschend. Auf der Rückfahrt fragte mein Vater mich: »Und, was sollen wir jetzt mit dir machen?« Auf diese Frage wusste ich keine Antwort. Ich versprach allerdings, mich anzustrengen, wenn ich nur in Josefslust bleiben könnte. Alles war besser als ein Zurück nach Sankt Blasien oder eine entsprechende Anstalt! Tatsächlich sollte sich eine Lösung finden: Mein Vater erwirkte von meiner alten Schule in Sigmaringen die Möglichkeit, dass ich zum folgenden Schuljahr wieder dort einsteigen könnte, wenn es mir gelänge, den Schulstoff aufzuholen. Meine Mutter organisierte einen Nachhilfelehrer, der mit mir den versäumten Stoff erarbeiten sollte. In seiner vorlesungsfreien Zeit unterstützte er mich mit großem Engagement dabei, meine Wissenslücken zu füllen. Auch wenn er mich ziemlich in die Mangel nahm, bin ich ihm rückblickend dankbar für sein großes Engagement, führte es doch dazu, dass ich in der Klasse wieder mithalten konnte.

Gymnasium Sigmaringen II.

Dank der Unterstützung meines Nachhilfelehrers war ich so gut gewappnet, dass ich im Herbst wieder in meiner alten Schule in Sigmaringen aufgenommen wurde. In einigen Fächern war ich nun richtig gut, so in Deutsch, das fortan zu meinen Lieblingsfächern zählen sollte. Auch außerhalb des Unterrichts beschäftigte ich mich, nicht zuletzt inspiriert durch den großen Dichter und Wortakrobat Heinz Erhardt, gern mit Gedichten. Mein Deutschlehrer Herr Gäßler war eine strenge, aber freundliche und mir zugewandte Person. Auch im Musikunterricht kam ich gut klar, obwohl unser Lehrer uns den Zugang zur Musik nicht gerade leicht machte. Zu meinen Lieblingsfächern zählte der Kunstunterricht. Unser Lehrer war ein großer Freund des Impressionismus und führte uns in die Werke und Techniken der großen Künstler ein: Cézanne, den frühen Feininger, Gauguin, Manet und Emil Nolde lernte ich durch ihn kennen.

Nach der düsteren Zeit in Sankt Blasien genoss ich es umso mehr, wieder im Kreis meiner Familie und Freunde zu sein. Schnell fand ich

Anschluss an meinen ehemaligen Freundeskreis. Zusammen mit meinem Bruder Albrecht bildeten wir eine echte Clique, die im Kern aus uns beiden, den Sprösslingen der Apothekerfamilie Richter und dem Sohn des Bauunternehmers Steidle bestand. »Charly« nannten sie mich nun, Sinnbild der neuen Lässigkeit, die von den Amerikanern auf uns überschwappte. Gern trafen wir uns im Hause Richter. Die vielköpfige Familie hatte mitten in der Stadt, direkt am Marktplatz gelegen, ein schönes denkmalgeschütztes Haus, eines der ältesten Gebäude in Sigmaringen. Unterm Dach gab es einen ausgebauten Speicher mit Matratzen, Sofas und einer Musikanlage. Hier saßen wir gemütlich beisammen, hörten Musik und unterhielten uns über interessante Mädchen, die neusten Plattenerscheinungen oder sonstige Banalitäten.

Das Familienleben verlief weitestgehend in ruhigen Bahnen. Meine Eltern veranstalteten einige schöne Feste in Josefslust und empfingen auch sonst immer wieder Gäste bei uns, die teilweise über einen längeren Zeitraum blieben. Das ging so lange, bis sich der gesundheitliche Zustand meiner Mutter spürbar verschlechterte. Uns Kinder verunsicherte das. Zwar war uns Brüdern in der Vergangenheit nicht entgangen, dass unsere Mutter des Öfteren traurig oder kraftlos wirkte. Dann und wann war sie auch über kurz oder länger einfach mal »weg« gewesen. Auf unsere Frage, wo sie denn sei, hieß es nur: »Mami ist verreist, sie kommt bald wieder!« Oder: »Mami ist auf Kur und wird wieder gesund gemacht.« Worunter sie genau litt, das erfuhren wir nicht, denn mein Vater sprach über die Krankheit nicht. Erst später erfuhr ich von der klar diagnostizierten Depression, die für meinen Vater schlicht nicht als Krankheit galt. »So etwas hat man nicht!«, war seine Denkweise. Die Vorstellung, dass seine Frau in einer psychiatrischen Klinik ist, war für ihn ein absoluter Graus, Psychologen waren für ihn Quacksalber. »Sie hat doch alles, was man sich wünschen kann!«, äußerte er bisweilen, wenn wir ihn auf Mami ansprachen. Nun häuften sich diese Zustände unserer Mutter spürbar und ließen sich auch nicht mehr verbergen. Da wir nicht wussten, wohin mit unseren Sorgen, tauschten Albrecht und ich uns im Wesentlichen unter uns aus. Wir machten es uns zur Angewohnheit, uns abends vor dem Schlafen zusammenzusetzen, und überlegten, wie wir unserer Mutter helfen könnten. Auf die Unterstützung oder wenigstens auf verständnisvolle Worte unseres Vaters konnten wir dabei nicht setzen. Der Liebe zu meiner Mutter taten ihre Krankheit und die damit einhergehenden Phasen der mentalen oder physischen Abwesenheit keinen Abbruch. Möglicherweise sogar im Gegenteil, denn die Tiefe ihrer Gedanken und Gefühle brachte sie mir, so meine ich, noch ein Stück näher. Und glücklicherweise hatte meine Mutter auch immer wieder stabile Phasen, in denen sie »die Alte« war, ich mit ihr Späße machen oder ihr mein Herz ausschütten konnte und in denen wir im Kreis der Familie und mit Freunden gesellige Stunden verbrachten. Denn im Grunde ihres Herzens war meine Mutter ein sehr sozialer Mensch.

Die Geburtstage wurden bei uns in der Regel groß gefeiert, ganz besonders natürlich die »runden«. Dann kamen Freunde und Verwandte zu uns und feierten die Jubilare. Besonders der 40. Geburtstag meines Vaters ist mir haften geblieben und das aus zwei Gründen: Mein Vater, dessen Geburtstag ja in die Faschingszeit fiel, hatte sich für seinen Geburtstag ein Kostümfest gewünscht. Und sein Ansinnen war es, dass ich zusammen mit Albrecht als kleine Einlage für die Gäste als Gartenzwerge erscheinen sollte. Dedda wurde damit beauftragt, uns entsprechende Kostüme anzufertigen und eine Schubkarre zu organisieren, in der ich, damals 12-jährig, den 10-jährigen Bruder vor den Gästen durch den Salon schaukeln sollte. Als ich von diesen Plänen erfuhr, protestierte ich lautstark und verkündete: »Ich denke überhaupt nicht daran, mich als Gartenzwerg vorführen zu lassen!«, woraufhin Albrecht in den Protest einstimmte. Auch die vehementen Überredungsversuche meiner Eltern halfen nichts. Albrecht und ich widersetzten uns so standhaft, dass Dedda schließlich ein Einsehen hatte und unseren Eltern vermittelte, dass wir ihrem Wunsch partout nicht nachkommen würden. Dedda fertigte uns dann kurzerhand weniger kindliche Kostüme an und damit war die Zwergennummer zu meiner Erleichterung vergessen.

EINE FEUERPROBE Dieses Aufbegehren mit dem Hinweis auf mein Alter mag meinen Vater dazu veranlasst haben, mir an seinem Geburtstag etwas Besonderes abzuverlangen. Zum Mittag kamen wie üblich die Familie und ein paar Freunde zu einem Essen zusammen. Nach der Vorspeise erhob sich mein Vater, klopfte mit dem Dessertlöffel an sein Glas und verkündete: »Meine lieben Gäste, ich freue mich, dass Ihr heute hier seid, um meinen Geburtstag mit mir zu feiern. Mein lieber Sohn Karl ist inzwischen 12 Jahre alt und ich dachte, damit ist er alt genug, eine Tischrede auf seinen Vater zu halten.« Und an mich gewandt sagte er: »Karl, du hast das Wort!« Ich spürte die erwartungsfrohen Blicke der Gäste auf mir ruhen. Als ich mich von meinem Platz erhob, merkte ich, wie mir die Knie weich wurden. Weder hatte ich jemals eine Rede gehalten, noch war ich in irgendeiner Weise auf diesen Moment vorbereitet gewesen. Etwas radebrechend, aber mit klarer Stimme, entfuhren mir einige Worte auf das Glück und Wohl meines Vaters. Als ich mich wieder setzte, klatschten die Gäste. Das war eine einschneidende Erfahrung für mich. Nicht nur, weil ich dadurch erfuhr, dass ein Schubs ins kalte Wasser einem helfen kann, über sich hinauszuwachsen, sondern auch, weil es eine wichtige Lektion im Redehalten sein sollte. Wie damals bei meiner ersten kleinen Ansprache, sollte ich bei meinen späteren Reden auch in der Regel auf vorgeschriebene Skripte verzichten. Mehr dazu später.

Auch der 42. Geburtstag meines Vaters im Jahr 1965 wurde gefeiert. Ich erinnere mich deshalb daran, weil er in Zusammenhang mit dem Tod meines Großvaters steht. Am Geburtstag selbst waren einige Gäste zu uns nach Josefslust geladen, darunter selbstverständlich auch Opapi. Man aß miteinander und verbrachte einen schönen Abend. Irgendwann wurde ich ins Bett geschickt, und als ich am nächsten Morgen zum Frühstück hinunterkam, saß mein Vater mit sorgenvoller Miene am Frühstückstisch.

GROSSVATERS TOD »Der Opapi hat heute Nacht einen Schlaganfall bekommen, es geht ihm sehr schlecht!«, begrüßte er mich. Der Schlag war heftig, so heftig, dass ihm die Ärzte nicht helfen konnten. Zwei Tage später verstarb unser Großvater in Krauchenwies im Beisein meines Vaters. Aus heutiger Sicht unvorstellbar, dass die Medizin nichts ausrichten konnte. Nach seinem Tod wurde mein Großvater in der Eingangshalle des Schlosses aufgebahrt. Am Tag vor der Beisetzung kamen sehr viele Menschen aus Sigmaringen in die Kirche, um Abschied von ihm zu nehmen. Auf Grund seiner Hilfsbereitschaft, seines karitativen Engagements und der Wärme, die er ausgestrahlt hatte, war mein Großvater bei den Sigmaringern und weit darüber hinaus sehr beliebt. Die Aufbahrungsstätte im Schloss war geschmückt mit Blumen und Kränzen von Familienangehörigen, Verbänden und Organisationen, die mein Großvater unterstützt hatte. Daneben waren sämtliche Orden, die er im Laufe seines Lebens erhalten hatte, auf Samtkissen ausgestellt. Mit Einbruch der Dunkelheit wurde der Sarg vom Schloss zur Beisetzungsstätte in der Erlöserkirche überführt. Die Forstbeamten meines Großvaters erleuchteten den Weg mit hellen Fackeln. Hinter ihnen lief ich zusammen mit meinem Vater und Albrecht sowie den übrigen männlichen Familienangehörigen. Am Tag darauf wurde mein Großvater dann in der Familiengruft beigesetzt. Zur Trauerfeier kamen Vertreter der Landesregierung, die schwedische Prinzessin Birgitta* mit Onkel Hansi und unzählige andere Verwandte und Bekannte meiner Großeltern. Entsprechend der Nähe meines Großvaters zur katholischen Kirche nahm auch eine große Zahl kirchlicher Würdenträger an der Beisetzung teil. Auch erinnere ich die Unmengen von Telegrammen und Beileidsbriefen, die in der Kanzlei des Schlosses ankamen, darunter eine Beileidbekundung vom damaligen Papst Paul dem

Sechsten und eine vom Bundespräsidenten Heinrich Lübke, Sinnbild der Bedeutung, die mein Großvater in der geistlichen und weltlichen Gesellschaft innehatte.

VOM PRINZEN ZUM ERBPRINZEN Für mich war der Tod von Opapi ein echter Verlust. Nicht nur, weil ich meinen Großvater ausgesprochen mochte. Trotz oder vielleicht weil er aus einer ganz anderen Welt kam, andere Werte und damit auch eine andere Lebensart verkörperte als meine Eltern, schätzte und bewunderte ich meinen Großvater. Sein Tod änderte vieles. Mein Vater wurde im Alter von 41 Jahren vom Erbprinzen zum Fürsten. Zwar war er inhaltlich auf die Aufgabe vorbereitet, hatte er doch schon lange zuvor angefangen, sich in den Betrieb einzuarbeiten und – seitdem sich mein Großvater nach dem Tod seiner Frau immer mehr in seine Bücherwelten zurückgezogen hatte – auch repräsentative Aufgaben zu übernehmen, aber nun ruhte auch die Verantwortung vollumfänglich auf seinen Schultern. Wenige Tage nach Großvaters Tod nahm er meine Brüder und mich zu sich und sprach: »Ihr müsst euch daran gewöhnen, dass ich jetzt weniger für euch da sein kann, denn ich habe nun mehr Verpflichtungen als bisher!« An dieses Wort »Verpflichtungen« erinnere ich mich noch sehr genau. Denn es brachte die Haltung meines Vaters zu seiner Lebensaufgabe auf den Punkt. Zeit seines Lebens sah mein Vater seine Aufgaben als Pflichterfüllung an. Disziplin und Beharrlichkeit waren für ihn die handlungsleitenden Werte. Und auch für mich war der Tod meines Großvaters in gewisser Weise eine Zäsur. Mit 13 Jahren, gerade zum Eintritt in die Pubertät, wurde ich zum Erbprinzen. Das war zunächst natürlich nicht mehr als ein Titel und abgesehen davon, dass mich manche Menschen nun mit diesem ansprachen, änderte sich praktisch gar nichts für mich. Aber in meinem Selbstverständnis veränderte sich doch etwas. Es war noch nicht viel mehr als ein diffuses Gefühl zwischen Verantwortung und einer Form von Selbstgewissheit, das sich tief in mir verankerte.

DAS SCHAUINSLAND-RENNEN Etwa zeitgleich durften Albrecht und ich auf Einladung von Onkel Ferfried, der ja ein begeisterter Rennfahrer war, und meinem Vetter Leopold von Bayern das erste Mal dem *Schauinsland-Rennen* beiwohnen. Hierbei handelte es sich um ein sogenanntes Bergrennen, eine kurvenreiche, gut elf Kilometer lange Strecke auf dem ehemaligen Holzabfuhrweg, bei dem die Fahrer nicht gegeneinander, sondern hintereinander auf Zeit fuhren. Für uns Autonarren war das natürlich ein großes Ereignis! Schon Wochen im Vorfeld fieberten Albrecht und ich diesem Ereignis entgegen. Unser Onkel hatte uns Plätze mit bester Aussicht auf die Rennstrecke reserviert. Mit großer Spannung verfolgten wir, wie Ferfried und Leopold die Strecke machten.

Im Alltag widmete ich der Musik immer Zeit und Aufmerksamkeit. Neben dem Saxophonunterricht beschäftigte ich mich intensiv mit meiner Gitarre. Mein großer Traum war eine E-Gitarre. Da es aussichtslos war, auf eine Anschaffung durch meine Eltern zu hoffen, beschloss ich eines Tages, mir selbst eine solche Gitarre zu kaufen. Ich fragte meinen Vater, ob ich in den Ferien im Wald arbeiten dürfe, um mir auf diese Weise etwas dazuzuverdienen. Als ich das Instrument, eine *Höfner*-Elektrogitarre, dann in den Händen hielt, war das ein großartiges Gefühl! Peu à peu brachte ich mir darauf die für Blues und Rock benötigten Techniken selbst bei. Durch die Jazzmusik bekam ich Zugang zur Jazzharmonik und ich erinnere mich mit Freude daran, wie ich beim Üben Harmonien wie Major 7 oder verminderte Akkorde entdeckte.

DIE ERSTE EIGENE BAND Als ich mich auf der Gitarre sicher genug fühlte, fasste ich mir, gerade 16-jährig, ein Herz und fragte die Jungs in unserer Schulband namens Unique, ob sie mich als Musiker gebrauchen könnten. Als sie das bejahten, war ich überglücklich, denn ich hatte die Band schon bei einigen Schulfesten bewundert und sehnlichst gewünscht, dort mitspielen zu dürfen.

Bei den Proben konnte ich stark von meinen erfahrenen Bandmitspielern profitieren, allen voran vom Gitarristen und Sänger Johannes Baumgärtner. Allerdings verließen Johannes und der Schlagzeuger die Band, schon kurz nachdem ich dazugekommen war, da sie sich im Abitur befanden. Übrig blieben der Bassist Thomas Klein und ich. Das war der Zeitpunkt, an dem wir meinen Bruder Albrecht an Bord holten, der sich inzwischen autodidaktisch zu einem guten Drummer entwickelt hatte. Über Wochen und Monate hinweg hatte er im Keller geübt, Kopfhörer auf dem Kopf, bis er so gut war, dass er bei uns einsteigen konnte. Mit seinen 16 Jahren war er der Jüngste in der Band und brauchte bei jeder Probe und jedem Auftritt zu späterer Stunde die schriftliche Genehmigung unserer Eltern, nach 20 Uhr draußen zu sein, um schließlich vom Hausmeister abgeholt zu werden.

In der neuen Zusammensetzung brauchte es auch einen neuen Bandleader. Da weder der Bassist noch Albrecht hierfür in Frage kamen, blieb es an mir, diese Rolle zu übernehmen. Nun war ich als Jugendlicher ein eher schüchterner Mensch und es war mir nicht in die Wiege gelegt, mich in den Vordergrund zu spielen. Aber da kein anderer zur Verfügung stand, zögerte ich nicht, diese Rolle zu übernehmen. Anfangs war ich etwas unsicher, aber schnell wuchs ich in meine Aufgabe hinein. Es oblag mir nun,

Auftritt Prinz Albrecht (dr), Peter Krezdorn (tp), Johannes Maier (p) und ich (ts) im Lokal »Löwen« in Sigmaringen, 1976

die Songs auszuwählen, Probetermine und Auftritte festzulegen. Unter dem Namen *Network Brush* sollten wir unseren ersten Auftritt im Pfarrheim *Schwarzer Ritter* haben. Was war ich aufgeregt! Kurz vorher dachte ich, ich würde keinen sauberen Ton rausbringen, aber je länger ich auf der Bühne stand, umso mehr schaltete ich meinen Kopf aus, und damit löste sich auch die Angst in Wohlgefallen auf. Dieses Gefühl, alles um sich herum zu vergessen, eins zu sein mit der Musik, mit den Bandkollegen und mit dem Publikum, das war unbeschreiblich schön! Und so folgten diesem Auftritt mit den *Network Brush* noch so einige andere. Wir spielten bei Schülerfesten und -bällen und sogar bei einem Beatfestival für Schülerbands. Auf diesen Festen knüpfte ich die ersten Kontakte in die Musikerszene, denn wir trafen hier immer wieder mit anderen Bands aus dem Sigmaringer Raum aufeinander wie den *Roisters*, den *Pfister-Brüdern* oder den damals schon im weiten Umkreis bekannten *Anythings*. Besonders imponierte mir die Begegnung mit der Band von Gerhard Wenzel, dem Sohn des Stadtmusikdirektors von Sigmaringen, der schon in jungen Jahren ein echtes Wunderkind am Klavier war.

Zur großen Freude von Albrecht und mir überließ uns unser Vater eines Tages seinen alten Filmvorführraum, den wir in einen Partykeller umfunktionierten. Hierfür waren wir unseren Eltern äußerst dankbar, denn der Raum war für uns ein großer Zugewinn und Ausdruck von jugendlicher Freiheit. Hier trafen wir uns mit Freunden, hörten Musik, luden die ersten Mädchen ein und feierten ausgelassene Partys.

DER GRUNDSTEIN UNSERER MUSIKSAMMLUNG Sowohl Albrecht als auch ich hatten uns inzwischen zu richtigen Musikfreaks entwickelt. Wir saugten alles auf, was in Sachen Beat, Rock und Blues auf den Markt kam. Die erste Platte, die ich mir von meinem Taschengeld kaufte, war eine 45er Platte, Single genannt. Es war der Song *Come On And Sing* von den *Rattles*. Meine erste LP, die High Tide And Green Grass von den *Rolling Stones*, hörte ich dann rauf und runter. Es war das Gefühl von Freiheit und Aufbruch, das aus dieser Musik sprach. Auch die *Beatles* gehörten zu unseren Favoriten. Wir fieberten auf jede neue Platte, die auf den Markt kam, eine war besser als die nächste. Schließlich gefielen uns alle Hits, die der Markt sonst zu bieten hatte. Albrecht und ich kauften abwechselnd Platten und stellten damit eine ansehnliche Single-Sammlung zusammen. Bei den LPs gingen wir jeweils eigene Wege, da unser Musikgeschmack sich zum Teil unterschiedlich entwickelte. Aber wir führten uns auch gegenseitig an Musik heran. So schürte ich bei Albrecht die Begeisterung für die erste LP der *Bee Gees*, *Bee Gees First*. Diese begründete eine lebenslange Leidenschaft für die Musik der Brüder Gibb. Der Höhepunkt unserer gemeinsamen Leidenschaft lag im Jahr 1994, wo Albrecht und ich die Band zusammen in München das erste Mal live erlebten. Neben meiner Liebe zur Beat- und Rockmusik entdeckte ich eines Tages auch die Jazzmusik. Es war mein Vater, der mich an sie heranführte. Eines Tages zeigte er mir eine Platte der Count Basie Big Band und sagte: »Hör mal rein, das könnte dir gefallen!« Kurz darauf schenkte mir mein Onkel Ferfried die Platte *Jazz made in Germany* von Klaus Doldinger. Darüber kamen wir über Jazz ins Gespräch. Er sagte dabei: »Du spielst doch Gitarre, hast du mal was von Wes Montgomery gehört?« Ich verneinte, wünschte mir seine Platte aber von ihm zum nächsten Geburtstag. Zunächst mal verstand ich die Musik nicht, aber etwas reizte mich doch an ihr. Ich hörte sie immer wieder und versuchte, die Lieder auf meiner Gitarre nachzuspielen. Später gehörte Wes Montgomery zu meinen großen Vorbildern in Sachen Jazzmusik.

Vor allem unsere Faschingspartys erfreuten sich großer Beliebtheit, was neben unserer beachtlichen Plattensammlung, die wir auf zwei Plattenspielern abwechselnd abspielten, auch einer Lichtsteuerungsanlage zu verdanken war. Dadurch wurden die Abende stimmungsvoll, was besonders bei den Mädchen gut ankam. Auf eines unserer Feste brachte meine Cousine Irene eine Freundin mit, die sie mit den Worten vorstellte: »Das ist Mucki!« Ich verliebte mich Hals über Kopf in das flotte Mädchen und auch sie schien Gefallen an mir gefunden zu haben, denn am Ende des Abends bekam ich meinen ersten Kuss verpasst. Leider blieb es bei diesem, denn trotz einiger Avancen meinerseits sah ich das Mädchen nicht wieder. Aber es sollte nicht die letzte Liebelei im Josefsluster Partykeller gewesen sein und auch jenseits von Flirts und Tändeleien verbrachten wir viele ausgelassene Stunden in unserem Partykeller.

JUGENDFEST IN KRAUCHENWIES Als ich 16 Jahre alt war, ließen meine Eltern ein Fest für junge Menschen ausrichten, das aus heutiger Sicht zu den schönsten Erlebnissen meiner Jugend gehört. Zu dem Fest waren sowohl Freunde als auch Verwandte geladen, insgesamt kamen an die 80 Jugendliche zusammen. Meine Mutter mochte es, sich mit jüngeren Menschen zu umgeben, und ich vermute, dass die Idee dazu von ihr kam. Meine Brüder und ich freuten uns natürlich darüber und wir fieberten dem Fest, das aufwendig geplant wurde, entgegen. Es begann mit einer Aufführung des Films *Zur Sache, Schätzchen!* von May Spils im Kino in Sigmaringen, der gerade herausgekommen war. Wir saßen in der Aufführung und lachten uns schief über den Schwabinger Nichtstuer und seinen Blick auf die bürgerliche Welt. Erstmals hörten wir Ausdrücke wie »fummeln«, »gammelig« oder »Dumpfbacke«. Großes Kino war das! Im Anschluss feierten wir in Krauchenwies, wo wir seit dem Tod meiner Großeltern eigentlich alle größeren Feste feierten. Den Nachmittag verbrachten wir am und im Schwimmbad, wo ein großes »kaltes Buffet« mit Käsespießen, russischen Eiern und Gurkenschiffchen aufgestellt war. Das Abendessen gab es dann im Landhaus – ohne feste Sitzordnung oder sonstigen gesetzten Rahmen. Dazu spielte eine Band, man tanzte und unterhielt sich. Mein besonderes Interesse auf dem Fest galt der hübschen und vier Jahre älteren Lioba Prinzessin zu Löwenstein. Zu meinem damaligen Bedauern hatte sie jedoch wenig Interesse an einem vier Jahre jüngeren Grünschnabel. Trotzdem war das Fest rundum gelungen und bleibt unvergessen.

HOCHZEIT ONKEL FERFRIEDS Im selben Jahr heiratete Ferfried am 21. September Angela von Morgen* in Sigmaringen. Nach der großen Hochzeit meines Onkels Hansi war das die zweite große Ehezeremonie, die ich erlebte. Das war nicht nur deshalb aufregend, weil ich hier meinen ersten Smoking trug, sondern auch, weil ich erstmalig im Cortège mitgehen durfte. Stolz führte ich die Schwester der Braut in die Kirche. Durfte ich bei dem großen Festbankett von Onkel Hansi noch nicht dabei sein, nahm ich nun auch an der abendlichen Festveranstaltung teil. Das war für mich ein großer Moment, der mir das Gefühl gab, in eine neue soziale und familiäre Rollen hineingewachsen zu sein und Teil der Erwachsenenwelt zu werden.

DER MOPEDFÜHRERSCHEIN Zu meiner großen Freude gestatteten mir meine Eltern als ich 16 Jahre alt war, den Mopedführerschein zu machen.

Das war für mich keine große Sache, zumal ich ja bereits zuvor im Wildpark Erfahrungen auf einem Zweirad gesammelt hatte. Nachdem ich im stolzen Besitz des grauen Lappens war, hoffte ich insgeheim, dass ich so wie einige meiner Mitschüler auch, ein Fahrzeug bekommen würde. Mein Freund Werner Hotz zum Beispiel fuhr schon munter mit einer *50er Herkules* mit verchromtem Tank durch die Gegend und machte damit einen Mordseindruck auf mich. Aber mein Vater war in diesen Dingen relativ streng und dachte nicht daran, mir direkt ein Kleinkraftrad zu schenken. Als sich einer unserer Waldarbeiter ein neues Motorrad anschaffte, fragte ich diesen, ob er mir sein altes Fahrzeug, ein *Victoria*-Moped, auf das ich längst ein Auge geworfen hatte, verkaufen würde. Tatsächlich willigte er ein und überließ mir das gute Stück für 50 DM. Auch wenn es nicht mehr das neuste Exemplar war, war ich glücklich über mein eigenes Moped. Das Freiheitsgefühl auf der Maschine genoss ich sehr.

ERWERB DER LÄNDEREIEN IN KANADA Mitte der sechziger Jahre hatte mein Vater aus Sorge um eine Invasion der Russen im Zuge des Kalten Krieges in Kanada einen Forstbesitz erworben. Seitdem verbrachte er dort regelmäßig einige Wochen im Sommer auf seiner Jagd. Bisher kannte ich Kanada nur von den legendären Super-8-Filmvorführungen meines Vaters. Mein Vater liebte es, alles und jeden zu filmen, und brachte von seinen Kanadareisen große Mengen an Filmmaterial mit. Nach seiner Rückkehr stand stets eine Filmvorführung auf dem Programm, was meinem Vater sichtlich Freude bereitete, für uns jedoch ein etwas zähes Unterfangen war. Nicht nur, weil die nicht enden wollenden Naturaufnahmen und Porträts uns unbekannter Personen etwas Ermüdendes hatten, sondern auch, weil die Schmalspurfilme, die damals ganz neu auf dem Markt waren, nur geringes Speichervolumen hatten und nach kurzer Zeit gewechselt werden mussten. Kaum drei Minuten lief ein Film, dann hieß es: Licht an, neuen Film rein, Licht aus, weiterschauen. Nicht selten rissen die Filme und mussten zwischendurch geflickt werden. Aber mein Vater hatte ein großes Durchhaltevermögen und war erst zufrieden, als er uns den letzten seiner Wald-, Brücken- und Wasserfall-Filme präsentiert hatte. Nichtsdestotrotz freuten sich Albrecht und ich, als mein Vater uns mitteilte, dass er uns bei seiner nächsten Reise nach Kanada mitzunehmen gedächte. Für Albrecht und mich war das eine aufregende Sache! Allein die Reise war ein Abenteuer für sich. Während man heute in einer Tagesreise von Deutschland nach British Columbia reisen kann, dauerte es damals deutlich länger. Von Zürich aus flogen wir nach Toronto und nach einem mehrstündigen Aufenthalt weitere fünf Stunden nach Vancouver/British Columbia, wo wir in Ermangelung eines Anschlussfluges die Nacht im Hotel verbringen mussten. Mein Vater wählte dafür immer das *Bayshore-Inn*, das über eines der ersten *Trador Vic's*-Restaurants verfügte. Mein Vater liebte das schummrige Südsee-Flair und das polynesisch-inspirierte Essen, und es gehörte zu seinem Ritual, hier nach Ankunft zu speisen. Trotz der fortgeschrittenen Zeit wollte er sich das Vergnügen nicht nehmen lassen, war jedoch kurz nach dem ersten Schluck aus seinem Bierglas eingenickt und wurde erst wieder munter, als die Bedienung das Essen auf den Tisch stellte.

In British Columbia angekommen, wurden wir von unserem Verwalter abgeholt und in unser Hotel gebracht. Das *Imperial-Inn* war eine kleine, gemütliche Residenz, eher Motel als Hotel, strategisch gut gelegen zwischen der Stadt und unserem Landbesitz. Die Zeit vor Ort war für Albrecht und mich sehr schön und aufregend. Wir bestaunten die Weite der Landschaft und die Schönheit der Natur und genossen die Freundlichkeit der Menschen. Von vielen Eindrücken erfüllt, flogen wir vier Wochen später wieder zurück. Und es sollte nicht die letzte Reise nach Kanada gewesen sein.

Ein Jahrzehnt des Aufbruchs

Auch wenn ich es auf Grund meines Alters zunächst nur bedingt wahrnahm, spürte ich doch etwas von dem Geist der Veränderung, der in den sechziger Jahren durch Deutschland wehte - und darüber hinaus durch die ganze westliche Welt. Das Jahr 1961 brachte das Ende der »Ära Adenauer«, die seit 1949 bestanden hatte. Im Jahr 1963 wurde Ludwig Erhard Bundeskanzler. Mit meinen elf Jahren konnte ich mir nicht vorstellen, dass das Land von einem anderen als Konrad Adenauer regiert werden könnte. Der Bau der Mauer und die endgültige Abtrennung der DDR als zweiten deutschen Staat sorgten natürlich auch bei uns für Aufregung, auch wenn unsere Familie nur mittelbar über das sächsische Königreich von den Folgen betroffen war. Mein Vater, der über ein umfangreiches historisches Wissen verfügte und politisch sehr bewandert war, erklärte uns kindgerecht die Geschehnisse und ihre historischen Zusammenhänge. Auch außerhalb Deutschlands drehte sich die Welt mit neuer Geschwindigkeit. Das galt natürlich im Besonderen für die USA. Mit der Wahl John F. Kennedys zum US-Präsidenten im November 1960 endete die Zeit, in der in Amerika Präsidenten regierten, die unmittelbar vom Zweiten Weltkrieg und seinen Folgen geprägt waren. Der junge John F. Kennedy gehörte zu den Idolen meiner frühen Jugend. Mir imponierte es damals, wie der junge Politiker es schaffen konnte, die Menschen für sich einzunehmen, und ich schätzte ihn für die Menschlichkeit, die er ausstrahlte. Umso schockierter war ich, als mein Vater uns eines Tages, es war der 22. November 1963, nach dem Abendessen von dem Attentat auf Kennedy berichtete. »Der amerikanische Präsident ist in Dallas auf offener Straße erschossen worden!«, verkündete er uns. Damals schauten wir Kinder noch keine Nachrichten. Aber an diesem Abend wurde eine Ausnahme gemacht. Wir setzten uns zusammen mit unseren Eltern vor den Fernseher und verfolgten gebannt die Bilder rund um die Ermordung des Präsidenten: Die Fahrt der Präsidentenlimousine durch die Menge freundlich winkender Menschen, plötzliche Schüsse, Sirenen, eine Pressekonferenz im Krankenhaus, in der der Tod John F. Kennedys bekannt gegeben wurde. Spätestens mit diesem Ereignis wurde mein Interesse auf die Vereinigten Staaten gelenkt. Je älter ich wurde, umso mehr nahm ich von dem auf, was an Kultur und Lebensart von Amerika zu uns herüberwehte. Das waren neben der Musik, von der ich ja bereits berichtet habe, die Mode und das Kino.

Ein Ereignis der Zeit muss ich noch besonders erwähnen, weil es mich als Mobilitätsnarr besonders faszinierte: Es ist dies die legendäre Mission der *Apollo 11*. Mein Vater hatte eigens zu diesem Anlass unser erstes Farbfernsehgerät angeschafft. Dedda und der Rest des Personals verfolgten die Geschehnisse auf einem Schwarz-Weiß-Fernseher im Personalzimmer, während ich zusammen mit meinen Eltern und Brüdern auf dem Sofa im Salon saß und äußerst gebannt die Berichte und Bilder von Neil Armstrong und Edwin Aldrin verfolgte, die am 21. Juli 1969 als erste Menschen den Mond betraten. »Ein kleiner Schritt für einen Mann, ein großer Sprung für die Menschheit.« Dieser Ausruf Armstrongs traf mich 17-Jährigen mit voller Wucht. Er ließ mich über meine eigenen Gestaltungsräume nachdenken. Möglich, dass er mich auch dazu inspirierte, meine eigenen Träume zu verfolgen und »größere Sprünge« im Leben zu wagen. Auf jeden Fall weckte der Akt der Mondlandung den Entdecker in mir und meine Gedanken kreisten noch um dieses Ereignis, als die beiden Mondpioniere längst wieder aus den Schlagzeilen der Gazetten verschwunden waren.

MEINE ERSTE BLUEJEANS Der Einfluss aus den USA machte sich auch in der Mode breit. Farbenfrohe Muster, Schlaghosen, Parka und Turnschuhe lösten den gediegenen Kleidungsstil der frühen sechziger Jahre ab. Mit 12 oder 13 Jahren wünschte ich mir zum Leidwesen meiner Eltern meine erste Bluejeans. Meine Eltern rümpften die Nase, aber dank Dedda wurde mir der Wunsch erfüllt. Auch sonst interessierte ich mich für Modethemen, sicher auch beeinflusst durch die Kleidungsstile meiner musikalischen Idole. Ich erinnere mich noch, wie sehr ich mir meine erste »Beathose« ersehnte. Meine Eltern wollten von solchen Wünschen zunächst gar nichts wissen, aber nachdem Dedda vermittelnd auf sie einwirkte: »Lasst den Bub doch auch einmal etwas Gewagteres anziehen, das schadet doch nicht!«, gaben meine Eltern sich geschlagen.

Ich kann nicht behaupten, besonders autoritär erzogen worden zu sein. In vielerlei Hinsicht waren meine Eltern freigiebig und ein Stück weit liberal, in anderen Dingen waren und blieben sie aber sehr prinzipientreu, so zum Beispiel, wenn es um die Pünktlichkeit ging. Bis zu meinem 16. Lebensjahr durfte ich maximal bis um 22 Uhr draußen bleiben, Kneipen und Bars waren hierbei tabu. Ausnahmen gab es nur bei Schulbällen und ab und zu mal bei einer privaten Feier. Trotz manch strenger Auflage habe ich meine Eltern im Großen und Ganzen als aufgeschlossen und großzügig erlebt. Auch dem Gedankengut der 68er, das in verschiedener Gestalt nun auch in Baden-Württemberg angekommen war, standen meine Eltern nicht grundsätzlich ablehnend gegenüber. Die Ursprungsmotivation der Bewegung war es ja, mit den alten Mustern und Strukturen in Verwaltung und Gesellschaft aufzuräumen und die Verflechtung der Gesellschaft mit nationalsozialistischen Amtsträgern sichtbar zu machen. Da meine Eltern wie auch meine Großeltern den Nazis zeitlebens kritisch gegenüberstanden, waren sie von diesbezüglichen Vorwürfen glücklicherweise nicht betroffen.

Schon Anfang des Jahres 1968 kam die Protestbewegung in Baden-Württemberg an. Im Januar fand eine öffentliche Diskussion zwischen dem Studentenführer Rudi Dutschke und dem FDP-Politiker Ralf Dahrendorf statt, die für einigen Wirbel sorgte. Im April 1968 kam es in Esslingen zur Blockade der Druckerei Bechtle, wo unter anderem die *BILD* gedruckt wurde. Die protestierende Menge skandierte: »Bechtle, Bechtle, Springerknechtle.« Meine Mutter verfolgte solche Ereignisse stets interessiert in der Zeitung und tat uns gern ihre dezidierte Meinung zu diesem oder jenem Thema kund. Die politischen Aktionen und die Geisteshaltung der 68er-Bewegung verfolgte sie mit gemischten Gefühlen.

Für mich nahm das Gedankengut der 68er vor allem in der Schule Gestalt an: Junge Lehrer kamen nun nicht mehr mit Anzug und Krawatte in die Schule, sondern mit Pulli oder Hemd und legerer Hose. Auch sonst legten sie ein weniger autoritäres Gehabe an den Tag als die alten. Mussten wir unseren Lateinlehrer beispielsweise noch im Chor begrüßen und bei den Abfragen aufstehen, forderten die jungen Lehrer solche Rituale nicht mehr ein. Plötzlich gab es die Schülermitverwaltung und den Elternbeirat. Ein Lehrer verkörperte die neue Geisteshaltung in besonderem Maße. Ein junger evangelischer Pfarrer und Religionslehrer, der auch zwei Söhne an unserer Schule hatte, setzte sich mit teilweise spektakulären Aktionen für Frieden und die Umwelt ein. So zum Beispiel, als in der

Albrecht, Ferdinand und ich im Ahnensaal des Schlosses, circa 1972

Karlstraße in Sigmaringen im Zuge des Einzugs der Verwaltung die alten, teilweise schon morschen Bäume abgerissen werden sollten. Daraufhin ließ sich der Pfarrer aus Protest an einen Baum ketten und erst die Polizei konnte ihn von dort wieder lösen. Ereignisse dieser Art wirkten auf mich etwas befremdlich, nicht zuletzt, weil ich in meiner frühen Jugend noch nicht sonderlich politisch engagiert war. Was mir damals auffiel, war, dass nun an verschiedenen Stellen der Vorwurf laut wurde, Herr X oder Frau Y sei ein Nazi gewesen. So hieß es zum Beispiel plötzlich über unseren Schuldirektor, den ich immer für einen freundlichen, rechtschaffenen Mann gehalten hatte.

SWINGING SIXTIES Am offenbarsten wurde der neue »Way of Life« für mich in der Musik. Plötzlich gab es Open-Air-Konzerte, große Auftritte von Bands, die einen ganz anderen Spirit hatten als das, was man bisher kannte. Mein erstes großes Konzert erlebte ich bei *Ten Years After*, einer amerikanischen Blues-Rock-Band. Die Fahrt zum Konzert wurde von unserer Schule organisiert. Ein Schulbus brachte uns in die Ulmer Donauhalle, wo uns ein spektakuläres Konzert erwartete. Den Gitarristen und Bandleader Alvin Lee mit seinem schnellen, eindringlichen Spiel auf der knallroten *Gibson ES-335* spielen zu sehen, war für mich eine echte Offenbarung! Unter den vielen guten Konzerten, die ich in meinem Leben gehört habe, war das definitiv eines der besten! Zu dem neuen Lebensgefühl passte es auch, dass wir immer mal wieder Zigaretten rauchten, obwohl uns unser Vater, der ein starker Raucher gewesen war, eindringlich empfahl, nicht damit anzufangen. Auch mit anderen leichten

Drogen schlossen wir in dieser Zeit Bekanntschaft. Eines Tages fragte ein Bekannter Albrecht und mich, ob wir schon einmal Hasch geraucht hätten. Dies verneinend, bot er uns etwas an. Unsere Neugier bewegte uns dazu, es auszuprobieren, aber wirklich angetan war ich nicht von der Erfahrung. Zu allem Überfluss wurden wir dann auch noch verpetzt und bei der Polizei angezeigt. Bei der Vorladung gestanden wir unsere Missetat reumütig. Offensichtlich hatten die Polizisten Mitleid, zumindest aber Nachsehen mit uns, denn es kam zu keiner weiteren Konsequenz.

EINE BÖSE ÜBERRASCHUNG ZUM SCHULJAHRESENDE Meine zahlreichen Interessen und ausgeübten Hobbys wirkten sich nicht gerade günstig auf meine schulischen Leistungen aus. Trotz der Unterstützung meines Nachhilfelehrers litten meine Noten zunehmend. So kam es, wie es kommen musste: Im Jahr 1970 schlenderte ich am letzten Tag vor den Ferien unbekümmert auf den Weg aus der Schule. An der Straße erblickte ich meinen Vater wartend im Auto sitzen. Da ahnte ich schon, dass etwas im Busche war, denn normalerweise musste ich immer auf *ihn* warten. Mein Vater hieß mich einzusteigen. Stillschweigend fuhren wir nach Hause. Am Esstisch dann brach er endlich das eisige Schweigen: »Ich habe dich gerade von der Schule abgemeldet. Morgen fahren wir nach Sankt Gallen in die Schule, in der schon dein Onkel Ferfried Abitur gemacht hat!« Obwohl mir mein Vater schon mehrfach angedroht hatte, mich wieder ins Internat zu stecken, falls meine Noten sich weiter verschlechterten, hatte ich damit nicht gerechnet. Entsprechend schockierte mich die Nachricht zunächst, bedeutete es doch, Freunden, der Familie und der Schulband Ade zu sagen. Auch bei der Vorstellung, erneut in ein Internat zu kommen, wurde mir mulmig. Erinnerungen an die dunklen Zeiten in Sankt Blasien beschlichen mich. Ich fasste mir ein Herz und teilte meine Sorgen wenige Tage darauf mit meinem Vater. »Was, wenn es mir in Sankt Gallen genauso wenig gefällt wie in Sankt Blasien?«, fragte ich ihn. Mein Vater winkte ab. »Dann sehen wir weiter ...«, antwortete er einsilbig. Die Entscheidung war gefallen.

1970-1973 Hochschulreife • Sankt Gallen

Disziplin ist die Grundlage aller Tugenden. Ohne Disziplin kann man keine Freiheit gewinnen.

Epiktet

So hieß es nach dem Sommer, Josefslust Lebewohl zu sagen. Auf dem Weg nach Sankt Gallen beschlich mich einmal mehr ein mulmiges Gefühl. Aber dort angekommen, war ich spontan positiv überrascht. Im Vergleich zu Sankt Blasien wirkte das Anwesen einladend und freundlich. Schon die Einfahrt auf das parkähnliche Gelände imponierte mir. Empfangen wurden wir durch den Internatsleiter Herrn Heine. Nach einem längeren persönlichen Gespräch mit ihm zitierte er eine kleine Delegation meiner zukünftigen Klasse zu sich. Die Schüler weckten direkt meine Sympathie. Als ich kurz darauf mit meinem Vater beim Mittagessen saß, erklärte ich ihm zu meiner eigenen Überraschung: »Macht mir gar nicht mal so einen schlechten Eindruck, die Schule!« Mein Vater grinste mich an. Dann wurde sein Gesicht wieder ernst: »Setz dich jetzt die letzten Jahre noch einmal richtig auf deinen Hosenboden. Hast Du das Abitur in der Tasche, dann steht dir die Welt offen!« Das tat ich dann auch.

In Sankt Gallen nahm ich, wohl erstmalig in meiner Schulkarriere, den Unterricht wirklich ernst. Die mahnenden Worte meines Vaters bei der Verabschiedung hatten ihre Spuren hinterlassen. Erst jetzt, weg von zu Hause und in einem wohlwollenden Umfeld, war mir klar geworden, dass die Verantwortung für den schulischen Erfolg bei mir selbst lag. So setzte ich mich tatsächlich in Vorbereitung auf das Abitur »auf den Hosenboden«, machte gewissenhaft meine Hausaufgaben und bereitete mich auf anstehende Prüfungen hinreichend vor.

Freizeit und soziales Leben

Insgesamt war die Zeit in Sankt Gallen sehr erfreulich. Das Lebensgefühl dort war ein gänzlich anderes als in Sankt Blasien. Nicht nur die Lehrer waren freundlich und zugänglich, sondern auch und besonders meine Mitschülerinnen und Mitschüler. Einige der besten Freundschaften, die ich in meinem Leben hatte, nahmen in Sankt Gallen ihren Anfang. In unserer Freizeit trieben wir zusammen Sport, hörten Musik, gingen auf Konzerte oder in Clubs. *I'm From The South, I'm From Ge-*

Ausflug in die Berge mit dem *Opel Kapitän*, 1971

o-orgia von den *Les Humphries Singers* lief im Radio rauf und runter, und noch heute ist die Melodie tief mit meiner Zeit in Sankt Gallen verwoben.

Auch meine erste Freundin hatte ich dort. Ein freundliches rothaariges Mädel aus dem Allgäu. Wir gingen zusammen aus, ab und zu besuchten wir uns auch in den Ferien. Kurz vor dem Abitur merkten wir aber, dass die Luft aus der Beziehung raus war. Offen gestanden war ich auch nicht davon ausgegangen, dass die Freundschaft ewig halten sollte. Auch auf Beziehungsebene war es mir damals wichtig, ein Stück Freiheit zu wahren.

An den Wochenenden unternahm ich oft und gern Ausflüge im Freundeskreis. Besonders im Winter zog es uns zum Skifahren in die nahe gelegenen Berge – nach Flumserberg, Klosters oder zum Säntis. Zunächst benutzten wir hierfür den Zug, aber irgendwann hatten die ersten Freunde ihren Führerschein. »Wie schön wäre es, wenn wir statt der umständlichen Zugfahrt bequem mit dem Auto in die Berge fahren könnten!«, dachten wir uns, aber leider fehlte es an einem solchen Fahrzeug. Denn Autos durften wir als Schüler von Seiten des Internats nicht besitzen. Aber wir konnten der Versuchung nicht widerstehen. Eines Tages erzählte uns ein Freund, dass in der Firma seines Vaters ein alter *Opel Kapitän* herumstand. Daraufhin beschlossen wir, zusammenzulegen und ihm das Auto für 500 Franken abzukaufen, um damit gemeinsame Ausflüge machen zu können.

DER KAPUTTE KAPITÄN Eines Tages im Winter 1971 machten wir uns auf in Richtung Berge. Die Skier wurden dann quer in den Kofferraum gelegt, der wiederum, weil er sich nun nicht mehr vollständig schließen ließ, mit einem Gummi zusammengehalten wurde. Auf dem Hinweg ging alles gut. Bester Laune kamen wir im Skigebiet an und verbrachten einen schönen Tag auf der Piste. Auf dem Rückweg allerdings brach der Auspuff ab und das Auto begann zu röhren wie ein in die Tage geratenes Rennauto. Als wir an den Toren von Sankt Gallen an der Kreuzung standen, näherte sich uns von hinten ein Polizeiauto. Wir dachten, mit dem Weiterfahren zu warten, bis das Auto an uns vorbeigezogen war. Aber den Gefallen tat man uns nicht. Kurz nachdem wir knatternd losgefahren waren, winkten sie uns heraus und inspizierten den alten Kapitän auf Herz und Nieren. Dabei stellten sie fest, dass nicht nur der Auspuff kaputt war, sondern auch die Handbremse und andere Autoteile. Daraufhin holte einer der Polizisten einen Schraubenzieher raus und schraubte damit unsere Nummernschilder ab: »Den können Sie direkt auf den Schrott bringen!«, erklärte er dabei. So blieb uns nichts anderes übrig, als das Auto bis zur nächsten Tankstelle zu schieben und von dort einen Abschleppdienst zu beauftragen. Eine saftige Strafe in Höhe von 500 Franken kassierten wir auch noch ein, auf Grund von »Fahren mit einem nicht verkehrstüchtigen Kraftfahrzeug«. Insgesamt also ein teurer Spaß, aber eine gute Geschichte, die noch lange in unserem Freundeskreis kursierte.

Auch ansonsten erlebten wir allerhand »Geschichten«, ganz besonders im letzten Internatsjahr, denn da durfte man entsprechend der Schulregeln nicht mehr aus der Schule geworfen werden. Dies hatte zur Konsequenz, dass wir an der ein oder anderen Stelle die Regeln nicht so ernst nahmen und kreative Lösungen entwickelten, um uns das Leben zu versüßen. So ließen wir uns beispielsweise Hausschlüssel nachmachen, womit wir uns unabhängig von den Sperrstunden machten. Auch die Heimfahrten wurden nicht mehr so eng gesehen. Vorgesehen war, dass man nur einmal pro Monat nach Hause fahren durfte, aber in der letzten Klasse fuhr ich auch außerplanmäßig einmal nach Sigmaringen, wenn dort eine Party oder ein anderes Ereignis anstand.

MEINE FAHRERLAUBNIS Noch vor meinem Fortgang aus Sigmaringen hatte ich mit dem Führerschein begonnen. Die Ferienzeiten im Internat nutzte ich nun, um den Fahrunterricht fortzusetzen. Im Gegensatz zu heute war das keine große Sache: Auf Auto und Motorrad hatte ich jeweils fünf Pflichtstunden. Nachdem ich ja schon fleißig im Park gefahren war, waren selbst diese eher Routinestunden für mich. So übte mein Fahrlehrer besonders die Verkehrsregeln und das Rückwärts-Einparken

Auf der *Moto Guzzi V7* meines Vaters, 1971

mit mir. Beim Motorrad sah es noch rudimentärer aus. Da die Fahrschule nur über *einen* Motorroller verfügte, der sich zudem in einem ziemlich desolaten Zustand befand, beschränkte sich der Praxisunterricht auf vielleicht zwei, drei Stunden. Die übrigen Male sprang das gute Stück gar nicht erst an. Aber mein Lehrer drückte auch hier beide Augen zu und ließ mich so zur Führerscheinprüfung zu. Als ich den Schein in der Tasche hatte, war ich überglücklich. Den Traum vom eigenen Auto musste ich indes noch ein bisschen weiterträumen. Denn erst zum bestandenen Abitur wollten mir meine Eltern ein eigenes Fahrzeug schenken. Ein zusätzlicher Ansporn für mich, die Sache mit dem Abitur mit dem nötigen Ernst zu betreiben!

Kurz nachdem ich meinen Führerschein bestanden hatte, beschloss mein Vater, sich eine *Moto Guzzi* zuzulegen. Bis zum Ende des Krieges war er regelmäßig Motorrad gefahren und hatte sein Interesse an den Zweirädern nie verloren. Als *Moto Guzzi* seine *V7 Spezial* herausbrachte und er alle Testberichte über sie gelesen hatte, wusste er, dass das sein neues Motorrad werden sollte. Mit Vergnügen übernahm ich alles rund um die Bestellung, und als die Maschine einige Monate später abholbereit war, durfte ich die Jungfernfahrt übernehmen, ohne vorher jemals auf einem Motorrad gesessen zu haben. Mir oblag es denn auch, meinen Vater, der seit über 20 Jahren nicht mehr auf einem Motorrad gesessen hatte, in die Maschine einzuweisen. Dann und wann unternahm mein Vater auch mal eine Tour damit, aber deutlich häufiger nutzte ich selbst die Maschine.

Mit Reni auf dem Weg nach Freiburg, 1970

MIT DER MOTO GUZZI AN DIE RIVIERA So wagte ich denn auch, meinen Vater zu fragen, ob ich mit der Moto Guzzi eine Reise nach Südfrankreich unternehmen dürfe. Diesen Plan hatte ich mit meinem Internatsfreund Peter-Paul Pietsch ausgeheckt. Mein Vater stand dem Unterfangen aufgeschlossen gegenüber, gab aber an, zunächst mit den Eltern von Peter sprechen zu wollen. Meine Mutter war zunächst sehr zurückhaltend und wir hatten lange Diskussionen. Aber mein Vater stärkte mir den Rücken: »Der Junge kann gut Motorrad fahren und er ist verantwortungsbewusst genug, keine dummen Sachen zu machen«, sagte er zu meiner Mutter. Nach langen Diskussionen willigte meine Mutter in die Sache ein. Das war ein großer Vertrauensbeweis, nicht nur von meinen eigenen Eltern, sondern auch von den Eltern meines Freundes, der selber noch keinen Motorradführerschein hatte. Am ersten Tag fuhren wir bis nach Grenoble und am zweiten steuerten wir Saint-Tropez an. Dort hatten wir uns mit zwei Freunden aus unserem Internat verabredet, den Zwillingen Rolf und Gerd Kestermann, die mit ihren Eltern im *Hotel de Paris* in Saint-Tropez Urlaub machten. Nachdem wir am Abend glücklich und etwas erschöpft bei unseren Freunden angekommen waren, wurden wir von den Eltern unserer Freunde im Hotelrestaurant zum Essen eingeladen. Als sich der Abend dem Ende entgegen neigte, fragte der Vater uns: »Wo schlaft ihr beiden denn eigentlich?« Woraufhin wir etwas herumdrucksten und dann erklärten: »Bei Rolf und Gerd im Zimmer.« Denn so hatten wir es mit den beiden Jungs vereinbart. »Das kommt überhaupt nicht in Frage!«, rief

Mit Peter-Paul Pietsch an der Riviera, 1971

der Vater da aus. Nach einem kleinen Protest seitens der Zwillinge fügten wir uns bereitwillig und beschlossen kurzerhand, mit unseren Schlafsäcken am Strand zu übernachten. Das ging auch so weit sehr gut, bis uns am nächsten Morgen um sechs Uhr die Gendarmerie unsanft weckte und vom Strand vertrieb. Daraufhin übernachteten wir in verschiedenen Chambres d'hôtes. Unsere Maxime war: Lieber günstig wohnen und dafür mehr für Essen und Trinken auszugeben. Wenn wir Geld brauchten, lösten wir unsere Travellerschecks ein, mit denen man damals unkompliziert in anderen Ländern Fremdwährungen von der Bank beziehen konnte. Insgesamt hatten wir herrliche und sehr entspannte Tage in Südfrankreich und am Ende war uns beiden klar, dass diese nicht die letzte gemeinsame Reise sein sollte.

Eine wegweisende Entscheidung

Eines Tages, mitten im Sankt Galler Schulalltag, wartete nach der Schule ein Brief meines Vaters auf mich. Gespannt öffnete ich ihn, denn Post von meinem Vater war abseits von Geburtstagen eher eine Seltenheit. Kurz und knapp wie für meinen Vater üblich, fragte er mich darin, ob ich bereit wäre, das Fürstenamt zu übernehmen, wenn die Zeit gekommen sei. Diese Frage überraschte mich. Bis dahin war das für mich als Erstgeborenen eine Selbstverständlichkeit gewesen, zumal ich von meinen Brüdern wusste, dass sie andere Pläne und Leidenschaften hatten. Nie zuvor hatten mir meine Eltern die Frage gestellt, ob ich dazu

Beim Auftritt der Internatsband, Am Rosenberg 1971

bereit wäre oder nicht. In den kommenden Tagen und Wochen bewegte ich das Thema in mir, ohne meinem Vater eine Rückmeldung zu geben. So kündigte er einige Zeit darauf seinen Besuch an. Beim gemeinsamen Mittagessen kam er schnell zur Sache. Eindringlich sah er mir in die Augen und sagte: »Du bist mir noch eine Antwort auf meine Frage schuldig. Möchtest du wirklich meine Nachfolge antreten, Karl?« Nach einer kurzen Bedenkzeit erwiderte ich: »Ich habe es eigentlich immer als selbstverständlich betrachtet, die Nachfolge anzutreten, daher hat mich deine Frage überrascht!« Und dann fragte ich ihn: »Wie kommt es dazu, dass du mir jetzt diese Frage stellst?« Nach einer kurzen Bedenkzeit erwiderte er: »Ich möchte, dass du die Entscheidung dazu aus freien Stücken triffst!«, erklärte er. Und fügte dann, seinen Blick gesenkt, hinzu: »Mein Vater hatte mir diese Frage nie gestellt. Für mich war es eine selbstverständliche Pflicht, die Nachfolge anzunehmen, und diese Pflicht habe ich übernommen und ausgefüllt, so gut ich es eben konnte.« Schließlich bat er mich: »Überleg du dir, ob du es wirklich willst. Aus dir heraus, und nicht, weil es jemand von dir erwartet.«

Das Gespräch war für mich ein wichtiger Impuls, mir – vielleicht erstmalig – bewusste Gedanken über meine Zukunft zu machen. Wollte ich wirklich Fürst sein – mit allen Pflichten und Vorzügen, die das Amt mit sich bringt? Wäre ich dafür überhaupt geeignet? Was wären die Alternativen? Auch um meinen Vater kreisten meine Gedanken. Noch einmal hörte ich ihn sagen: »Mein Vater hat mir die Frage nie gestellt ...« Plötzlich wurde mir bewusst, dass er das Amt nicht aus freien Stücken, sondern aus einem Pflichtbewusstsein heraus bekleidete. Ich sah meinen Vater, den Naturfreund mit seiner Leidenschaft für historische Ereignisse und Geschichten, und fragte mich erstmals, ob ihn seine Rolle erfüllte. Hätte er nicht lieber Geschichte oder Literatur studiert und mit seinen Büchern gelebt? Auch wenn es vielleicht nicht angemessen war, überkam mich in dem Moment ein Gefühl von Mitleid meinem Vater gegenüber. Ich fühlte die Schwere, die mit bloßer Pflichterfüllung einhergeht, und dachte an die Sprüche, die mein Vater zu den unterschiedlichsten Gelegenheiten anbrachte: »Jeder trage seinen Sack zur Mühle« etwa und »Ein Fürst ist immer im Dienst!« oder »Selbstständig kommt von ›selbst‹ und ›ständig‹«. Zwar brachte er diese Bonmots mit einem leichten Augenzwinkern vor, aber sie standen doch für eine Haltung, die mein Vater bis zu seinem Tod nicht ablegen sollte. Eine Haltung der Passivität, eher reagierend als gestaltend, eben schwere Säcke zur Mühle tragend, als sie geschickt zu schultern oder entlastende Transportwege zu finden.

Dann versuchte ich mir vorzustellen, wie das bei mir wäre. Und je länger ich darüber nachdachte, umso entschiedener wurde ich. Ich malte mir aus, was ich in dieser Position für Möglichkeiten und Gestaltungsspielräume haben würde. Und welche Verantwortung ich dabei tragen würde. Je mehr ich diesen Gedanken nachging, umso mehr fand ich Gefallen daran. Wenige Tage nach unserem Gespräch schrieb ich meinem Vater einen Brief. Ich erklärte, dass ich dazu bereit sei, das Fürstenamt zu übernehmen. Nicht aus Pflicht, sondern aus Freude, Verantwortung übernehmen zu dürfen und die gegebenen Gestaltungsspielräume zu nutzen. Im selben Brief dankte ich meinen Eltern für die unbeschwerte Kindheit und Jugend, die sie mir geschenkt hatten. Denn dass sie mir so lange Zeit gelassen hatten für die Entscheidung, ja, dass ich überhaupt vor die Entscheidung gestellt worden war, erschien mir nun keine Selbstverständlichkeit mehr. Außerdem bat ich meinen Vater um gelegentliche weiterführende Gespräche hinsichtlich der Wahl einer für die kommenden Aufgaben geeigneten Ausbildung.

Diese führten wir dann bei unserem nächsten Treffen. Ob meiner Begeisterung für Maschinen und Technik äußerte ich die Idee, Maschinenbau zu studieren. Mein Vater, der selbst Volkswirtschaft studiert hatte, wandte ein, dass mich dies nicht hinreichend auf meine bevorstehenden Aufgaben vorbereiten würde, und ermunterte mich, mehr in Richtung Rechts- oder Wirtschaftswissenschaften zu gehen. Das leuchtete mir ein und so machte ich mich in der Folge schlau, was es hier für Angebote und Möglichkeiten gäbe. Dabei stieß ich auf die Betriebswirtschaftslehre. Die Inhalte erschienen mir interessant und weiterführend für meine späteren Aufgaben, und so beschloss ich, mich weiter auf diesem Gebiet zu informieren.

Abitur

Aber erstmal stand das Abitur an. Die Lehrer taten ihr Bestes, um uns dafür gut vorzubereiten. Mein kritischstes Fach war die Chemie, in der ich einige Lücken aufzuarbeiten hatte. Aber nicht zuletzt dank der Unterstützung der engagierten Lehrer in Sankt Gallen schaffte ich die Prüfung hier ebenso wie in den anderen Fächern.

Mit zwei Jahren Verzug machte ich denn 1973 das Abitur. Damit fiel nicht nur mir, sondern auch meinen Eltern ein gewaltiger Stein vom Herzen. Ich weiß nicht, ob ich mich in meinem Leben zuvor schon einmal so gut gefühlt hatte. Es war ein befreiendes Gefühl, vergleichbar mit einem Vogel, der aus dem Käfig fliegt und in die Welt der Möglichkeiten schwebt.

Mit diesem guten Gefühl ging ich in die Abiturfeier, die die Schule für uns ausgerichtet hatte. Auf Grund der Tatsache, dass wir der erste Durchgang seit Längerem gewesen waren, in dem alle Schüler ihr Abitur bestanden hatten, fiel die Feier noch etwas üppiger aus als sonst. Neben Wein, Bier und gutem Essen gab es viele Reden und ein musikalisches Rahmenprogramm, von dem ein Programmpunkt in besonderer Weise hervorstach. Wie bei allen Schulfeiern sollte einer unserer Mitschüler, ein musikalischer Musterschüler, der vor allem die Sympathien der Lehrer auf seiner Seite hatte, eine musikalische Einlage auf dem Klavier zum Besten geben. Der ansonsten sehr brave Schüler hatte aus gegebenem Anlass offensichtlich einen über den Durst getrunken. Das erkannte man schon, als er, vom Internatsleiter aufgerufen, leicht taumelnd aus dem Publikum auf die Bühne schlenderte. Mit einem breiten Grinsen im Gesicht setzte er sich ans Klavier, schlug einen Ton an und fiel daraufhin in ein schallendes Gelächter ein. Danach haute er wie ein Besessener auf den Tasten herum und lachte sich dabei schief. Der ganze Saal – ausgenommen die Lehrer – fiel in das Gelächter ein. Ab diesem Punkt wurde die Feier so richtig lustig.

Zwischen Abitur und Bundeswehr

Mit einem lachenden und einem weinenden Auge brach ich meine Zelte in Sankt Gallen im Frühsommer 1973 ab. Besonders leid tat mir der Abschied natürlich wegen meiner Freunde. Aber die meisten sollte ich schon kurz darauf wiedersehen. Denn nach meiner Rückkehr nach Josefslust durfte ich eine große Feier veranstalten. Damit wurde nicht nur das bestandene Abitur gewürdigt, sondern auch gleichzeitig meine Volljährigkeit vor dem Gesetz gefeiert. In einer bunten Runde von Verwandten und Freunden aus Sankt Gallen und Sigmaringen feierten wir im Kel-

Abiturfeier im Wildpark Josefslust,1973

ler und Garten von Josefslust bis in die Morgenstunden hinein. Neben vielen stimmungsvollen Songs aus unserer Plattensammlung sorgte Cliff Richards *Power to all our friends* für eine ausgelassene Partystimmung. Noch heute denke ich, wenn ich diesen Song höre, an das lebhafte Fest und das befreiende Gefühl grenzenloser Möglichkeiten nach unserem bestandenen Abitur. In diesem Moment waren wir wohl alle von der Gewissheit erfüllt, dass uns die Welt offenstand, bereit, von uns entdeckt und erobert zu werden.

Auch die Wochen und Monate, die folgten, waren für mich im Großen und Ganzen sehr beglückend. Ich genoss den gewonnenen Freiraum in vollen Zügen. Zum Abitur hatte ich mein erstes eigenes Auto geschenkt bekommen, einen *Käfer Cabriolet*. Geträumt hatte ich immer von einem *Porsche 914*, der jedoch das Limit meines Vaters zu diesem Zeitpunkt klar überschritt. Aber natürlich freute ich mich auch über den *Käfer*. Das erste eigene Auto, das war ein wunderbares Gefühl! Hiermit fuhr ich nicht nur in Sigmaringen und Umgebung umher, sondern unternahm auch einige schöne Reisen. In diese Zeit fielen besonders viele Feste. Viele meiner Freunde aus Sankt Gallen luden zu Abiturfeiern zu sich nach Hause ein. Auch im Familienkreis gab es verschiedene Feste.

EIN DENKWÜRDIGES FEST AUF DER BURG HOHENZOLLERN Anlässlich des 30. Geburtstags von Louis Ferdinand jr.*, dem jüngsten Sohn von Louis Ferdinand, fand 1974 ein Fest auf der Burg Hohenzollern statt.

Obwohl der preußische Zweig des Hauses Hohenzollern nicht mehr in direkter Verwandtschaft zu unserem schwäbischen Haus stand, waren wir durch die Heirat von Louis Ferdinand, auch Onkel Lulu genannt, mit Kira Kirillowna Romanowa*, der Schwester meiner Großmutter Maria Kirillowna, wieder verwandt und daher auf dem Fest eingeladen. Bei dieser Gelegenheit lernte Louis Ferdinand jr. übrigens seine künftige Frau Donata Gräfin zu Castell-Rüdenhausen kennen, die Tochter des Fürsten Siegfried zu Castell-Rüdenhausen. Er verliebte sich in sie, die beiden verlobten sich kurz danach und heirateten ein Jahr später. Auch diese Hochzeit war eine schöne und fröhliche Feier, an die ich mich gerne erinnere. Nach seiner Hochzeit 1975 wurde Louis Ferdinand jr. von seinem Vater als Nachfolger eingesetzt, nachdem seine beiden älteren Brüder zuvor nicht standesgemäß geheiratet hatten. Leider war das Glück zwischen Louis Ferdinand jr. und Donata Gräfin zu Castell-Rüdenhausen nicht von langer Dauer. Denn Louis Ferdinand jr., der als Reserveoffizier regelmäßig Wehrübungen absolvierte, erlitt 1977 bei einer der Wehrübungen einen Unfall, an dessen schweren Verletzungen er zwei Monate später verstarb. Sein Sohn Georg Friedrich*, der heutige Chef des Hauses Preußen, war damals ein Jahr alt, seine Tochter Cornelie-Cecilie wurde erst nach seinem Unfalltod geboren.

Im Spätsommer des Jahres 1974 stand die Musterung der Bundeswehr auf dem Programm. Dass ich den Wehrdienst machen würde, stand für mich außer Zweifel. Und auch wenn ich deutlich weniger Ambitionen hatte, eine militärische Karriere zu machen als mein Großvater oder die Generationen vor ihm, betrachtete ich die Wehrpflicht als meine selbstverständliche Pflicht. Dies nicht zuletzt, weil unsere Familie historisch wie räumlich eng mit der Bundeswehr verbunden war. In Sigmaringen gab es damals eine der größten Divisionen der Bundeswehr, mit der unsere Familie in enger Beziehung stand. So war der General Stammgast bei unseren Neujahrsempfängen oder anderen Feieranlässen. Als ich bei der Musterung gefragt wurde, welche Bereiche mich interessierten, gab ich an, dass ich gern zur Fernmeldetruppe gehen würde. Das tat ich nicht ganz ohne Hintergedanken, denn die Fernmeldetruppe war in Sigmaringen stationiert. »Wenn schon zur Bundeswehr, dann doch wenigstens in der Heimat«, dachte ich mir.

ABITURREISE NACH NORDAMERIKA Vor der Einberufung wartete aber noch eine große Urlaubsreise auf mich. Bereits vor meinem Abitur hatte mir mein Vater angekündigt, nach bestandenem Abitur eine Reise nach Amerika mit mir machen zu wollen. Auf dem Plan standen der Grand Canyon, Hawaii und British Columbia. Während mein Vater vor allem

Vancouver Island / Kanada, 1973

von der Naturgewalt des Grand Canyon begeistert war, genoss ich besonders die Zeit in Hawaii mit seinen endlosen Stränden, Surfern und schönen Mädchen. Danach stand Kanada auf dem Plan. Ein bisschen fürchtete ich, dass es mir hier allein an der Seite meines Vaters langweilig werden könnte. Aber diese Sorge bestätigte sich glücklicherweise nicht. Mein Glück war, dass unser dortiger Verwalter während der Zeit unseres Aufenthaltes einen Praktikanten in meinem Alter hatte. Der war ein netter Kerl, mit dem ich mich nach kurzer Zeit anfreundete. Fortan unternahmen wir viele Ausflüge und Aktivitäten gemeinsam. Unser Verwalter lieh uns sein Boot, mit dem wir aufs offene Meer hinausfuhren und immer mal wieder anlegten, um ins Meer zu springen oder an einsamen Stellen faul am Ufer zu liegen. Bei einem abendlichen Besuch im Restaurant *Deep Cove Chalet* mit dem Verwalter und meinem Vater lernten wir ein paar nette Mädels aus der Gegend kennen, mit denen wir in der Folge eine herrliche Zeit verbrachten. In diesem Jahr war gerade der Song *Yesterday Once More* von den *Carpenters* herausgekommen, den wir in diesem Sommer rauf und runter hörten und der wunderbar zu meinem damaligen Lebensgefühl passte.

Als wir von unserer vierwöchigen Reise nach Josefslust zurückkehrten, hatte ich noch einige Wochen Gelegenheit, Zeit mit meinen Freunden zu verbringen, bevor ich zur Bundeswehr einberufen wurde. Aus heutiger Sicht empfinde ich für diese von Müßiggang und Geselligkeit geprägte Zeit ein großes Glücksgefühl. Nur etwas trübt die Erinnerung an die Zeit: Schon eine ganze Weile hatte mich das Gefühl beschlichen, dass mein Vater ein Problem mit sich herumtrug. Er erschien mir angespannter als sonst zu sein und blieb auch immer wieder abends lange im Büro. Als mein Vater eines Tages seinen großen Mercedes 300 SEL verkaufte und sich stattdessen ein kleineres Modell zulegte, fasste ich mir ein Herz und fragte ihn, ob alles in Ordnung sei. Auf meine Frage hin winkte er ab und murmelte dann so etwas wie: »Mach dir mal keine Sorgen!« Damit wollte ich mich jedoch nicht zufriedengeben. Ich kannte meinen Vater und wusste, dass er nicht gern über seine Probleme sprach. »Ich habe schon seit einiger Zeit das Gefühl, dass dich etwas bedrückt. Und jetzt verkaufst du das Auto, das dir so gefiel, und schaffst dir ein kleineres an. Haben wir finanzielle Probleme?«, fragte ich ihn unverblümt. Mein Vater hielt inne und presste dann heraus: »In der Firma läuft es gerade nicht so, wie ich mir das wünschen würde, daher müssen wir den Gürtel gerade etwas enger schnallen. Aber mach dir mal keine Sorgen, das wird schon wieder!« Es war einer der wenigen Momente während dieser Krise, in denen er seine Sorgen mit mir teilte. Erst später erfuhr ich die Hintergründe, von denen ich hier berichten möchte.

Exkurs: **Die Zollern-Krise**

Alles begann, als der damalige Direktor Dr. Richard Goßmann am 18. Juli 1962 während einer Geschäftsreise mit meinem Vater einen plötzlichen Herztod am Frankfurter Hauptbahnhof erlitt. Er war es, der unser Familienunternehmen, das *Fürstliche Hüttenwerk Laucherthal* seit dem Kriegsende geleitet und es nach dem Stahl-Boom und dem damit einhergehenden Wirtschaftsaufschwung in die Prosperität geführt hatte. Mit seinem Tod war die Firma von einem Moment auf den anderen führungslos, ähnlich einem manövrierunfähigen Schiff ohne Kapitän. Einen Stellvertreter gab es nicht und mein Vater wollte und konnte die Geschäftsleitung nicht übernehmen, hatte er das operative Geschäft doch nie verantwortet. Die zwei Geschäftsführer, die Richard Goßmann folgten, waren mit ihren Aufgaben überfordert. Es gelang ihnen nicht, die Firma durch die schwierige Auftragslage des nachlassenden Stahl-Booms in Süddeutschland zu führen. Nach wenigen Jahren gab der von meinem Vater an die Spitze berufene Finanzchef entnervt auf. Sein Nachfolger, unser damaliger Wirtschaftsprüfer, führte die Verschuldung der Firma durch unüberlegte Firmenzukäufe und Missmanagement in astronomische Höhen. So geriet das Unternehmen immer mehr in Schieflage, bis der damalige Finanzchef eines Tages im Jahr 1972 auf meinen Vater zukam

und sagte: »Ich muss Ihnen leider mitteilen, dass das Unternehmen zahlungsunfähig ist.«
Daraufhin verkaufte mein Vater Grundstücke und Aktien und kratzte auf diese Weise viele Millionen DM zusammen, um die Lohnfortzahlungen zu sichern und die Bankkredite zu tilgen. Aus heutiger Sicht bin ich voller Bewunderung für diesen unglaublichen Kraftakt, zu dem sich mein Vater aufgeschwungen hatte, um die Firma zu retten. Glücklicherweise hatte ihm dabei ein alter Freund zur Seite gestanden, Heinrich Prinz Reuß, Heike genannt, der als Jurist und früherer Generalbevollmächtigter von Axel Springer gemeinsam mit meinem Vater die Organisation der Sanierung übernahm. Er begleitete ihn zu den Gesprächen mit den Banken, fand mit der Landesbank Baden-Württemberg ein Kreditinstitut, welches sich bereit erklärte, die restlichen Verbindlichkeiten zu übernehmen, und setzte schließlich einen Kaufmann und einen Techniker als neue Geschäftsleitung ein, die das Unternehmen Stück für Stück durch neue Geschäftsfelder, neue Aufträge und enge Kundenbindung wieder auf Vordermann brachten. Dieser alte Freund war es auch, der meinen Vater dazu drängte, mich von der Situation zu unterrichten, und der mich in die Strategiegespräche zur Überwindung der Krise mit einbezog. Ich erinnere mich noch gut daran, wie nach diesen Gesprächen in mir der Vorsatz reifte, niemals wieder in solch eine Situation kommen zu wollen, in der unser Familienerbe auf dem Spiel stehen würde und ich bei den Banken um Geld betteln müsste. Und wahrhaftig blieb mir ein solches Szenario in all den Jahren als Nachfolger der schwäbischen Hohenzollern-Dynastie, Gott sei Dank, erspart.

1973-1975 Bundeswehr • Sigmaringen

Disziplin bedeutet: Dinge, die man hasst, so tun, als würde man sie lieben!
Mike Tyson

Am 1. Oktober 1973 rückte ich in die Kaserne in Sigmaringen ein. Am ersten Tag waren wir noch in Zivil dort, wurden eingekleidet und bekamen unsere Stube zugewiesen, immer sechs Leute zusammen. Am nächsten Morgen begann dann offiziell die Grundausbildung und der Tag verlief nach der gleichen Routine wie die folgenden drei Monate: Wecker um viertel nach fünf, duschen, Zimmer aufräumen. Eine halbe Stunde später Frühstück, dann antreten zum Tagesbefehl. Unser Stabsunteroffizier Rainer Pätz, mit dem ich mich nach meiner Dienstzeit während einiger Wehrübungen anfreundete, rief dann lautstark: »Erster Zug vor die Stube treten!« Seine röhrende Stimme, ähnlich einem alten Motor ohne Schalldämpfer, ging buchstäblich durch Mark und Bein.

Eine seiner ersten Botschaften an uns lautete: »Männer, ab heute ist Schluss mit Mutters warmer Stube!« So war es denn auch, aber ich hielt es im Großen und Ganzen für erträglich, vielleicht auch, weil ich ein ähnlich strenges Regiment schon in Sankt Blasien erlebt hatte.

In der Grundausbildung ging es im Wesentlichen darum, uns die Grundsätze des soldatischen Alltags beizubringen: Vom korrekten Antreten und Marschieren über den Aufbau von Biwaks und der Orientierung im Gelände mit Karten und Kompassen bis hin zur Nutzung und Pflege von Waffen lernten wir alles, was man als Soldat so können muss. Mit großer Akribie wurde auf die Einhaltung der Regeln, Ordnung und Sauberkeit geachtet. Die meisten gewöhnten sich hieran nur mühsam und unter Einbüßung so mancher freier Stunden oder Tage. Denn wenn man sich einen Lapsus geleistet hatte, dann wurde das in der Regel mit Stubenarrest beziehungsweise einem verkürzten Wochenende geahndet. Freitagnachmittags war Stubendienst. Jeder musste dafür sorgen, dass sein Bett, sein Spind und das ganze Zimmer in bester Ordnung waren, bevor es ins Wochenende ging. Zusätzlich musste man reihum den sogenannten Revierdienst über sich ergehen lassen. Das hieß, Toiletten, Bäder und Flure gründlich reinigen. Dazu ist mir eine schöne Episode in Erinnerung: Die Leute, die Revierdienst hatten, achteten immer tunlichst darauf, dass die Toiletten zwischen Reinigung und Abnahme durch den Kompaniechef nicht mehr benutzt wurden. Eines Tages machte ein Kamerad, mit dem ich mir das Zimmer teilte, seinen Kontrollgang und musste feststellen, dass die soeben von ihm gereinigte Toilette verschlossen war. Wutentbrannt und in tiefstem schwäbischem Dialekt rief er durch die verschlossene Tür: »Eins kann ich Dir sagen, wenn Du da rauskommst und die Toilette ist wieder dreckig, dann drück ich Dir einen Lappen in die Hand und Du putzt so lange unter meiner Aufsicht, bis die Toilette wieder blitzeblank ist!« Daraufhin wartete er auf dem Gang auf den Übeltäter. Kurze Zeit später öffnete sich die Tür und vor ihm stand der Kompaniechef. Der Rekrut, der eben mit seiner Schimpftirade fortfahren wollte, erstarrte. Daraufhin stellte sich der Kompaniechef vor ihm auf und rief salutierend: »Herr Funker, melde gehorsam, Klo ordnungsgemäß wieder sauber gemacht zu haben!« Cooler hätte seine Reaktion nicht ausfallen können, das hat mir imponiert.

Auch wenn ich bisweilen fluchte, wenn wir bei Nässe und kühlen Temperaturen draußen im Zelt zu schlafen, Toiletten zu putzen oder kilometerweit mit schwerem Gepäck auf dem Rücken zu marschieren hatten, ahnte ich damals schon, dass es seinen Wert hat, bei unliebsamen Tätigkeiten einfach mal die Zähne zusammenzubeißen. Eine neue Erfahrung war es für mich, mit Menschen aus den unterschiedlichsten Lebenskontexten zusammen zu sein. Ich lernte meine Kameraden unabhängig von ihrem Lebenshintergrund wertzuschätzen, der in der Kaserne genauso wenig eine Rolle spielte wie der Meinige.

An die Grundausbildung schlossen sich noch drei Monate der Vollausbildung an. Hier ging es schon etwas mehr um inhaltliche Themen. Wir wurden an die Technik herangeführt, machten die ersten Erfahrungen mit Morse-, Sprach- und Radarsignalen und lernten, Nachrichteninhalte zu erfassen. Als Technikbegeisterter interessierte mich das besonders und ich lernte viel über Elektrik und Elektronik.

Die Unteroffiziersausbildung

Nach der Vollausbildung entschied ich mich für eine Unteroffiziersausbildung. Dafür kam ich für drei Monate zum Lehrgang nach Starnberg. Hier lernten wir die Fernmeldetechnik von einer sehr theoretischen Ebene aus kennen. Auch wenn die Tage sehr verschult waren, empfand ich die Zeit als deutlich angenehmer als die Monate der Grund- und Vollausbildung. Nach den langen Wintermonaten genossen wir nun den Frühling im bayerischen Oberland. Zwar hieß es nach wie vor, um sechs Uhr in der Früh aufzustehen und mit Formalausbildung, Sportprogramm oder theoretischem und praktischem Unterricht einen straffen Tagesplan zu verrichten. Aber nach getaner Arbeit hatten wir Ausgang und genossen die lichter werdenden Tage mit verschiedensten Freizeitaktivitäten. Oft unternahmen wir Ausflüge nach München und Andechs, wo das Bier besonders gut schmeckte, oder wir verbrachten die Abende und Nächte in den Biergärten und Kneipen rund um den Starnberger See.

Als frisch gebackener Unteroffizier kam ich dann wieder zurück nach Sigmaringen. Ab sofort war ich sogenannter Heimschläfer, das heißt, dass ich zwar eine Stube hatte, dort aber nur dann schlafen musste, wenn wir am nächsten Morgen ein Manöver hatten. Ansonsten hatte man um viertel vor sieben gestiefelt und gespornt, stets mit geputzten Schuhen auf der Matte zu stehen. Aber das war deutlich angenehmer als die Übernachtung in der Kaserne. Ich war nun Truppenführer für den Generalstab im Bereich Fernmeldetechnik. Als solcher oblag mir die Ausbildung der Rekruten, das heißt, dass ich unmittelbar nach meiner eigenen Vollausbildung und dem Unteroffizierslehrgang selbst Soldaten ausbilden durfte. Anfängliche Zweifel, ob ich dieser Aufgabe hinreichend gewachsen war, legten sich nach kürzester Zeit und ich fand zunehmend Gefallen an der Führungsrolle. Ich meine, dass sie eine sehr gute Grundlage für meine späteren Aufgaben gewesen ist. Auch über die Wissensebene hinaus sammelte ich viele Erfahrungen, die mich nachhaltig geprägt haben. So erinnere mich an eine Episode, von der ich gern erzählen möchte: In der Operationszentrale arbeiteten drei Funkpanzer zusammen, die alle Funksprüche einer Übung für den Generalstab bereitstellten. Hierfür muss man sehr konzentriert sein. Ein junger Funker, der eigentlich zu den Begabteren gehörte, legte dem Bataillonsführer sein Ergebnis vor. Dieser begutachtete es eingehend, konnte aber keinen rechten Sinn darin erkennen. Daraufhin ging er den jungen Funker an, was er ihm da für einen Unfug aufgeschrieben habe. Der Funker schaute ihn betreten an und erwiderte: »Es tut mir leid, ich war leider nicht ganz bei der Sache, meine Gedanken sind heute immer wieder abgeschweift.« Auf die Rückfrage des Bataillonskommandeurs, wohin seine Gedanken denn geschweift seien, erzählte der junge Funker, dass sich seine Freundin gerade von ihm getrennt habe und dass er an sie habe denken müssen. Der Oberstleutnant fuhr ihn an: »An Ihre Freundin können Sie denken, wenn Sie im Urlaub sind! Und wenn Sie im Dienst sind, sind Sie im Dienst und sollten sich genau hierauf konzentrieren!« Auch wenn das vielleicht hart klingt, ist es in meinen Augen eine gute Übung, sich auf die für den Moment wesentlichen Dinge zu konzentrieren, und ich bin froh und auch dankbar, durch diese Schule gegangen zu sein.

Wehrübung in Sigmaringen im Funkpanzer M113, 1980

Ziemlich direkt mit meiner Rückkehr nach Sigmaringen trieb ich die Gründung einer Bundeswehr-Band voran. Diese Ideen hatte ich schon während der Grundausbildung zusammen mit meinem Stubenkollegen Meinrad Kempf ausgebrütet, ein großer Jazzkenner, begabter Saxophonist und Klarinettist, der nach seiner Grundausbildung beim Heeresmusikkorps landete. Wir stellten eine Truppe zusammen, mit der wir Tanzmusik aller Art aufführten, wobei ich selbst entweder Gitarre oder Saxophon spielte. Die meisten Auftritte hatten wir anlässlich der Unteroffiziersbälle. Das hatte den Vorteil, dass wir für jeden Auftritt, der am Wochenende stattfand, Sonderurlaub bekamen.

Reserveoffizierszeit

Bevor ich nach 15 Monaten aus der Bundeswehr ausschied, stellte ich den Antrag, Offizier zu werden. So verbrachte ich in der Folge immer wieder Zeit bei der Bundeswehr, absolvierte regelmäßig Übungen und Lehrgänge – dazu gehörten unter anderem ein Offizierslehrgang in Hannover sowie ein Speziallehrgang für Informationsverarbeitung in Feldafing – und wurde entsprechend regelmäßig befördert. Zum Schluss wurde ich in den Generalstab berufen. Als Hauptmann hatte ich schon von Beginn eine Majors-Stelle inne, weil man hoffte, dass ich meine Karriere fortführen würde. Aber im Alter von 45 Jahren entschied ich mich, die Uniform an den Nagel zu hängen und mich stattdessen mehr meinen Kindern zu widmen.

Reflexionen über die Wehrpflicht

Auch wenn die Zeit bei der Armee selbstredend kein Zuckerschlecken war, möchte ich sie doch nicht missen. Ich meine, dass sie mich nachhaltig geprägt hat, denn sie war eine echte Schule fürs Leben. So bin ich auch der festen Überzeugung, dass die Abschaffung der Wehrpflicht eine falsche Entscheidung war. Die Disziplin und die Verantwortung, die man hier lernt, sind wertvolle Lernerfahrungen. Gerade in der Grundausbildung wurden wir sehr auf Sauberkeit, Ordnung und Disziplin gedrillt. Natürlich empfand ich das damals nicht als angenehm, aber es hat mich, der ich als kreativer Geist eher zum Chaos tendierte als zur Struktur, persönlich weitergebracht. Die vielleicht wichtigsten Lernerfahrungen sammelte ich im Bereich Leadership. Ich möchte behaupten, dass ich an der Führungsrolle, die ich schon als Unteroffizier genoss, gewachsen bin und dass sie mich ideal auf meine Zeit als späterer Familienchef vorbereitet hat. Auch die Begegnung mit Menschen aus den unterschiedlichsten Lebenskontexten empfinde ich als nachhaltig bereichernd. Aus den vielen Bekanntschaften, die ich bei der Bundeswehr machte, haben sich einige über viele Jahrzehnte hinweg gehalten.

1975-1980 Studium • Fribourg / Schweiz

> ***Was immer du tun kannst oder wovon du träumst – fang es an! In der Kühnheit liegt Genie, Macht und Magie.***
>
> Johann Wolfgang von Goethe

Noch während meiner Zeit bei der Bundeswehr hatte ich nach einem geeigneten Studienplatz Ausschau gehalten. Der Bereich Wirtschaftswissenschaften war ja seit dem Gespräch mit meinem Vater in Sankt Gallen gesetzt. Inzwischen hatte ich mir aus verschiedenen Quellen Informationen über die betriebswirtschaftlichen Studiengänge eingeholt und mich über den Ruf der verschiedenen Universitäten erkundigt. Eine der Top-Universitäten für Wirtschaft war damals wie heute Sankt Gallen, aber nachdem ich dort schon drei Jahre meines Lebens im Internat verbracht hatte, zog es mich dort nicht hin. Mein Favorit war schließlich die Universität Köln, die sich auf Grund ihrer ausgezeichneten Professoren damals eines guten Rufs erfreute. Hierhin bewarb ich mich über die zentrale Studienvergabe und gab als Zweitwahl Saarbrücken und Mannheim an, ohne diese Studienorte aber in ernsthafte Erwägung zu ziehen. Nachdem das Los auf Saarbrücken gefallen war, streckte ich erneut meine Fühler aus. Freunde aus Sankt Gallen brachten mich letztlich auf die Idee, im schweizerischen Fribourg (Freiburg im Üechtland) zu studieren. Sie waren dort schon eingeschrieben und schwärmten von der Stadt und der Universität. Kurzerhand stattete ich den Freunden einen Besuch ab. Ich war sehr angetan von der hübschen Studentenstadt mit französisch angehauchtem Flair, idyllisch im Schweizer Mittelland gelegen. So entschied ich, dem Ruf meiner Freunde zu folgen und mich an der Wirtschaftswissenschaftlichen Fakultät der Universität zu bewerben. Zum Glück gab es keine besonderen Aufnahmeklauseln und auch keine zentrale Studienplatzvergabe, sodass ich kurze Zeit später die offizielle Aufnahmebestätigung erhielt und meinen Umzug nach Fribourg plante.

Im März 1974 fuhr ich dann mit meinem wenigen Hab und Gut, das ich in unseren VW-Bus packte, von Sigmaringen in meine neue Heimat. Im Gegensatz zu meiner Zeit bei der Bundeswehr, bei der die Struktur bis ins letzte Detail vorgegeben war, hieß es nun, sich selbst zu organisieren: angefangen von der Wohnungssuche über die Ummeldung bei der Fremdenpolizei, der Einschreibung bis hin zur Wahl der Vorlesungen. Bei der Wohnungssuche hatte ich schnell Glück, denn über meinen

Freund Holger Desch kam ich in dem Haus unter, in dem er selbst zu einer Wohnung gekommen war. Es war mir klar, dass das nur eine Übergangslösung war, aber besser als nichts war es allemal. Nun konnte ich mich ganz auf das Einfinden in der Universität konzentrieren.

Universitätsleben

Anfangs fühlte ich mich noch etwas verloren. Aber nachdem ich einmal verstanden hatte, wie man sich zu den Kursen einschreibt, was der Unterschied zwischen einer Vorlesung und einem Seminar ist, und welche Dozenten man eher meiden sollte, fand ich zunehmend Gefallen an meinem Studium.

Die Woche begann montagmorgens um acht mit einer Doppelstunde für schweizerische Volkswirtschaft bei Professor Henner Kleinewefers, einem gescheiten, aber strengen Mann. Besonders für die norwegischen Kommilitonen war das nicht leicht, denn sie waren am Sonntag immer noch in Feierlaune und kamen entsprechend schlaftrunken in den Unterricht. Herr Kleinewefers hingegen war putzmunter. Eines montagsmorgens ging er schonungslos auf einen norwegischen Kommilitonen zu und fragte ihn: »Was halten Sie denn von der Revision der ›Altershinterbliebenenversicherung‹, die am Wochenende beschlossen wurde?« Der Angesprochene fuhr zusammen, denn weder hatte er in seinem schlaftrunkenen Zustand die Frage des Professors richtig mitbekommen, noch eine Ahnung von den aktuellen politischen Geschehnissen. An uns alle gewandt erklärte der Professor dann: »Meine Damen und Herren, ich erwarte von Ihnen, dass Sie täglich den Wirtschaftsteil der *Neuen Züricher Zeitung* lesen!« Das nahm ich mir zu Herzen. Nicht zuletzt durch den Aktualitätsbezug fand ich auch an der Volkswirtschaft Gefallen, was ich vorher nicht erwartet hätte. Und obwohl ich kein großer Mathematiker war, konnte ich nun sogar Fächern wie Statistik oder Wirtschaftsmathematik etwas abgewinnen. Besonders interessierten mich allerdings die praxisnahen Fächer wie Unternehmensführung, Managementsysteme oder Marketing. Bis zum Vordiplom kam ich mit relativer Leichtigkeit durchs Studium. Nur bei der mündlichen Prüfung rasselte ich bei Professor Kleinewefers durch die Finanzwissenschaft, was dazu führte, dass ich das ganze Vordiplom noch einmal wiederholen musste. Das belastete mich und ich hatte zunächst etwas Bauchschmerzen dabei, meinen Eltern die Hiobsbotschaft zu übermitteln. Aber die reagierten äußerst gelassen. Mein Vater regte an, dass ich in den Semesterferien für einen längeren Zeitraum nach Josefslust kommen sollte, um mich dort konzentriert auf die Prüfung vorbereiten zu können. Das tat ich auch und so klappte es mit der Nachprüfung im Herbst sehr gut.

Nach dem Vordiplom kniete ich mich noch stärker ins Studium hinein. Nicht zuletzt dank der vielen guten Professoren kam ich im Unterricht gut mit. Zu erwähnen sind hier besonders Professor Ernst-Bernd Blümle, der später zum Dekan der Fakultät ernannt wurde, sowie Professor Guy Kirsch, Professor für Neue Politische Ökonomie, dessen Forschungen zur Verquickung von Politik und Ökonomie mich sehr fasziniert haben. Bisweilen kam es vor, dass wir mit den Professoren in einen echten Diskurs auf Augenhöhe kamen. Das machte dann richtig Freude.

Bei den Wahlpflichtfächern achtete ich stets auf die Relevanz des Themas für den Betrieb. Einmal fragte ich unseren Finanzchef in den Semesterferien, was denn im Unternehmen gerade ein wichtiges Thema sei. »Kostenrechnung« war die Antwort. Daraufhin erklärte ich Professor Cretoll, dass ich meine Seminararbeit zum Thema »Behandlung steuerlicher Verlustvorträge« schreiben wolle. Der Professor war zunächst etwas erstaunt und fragte, wie ich auf das Thema käme. Aber er ließ mich machen und ich gewann dabei wertvolle Einblicke in ein Thema, das mich später noch oft beschäftigen sollte. Großen Gefallen fand ich ebenso an den Fächern Soziologie und Informatik. Letztere Disziplin steckte damals ganz in den Kinderschuhen und hier fand gerade jede Menge Innovation statt. Computer für jeden waren damals noch Zukunftsmusik, war im Jahr 1971 mit dem *4004* gerade mal der erste in Serie gefertigte Mikroprozessor gebaut worden. Unsere Universität besaß einen für heutige Verhältnisse riesigen Rechner, an dem wir uns von Zeit zu Zeit ausprobieren konnten.

Als ausgewiesene Studentenstadt hatte Fribourg einen extrem hohen Freizeitwert. Mit seinen circa 40.000 Einwohnern war Fribourg zwar nicht riesengroß, aber durch die Vielzahl der Studierenden unglaublich lebendig. Auch das Umland bot schier unbegrenzte Möglichkeiten für die Freizeitgestaltung. Die Umgebung Fribourgs ist landschaftlich sehr reizvoll, auf der einen Seite die Berge, auf der anderen die drei Seen – Murten-, Neuenburger- und Bielersee.

Zum Glück fand ich in Fribourg schnell Anschluss, da eine ganze Reihe meiner Freunde vom Institut am Rosenberg ebenfalls hier studierten. Gemeinsam bildeten wir eine kleine Sankt Galler Clique, die im Laufe der Zeit stetig wuchs. Die Universität von Fribourg war bekannt für ihre Zweisprachigkeit und zog daher viele ausländische Studierende an, darunter besonders viele aus Norwegen, Schweden und Griechenland. Unsere Clique wurde dadurch zu einer bunten, internationalen Gruppe. Über eine griechischstämmige Kommilitonin hatte ich Umgang mit einer ganzen Gruppe von Griechen, deren Feste immer besonders ausgelassen waren.

Insgesamt hatte ich in Fribourg viel Kontakt zu Kindern aus Unternehmerkreisen, Adlige gab es an der Uni nur wenige und wenn, hatte ich keinen Kontakt zu ihnen. Irgendwann umgarnten uns die studentischen Burschenschaften und luden uns zu ihren Feiern ein. Ein paar Mal besuchten wir die Feste, aber das Verbindungsleben reizte mich gar nicht. Die übertriebene Zecherei, die Steifheit und die Rituale – all das missfiel mir und ich schlug die wiederholten Einladungen aus. Umso lieber besuchte ich die Feste der Skandinavier. Das waren legendäre Partys – im Sommer in einem Hotel mit Disco und exzellentem Essen, im Winter mit Skifahren und teils ausschweifender Feierei.

An den Wochenenden machten wir oft Spritztouren mit meinem *VW Cabrio*, fuhren zum Baden, Wandern oder zum Wassersport. Das Segeln hatte ich ja bereits in meiner Jugend erlernt und hier intensivierte ich es wieder. Auch mit dem Wasserski war ich gern unterwegs. Ein Freund von mir hatte ein Sportsegelboot, ein sogenanntes *Hobie Cat*, mit dem wir im Sommer gern in See stachen. Neu dazu kam das Surfen. Die Sportart steckte damals noch in den Kinderschuhen. Die erste Weltmeisterschaft im Windsurfen hatte erst 1973 stattgefunden. Spontan faszinierte mich die Sportart, die ja etwas verwandt mit dem Segeln ist, aber weit sportlicher. Im Winter fuhren wir viel Ski. Manchmal ging es direkt nach der Uni auf die Piste. Schon im Auto zogen wir uns um, um möglichst viel Zeit auf der Piste verbringen zu können.

Flirts und Liebeleien

Natürlich kam es in Fribourg auch zu dem ein oder anderen Flirt. Aber im Grunde meines Herzens war ich froh um meine Freiheit und wollte mir die Unabhängigkeit gern bewahren. Eines Tages verguckte ich mich dann aber doch ernster in ein Mädchen.. Mary Baily hieß sie, kam aus Ohio und war nur für zwei Gastsemester bei uns an der Uni. Sie saß mir in der Uni-Bibliothek gegenüber und ich verliebte mich Hals über Kopf. Wir verbrachten einen wunderbaren Sommer zusammen in Fribourg. In den Semesterferien fuhr ich zunächst mit ihr nach Sigmaringen, um sie meinen Eltern vorzustellen, und später besuchte ich sie dann in Amerika, von wo aus ich mit blutendem Herzen nach Fribourg zurückreiste. Aber mit der Distanz kühlten sich die Gefühle ab und irgendwann beschlossen wir in beidseitigem Einvernehmen, die Beziehung aufzugeben.

Ich war dann wieder ganz zufrieden mit meinem Single-Dasein, zumal ich in meinem Bekanntenkreis erfuhr, wie schwierig feste Beziehungen sein können: Ein Freund von mir hatte ein italienisches Mädchen kennengelernt und schwerverliebt beschlossen, mit dem Mädchen zusammenzuziehen. Sie stammte aus einem erzkatholischen Elternhaus und verheimlichte ihren Eltern diesen Sachverhalt aus nachvollziehbaren Gründen. Als die Eltern eines Tages ihren Besuch ankündigten, nahm mein Freund in weiser Voraussicht seinen gesammelten Hausrat aus der Wohnung und zog damit zu einem Freund. Es kam wie es kommen musste: Die Eltern stießen auf einen »verdächtigen« Gegenstand, zwangen ihre Tochter zum Geständnis und stellten das Paar vor die Wahl sich zu trennen oder zu heiraten. Die beiden entschieden sich dann für Letzteres und gehörten somit zu den ersten aus meinem Freundeskreis, die heirateten.

DER WEG ZUM TRAUMAUTO Bei einem meiner Wochenendbesuche in Umkirch traf ich Roland Sommer, genannt Roso, der mit mir im Internat gewesen war und in Freiburg studierte. Er war mit dem Auto seiner Mutter, einem *230er SL*, gekommen. Für dieses Auto hatte ich schon lange ein Faible. Spätestens seit ich als Schüler einmal mit einem befreundeten Studenten in einem *230er SL* mitgefahren war, hatte ich Feuer für das Auto gefangen. Nach der Fahrt mit Roso schaute ich mich auf dem Gebrauchtwagenmarkt um, was solche Fahrzeuge kosten würden. Erfreut stellte ich fest, dass sie vergleichsweise kostengünstig zu erwerben waren. Als der Motor meines *VW Cabrio* eines Tages mit 140.000 Kilometern auf dem Tacho kaputt ging, fragte ich meinen Vater, was für ein Auto er mir stattdessen gönnen würde. Seine spontane Reaktion war: »Na wieder so einen *Käfer*?« Daraufhin entgegnete ich, dass ich mir etwas Schnelleres vorstellen würde, traute mich aber nicht gleich mit dem Mercedes zu kommen. So brachte ich zunächst mal den *Triumph TR 6* ins Spiel. »Ein englisches Auto kommt nicht ins Haus!«, entfuhr es meinem Vater. »Wie wäre es dann mit einem *Alfa Spider*?« »Nein, auch einen Italiener kaufe ich nicht!« Zum Schluss kam ich mit dem *230 SL*. »Viel zu teuer!«, wiegelte mein Vater ab. Daraufhin triumphierte ich: »Ich habe mich erkundigt, ein gebrauchter *SL* ist nicht teurer als ein neuer *VW Cabrio*!« Das überzeugte meinen Vater und er stimmte der Wahl zu. Über den Freund meines Vaters, Graf Walderdorff, kam ich dann an ein Fahrzeug aus München, das gut 70.000 Kilometer drauf hatte. Das Auto machte viel Spaß, vor allem beim Offenfahren, und es war im Vergleich zum VW Cabrio langstreckentauglich. Im Winter fuhr ich es mit Hardtop. Unbewusst hatte ich meinen ersten Klassiker erworben, der mich viele Jahre begleiten sollte.

DER TEUFEL MIT DEM HAMMER Immer mal wieder traf ich mich auch für besondere Ereignisse mit Albrecht am Wochenende oder zwischendurch. Albrecht lebte von 1978–1980 in Lausanne und die Entfernung machte kurze, spontane Treffen zwischen uns möglich. Hin und wieder kam Albrecht zu mir nach Fribourg oder ich besuchte ihn am Genfer See. Einmal traf ich mich mit meinem Vater und Albrecht in Bern, um dort gemeinsam einer Auktion beizuwohnen. Für Albrecht und mich war die Versteigerung ein großes Spektakel. Wir bestaunten die Objekte, die unter den Hammer kamen gleichermaßen wie die Besucher des Auktionshauses. Besonders faszinierte uns der Besitzer des Hauses, Jürg Stuker. Er war ein echtes Original, ein wortgewaltiger, spitzzüngiger Mann, den der *Spiegel* einmal als »Den Teufel mit dem Hammer« titulierte. Bei der Auktion, an der wir teilnahmen, präsentierte er ein Ölgemälde und warb dafür mit seinem Verkaufsgeschick: »Ein wunderschönes Gemälde aus Öl für Ihren eleganten Salon«, verkündete er mit Inbrunst an das Publikum gerichtet. Und dann ging er direkt auf eine ältere Dame zu, um es ihr anzupreisen. Als diese bemerkte, dass ihr das Bild zu teuer sei, erwiderte er: »Dann empfehle ich Ihnen den Kauf einer Büchse Ölsardinen, so haben Sie auch etwas Hübsches in Öl, vielleicht eher passend zu Ihrem Preisniveau!« Kurz darauf pries er alte Leuchter aus einem Nachlass an, auf die keiner bieten wollte: »Verehrtes Publikum, auch wenn es hübschere Exemplare gibt als diese Leuchter, sind sie sicherlich allemal hübscher als so manches, was in Ihren Wohnungen herumsteht!« Mein Bruder Albrecht war so angetan von der ganzen Auktion, dass er nach diesem Tag beschloss, seine Lehre bei Jürg Stuker zu absolvieren. Seine Pläne, Pilot zu werden, hatte er kurz zuvor auf Grund seiner Sehschwäche an den Nagel hängen müssen. Aber die Lehre im Auktionshaus, die ihn später in den Beruf des Auktionators und Kunsthandels führte, war eine sehr gute Alternative für Albrecht, die ihn, soweit ich das beurteilen kann, über Jahrzehnte hinweg sehr erfüllte.

Musik

In Sankt Gallen hatte ich mir vorgenommen, mein Saxophonspiel zu perfektionieren. Ein Bekannter empfahl mir die *Swiss Jazz School* in Bern, die neben dem Berufsstudium auch Kurse anbot. Für drei Jahre absolvierte ich daraufhin neben meinem Studium Kurse in Harmonielehre, Rhythmik und Instrument, unter anderem bei Andy Scherrer (Saxophon), Günther Kühlwein (Piano) und Silvano Bazan (Piano, Bass), wovon ich enorm profitierte.

Besonders ein Bandworkshop bei dem charismatischen Lehrer Silvio Bazan ist mir in guter Erinnerung. Einer unserer Mitschüler war ein Saxophonist, ein urwüchsiger junger Mann aus dem Tessin, der ähnlich schludrig spielte, wie er gekleidet war. Bei dem Workshop sollten wir alle hintereinander ein Solo spielen. Als der junge Mann an der Reihe war, unterbrach ihn unser Lehrer abrupt. »Spielst du auf der Bühne auch so einen Mist zusammen?«, fragte er ihn erbost. Der erwiderte: »Nein, auf der Bühne spiele ich natürlich besser!« Worauf der Lehrer verkündete: »Wenn du spielst, gib immer 100 Prozent. Spiel so, als wenn es das letzte Mal wäre!« Diese Worte haben sich tief in mir eingebrannt.

In den Ferien verbrachte ich auch immer wieder längere Zeiten am Stück zu Hause in Sigmaringen. Dabei war es natürlich nicht so, dass ich meine gesamte Freizeit mit meiner Familie zu verbringen gedachte. Im Gegenteil, ich war viel mit meinen Sigmaringer Freunden unterwegs. Das widersprach den Vorstellungen meiner Eltern, die dachten, wenn ich zu Hause bin, nähme ich mit Haut und Haar am Familienleben teil. »Wir sind hier kein Hotelbetrieb!«, ließ mich meine Mutter eines Tages wissen. Sie schlug vor, dass ich ins Schloss ziehen könne, wenn dort eine Wohnung frei werden würde. Dazu kam es dann 1978, ein Jahr vor meinem Examen. Das war für alle eine gute Lösung.

Reisen

Wenn ich nicht lernen musste, fuhr ich viel in der Weltgeschichte herum. Öfter nahm ich die Gelegenheit wahr, um mit meinem Vater nach Kanada zu reisen. Manchmal kam Albrecht mit, manchmal auch Vettern oder Cousinen. Einer der ersten Punkte auf Albrechts und meinem Programm war dann in der Regel der Gang in den Plattenladen. Es reizte uns, die Platten zu durchstöbern, denn die neueste Musik war dort viel früher auf dem Markt als bei uns in Europa. Dazu gehörte der kanadische Sänger Gino Vanelli, dessen Hit *I Just Wanna Stop* überall im Radio lief, als ihn bei uns noch kein Mensch kannte. Natürlich gab es auch Hits, die bei uns gar nicht erschienen. Wenn wir mit dem Auto unterwegs waren, hörten wir mit großer Freude den Sender *CKDA*, der viele dieser uns noch unbekannten Songs spielte.

Oft verbanden wir die Aufenthalte mit Reisen in die großen Naturparks der Vereinigten Staaten. Eine Geschichte ist unvergessen: Bei einem

Aufenthalt im *Zion-Nationalpark* in Utah übernachteten mein Vater und ich in einer Art Chalet in einer schönen Lodge. Dort angekommen, gelüstete es meinen Vater erst einmal nach einem frischen Glas Bier. »Komm, wir gehen in die Bar und trinken ein Schlückchen«, rief er mir gut gelaunt zu, nachdem wir unsere Sachen im Zimmer abgestellt hatten. Das war ihm im Urlaub eine lieb gewonnene Angelegenheit. So fragte mein Vater einen Angestellten, wo wir denn die Bar finden würden. Dieser erwiderte, dass es leider keine Bar in der Lodge gebe. »Dann setzen wir uns halt schon an den Tisch und bestellen dort etwas«, brummte mein Vater. Am Platz angekommen rief er dem Kellner zu: »One beer, please!« Der Kellner winkte ab. Bier würden sie nicht anbieten. Daraufhin versuchte es mein Vater mit einem Wein. Auch diesen Wunsch konnte man ihm jedoch nicht erfüllen. »There is no alcohol beeing sold in Utah!«, erklärte der Kellner kategorisch. Daraufhin wurde mein Vater grimmig und bestellte sich aus Protest ein Glas Milch zum Steak, auf dem er während unseres wortkargen Essens missmutig herumkaute. Auf dem Rückweg in unser Chalet sprach uns der Mitarbeiter hinter der Rezeption an: »I'll give you a tip: the Nevada border is only 12 kilometres away. There are at least 8 liquor stores where you can stock up on alcohol!« So fuhren wir am Tag drauf nach Nevada und deckten uns für die kommenden Tage mit Wein und Sixpacks ein. Danach verbrachten wir noch gut gelaunte Tage im *Zion-Nationalpark*, fuhren mit unserem Leihwagen von Trail zu Trail und bestaunten auf unseren Touren die felsigen Klippen, die tiefen Schluchten und die kupferroten Sandsteinformationen der Gegend, die meinen Vater zur Aufnahme unzähliger Fotos animierten.

Die erste Liebe

Nach einigen Flirts und lockeren Beziehungen geschah es kurz vor dem Examen um mich: Wie das Leben manchmal spielt, verliebte ich mich in eine langjährige Freundin, die ich schon aus Sankt Gallen kannte. Evelien van Cosburgh kam aus Holland und war zuvor mit einem skandinavischen Freund von mir liiert gewesen. Quasi von einem Tag auf den anderen hatte es zwischen uns »gefunkt«. Im Vergleich zu den vorherigen Liaisons hatte die Beziehung zu Evelien deutlich mehr Tiefe, das spürte ich von vornherein. Wir verbrachten einige glückliche Monate zusammen in Fribourg. Der in diesem Jahr erschienene Song *How deep is your love* von den *Bee Gees* erwischte mich entsprechend mit voller Breitseite. Zum Herbst hin beschloss Evelien, ihr Studium abzubrechen, um als Stewardess zur Swissair zu gehen. Auch auf die Distanz hin blieben wir ein festes Paar.

Examen

Je tiefer ich ins Studium eintauchte, um so mehr fokussierte ich dabei auf die Inhalte, die für unseren Betrieb von Bedeutung waren. So wählte ich für meine Diplomarbeit ein Thema, das uns gerade in einem unserer Betriebe beschäftige. Damals hatten wir mit der *Elektrozentrale Sigmaringen* eine Einkaufskooperation. Diese machte ich zum Thema meiner Diplomarbeit. Ich trieb mich in vielen Bibliotheken in der Schweiz und in Deutschland herum und suchte nach Literatur. Mein Professor stand ganz hinter dem Thema und brachte mich dazu, mich tief einzuarbeiten, so tief, dass ich manchmal schon glaubte, er wolle eine Doktorarbeit aus dem Thema machen. Tatsächlich fragte er mich eines Tages, ob ich bei ihm promovieren wolle, aber das war mir nach den vielen Jahren des Studiums zu viel des Guten. Ich wusste, dass ich das nicht brauchen würde. Zwei Jahre Frondienst als Assistent, das war für mich keine gute Aussicht, und so erteilte ich ihm eine Absage. Nachdem ich meine Diplomarbeit mit stolzen 140 Seiten abgegeben hatte, standen noch die mündlichen und schriftlichen Prüfungen an. Obwohl die Uni Fribourg bekannt war für ihre anspruchsvollen Examina, gingen mir die Prüfungen relativ leicht von der Hand. Im Frühjahr 1980 schloss ich das Studium nach zehn Semestern ab. Nach einer würdigen Examensfeier packte ich meine sieben Sachen und fuhr nach Sigmaringen. Damit ging eine Phase zu Ende, die zu den schönsten meines Lebens zählt.

Politisches Erwachen im Deutschen Herbst

Bis in mein junges Erwachsenenalter war ich gesellschaftspolitisch nur mäßig interessiert. Die Ereignisse auf der politischen Bühne nahm ich eher beiläufig zur Kenntnis. Das änderte sich in der Zeit, die später als »Deutscher Herbst« in die Geschichtsbücher eingehen sollte. Die Entführung und spätere Ermordung von Hanns Martin Schleyer am 5. September 1977 war eine Art Weckruf für mich. Von diesem Tag an las ich die *Neue Züricher Zeitung* mit besonderem Interesse und verpasste kaum eine Sendung der Tagesschau oder Werner Höfers sonntäglichen *Internationalen Frühschoppen* auf meinem Fernseher, einem Schwarz-Weiß-Röhrenfernseher mit einem für heutige Verhältnisse winzigen Bildschirm der Marke *Sony*, der zuvor ungenutzt bei meiner Mutter im Schlafzimmer gestanden hatte.

Die Tatsache, dass jemand, der sich um die Wirtschaft verdient gemacht hatte, derartigen Hass einer Menschengruppe auf sich ziehen konnte, entzog sich gänzlich meiner Weltanschauung. Die Forderungen, mit denen die RAF nach der brutalen Entführung Schleyers die Bundesregierung unter Druck setzte, empfand ich – wie, Gott sei Dank, die Mehrheit der Deutschen – als zutiefst verwerflich. So hoffte ich inständig, dass die Regierung ihr Rückgrat behielt und nicht einknickte. Und als dann einige Wochen später am 13. Oktober die Lufthansa-Maschine *Landshut* von palästinensischen Terroristen entführt wurde, gingen meine Hoffnungen in die gleiche Richtung. In dieser Zeit wurde mir bewusst, was eine kleine Organisation für eine Kraft hat, ein ganzes Land zu erpressen. Die Konsequenz, mit der die deutsche Bundesregierung, allen voran der Bundeskanzler Helmut Schmidt, diesen Machenschaften den Riegel vorgeschoben hat, beeindruckte mich stark.

Berufsorientierung

Nach dem Examen stand die Frage des beruflichen Einstiegs an. Schon während des Studiums hatten meine besonderen Interessen ja in Richtung Finanzwesen tendiert. Und auch nach dem Studium war mir klar, dass ich mich in diesem Bereich weiter fortbilden wollte. Retrospektiv habe ich mich bisweilen gefragt, wie viel dieser Fokus auf den Finanzsektor mit der Krise der *Zollern-Werke* zu tun gehabt hatte und ob mein Fokus ohne diese Krise ein anderer gewesen wäre. Aber abschließend lässt sich diese Frage wohl nicht beantworten.

Auf Grund meines Interesses für die Weiterbildung im Finanzbereich fragte ich bei unserer Hausbank, der Stuttgarter Südwestbank an, ob ich dort ein Traineeprogramm absolvieren könnte. Mein Vater war der Bank schon lang ein treuer Kunde gewesen, was mir sicherlich den Zugang erleichterte. Über den Direktor der Bank in Sigmaringen, Markus Schleicher, erhielt ich Kontakt zur Stuttgarter Direktion. Schon kurz nach Antragstellung wurde ich zu einem Gespräch nach Stuttgart geladen und erhielt daraufhin den Bescheid, mein Traineeprogramm im Herbst des Jahres 1980 beginnen zu dürfen.

1980-1982 Traineezeit • Stuttgart

> ***Dein Erfolg hängt nicht von dem ab, was Du gelernt hast, sondern von dem, was Du aus dem Gelernten gemacht hast.***
>
> Plautus

In Feuerbach fand ich eine schöne Wohnung, die ich mir mit dem vorhandenen Mobiliar aus Sigmaringen einrichtete. Von dort fuhr ich je nach Lust und Laune entweder mit der U-Bahn oder mit meinem Auto, einem *Golf GTI* und später einem *Saab 900 Turbo*, zur Arbeit.

Sowohl in meiner Wohnung als auch an meiner Arbeitsstätte fühlte ich mich von Anfang an wohl. Von den Kollegen wurde ich gut aufgenommen. Besonders die beiden Vorstände der Bank, Dr. Klaus Tiedje und Jürgen Plenio, vermittelten mir das Gefühl, dass man mich ernst nahm, und bemühten sich redlich, mich in alle Bereiche des Bankwesens einzuführen. Das war auch gut so, denn – bislang war ich im Bankwesen relativ unbeleckt gewesen. Meine Kenntnisse reichten nicht über das theoretische Wissen hinaus, das ich mir im Studium angeeignet hatte. Nun bekam ich die Gelegenheit, in die unterschiedlichsten Bereiche der Bank hineinzuschnuppern: Kreditabteilung, Handel, Aktien, Kasse, Immobilien. Ich bekam damit einen sehr guten Einblick in die Struktur und die Abläufe einer großen Organisation. Engmaschig wurde ich in all den Etappen von den beiden Vorständen der Bank begleitet.

Von all den Bereichen, die ich durchlief, beeindruckte mich die Kreditabteilung besonders. Hier war es meine Aufgabe, die eingegangenen Anträge vorzuselektieren. Auch wenn ich das bisweilen als echte Kärrnerarbeit empfand, erwies es sich im Nachhinein als sehr hilfreich, denn so lernte ich die Zusammenhänge zu verstehen.

Ab und zu durfte ich mit auf Kundenbesuch gehen. Mal besuchten wir einen Bauern, der sich neue Maschinen anschaffen wollte, mal einen großen Bauträger, der Millionen für sein neues Projekt aufnehmen wollte. Hinter diesen Anträgen standen ganze Geschichten und Schicksale, deshalb empfand ich die Kundenbesuche als spannend. Zum Ende meiner Traineezeit durchlief ich den Bereich Immobilien. Die Einblicke in den Immobilienbereich waren für mich von besonderem Interesse, denn die Bank hatte einige US-amerikanische Immobilienfonds in ihrem Portfolio. Und nicht nur, weil mich die daraus sprechende andersartige Wohn- und Baukultur neugierig machten, sondern auch aus meinem grundsätzlichen Interesse an Amerika entschloss ich mich, eines Tages meinen

Vorgesetzten zu fragen, ob er eine Chance sähe, mich in unserer Partnerbank in New York unterzubringen. Schon während meines Studiums war die Idee aufgekommen, in die USA zu gehen, um dort Berufserfahrungen zu sammeln. Mein Vater war ein großer Befürworter dieses Plans: »Von den Amerikanern können wir eine ganze Menge in Sachen Business lernen!«, sagte er, der ja zeit seines Lebens eine große Affinität zu Nordamerika hatte.

GRÜNES LICHT FÜR AMERIKA Als ich Dr. Tiedje von meinem Wunsch erzählte, versprach er, sich für mich zu erkundigen. Tatsächlich wurde ich schon kurze Zeit später nach Frankfurt eingeladen, um mich dort vorzustellen, und noch im Gespräch bekam ich ein »Go« aus der Bankzentrale.

Zum Abschluss meiner Traineezeit in Stuttgart durfte ich noch einige Wochen ins Vorstandsbüro hineinschnuppern, wo ich wertvolle Einblicke in die Struktur und Organisation der Bank erhielt. Besonders beeindruckten mich die Kommunikationswege, die aus heutiger Sicht nahezu archaisch anmuten: Bei jedwedem Anliegen schrieb man ein Memo auf einer vorgefertigten Vorlage, das dann zu dem jeweiligen Adressaten wanderte, dessen Antwort manchmal Tage, manchmal Wochen auf sich warten ließ. In Zeiten, in denen eine digitale Nachricht in Sekundenschnelle vom Absender zum Empfänger wandert, kaum mehr vorstellbar!

Insgesamt hat mir das Traineeprogramm gute Einblicke in den Finanzsektor gegeben, die ich nicht missen möchte.

Musik

Auch in Stuttgart streckte ich meine Fühler bald nach musikalischer Betätigung aus. Ich besuchte regelmäßig die einschlägigen Jazzclubs von Stuttgart, wie die *Dixieland Hall*, das *AT* und den *Bruddler*. In Letzterem fand immer montags eine Jam-Session mit offener Bühne statt, auf der sich oft auch Musiker der *Erwin Lehn Big Band* oder des *Südwestfunk-Rundfunkorchesters* einfanden. So hatte ich Gelegenheit, mit Profis zu spielen, was unter anderen Umständen nicht möglich gewesen wäre. Durch einen befreundeten Bassisten bot sich für mich bald die Möglichkeit, bei einer Band in Karlsruhe um den damals schon bekannten Blues- und Boogie-Pianisten Chris Rannenberg mitzuspielen. Mit der *Intercity Bluesband* spielten wir in vielen Jazzclubs im süddeutschen Raum und waren sogar 1980 bei einigen Jazzfestivals Begleitband des bekannten amerikanischen Rhythm-and-Blues-Saxophonisten Hal Singer.

EINE ODYSEE MIT RAY FOXLEY Einmal traten wir in der *Dixieland Hall* auf. Parallel zu uns spielten auf einer anderen Bühne in der Stadt die *Rod Mason's Hot Five.* Nach ihrem Auftritt kamen sie zu uns in die Halle, um den Abend bei einem Bier ausklingen zu lassen. Irgendwann gesellte sich der Pianist der Band, Ray Foxley, mit seinem Bier in der Hand zu uns auf die Bühne und spielte ein bisschen mit. Dabei trank er in forschen Zügen weiter. Er spielte und trank sich regelrecht in Rage und wollte mit beidem gar nicht mehr aufhören. Selbst als wir die Bühne verließen, spielte er weiter. Inzwischen leerte sich der Saal und auch meine Musikerkollegen verschwanden einer nach dem anderen. Als ich meine Sachen zusammengepackt hatte und gerade dabei war, den Saal zu verlassen, fragte mich jemand vom Personal, ob ich den angetrunkenen Pianisten, der immer noch auf der Bühne stand, nicht mit in sein Hotel nehmen könne. »Seine Band hat ihn offensichtlich sitzen lassen«, bemerkte der junge Mann etwas mitleidig. »Da bleibt mir wohl nichts anderes übrig«, erwiderte ich und packte den sturzbetrunkenen Ray Foxley in mein Auto. Im Losfahren fragte ich ihn, wo denn sein Hotel sei, worauf Ray erwiderte: »No idea!« »Na wunderbar ...«, dachte ich und fragte ihn, ob er nicht wenigstens eine leise Ahnung hätte: »In the center of the city?«, fragte ich ihn. »No!« »Is it outside?« »Yes, up the hill, I think.« »Na, das ist doch schon mal ein Anhaltspunkt ...«, dachte ich und begab mich auf den Weg nach oben. Dabei drängte ich ihn immer wieder, über den Namen des Hotels nachzudenken. Irgendwann gab er von sich: »It could be sort of an animal.« Darauf ging ich alle Tiere durch, die mir so einfielen: »Ochse?« »No!«, »Bär?« »No!«, »Löwe?« »No!«, »Lamm?« »Lamm? Yes, it could be Lamm!«, erwiderte er. Ich frohlockte, denn tatsächlich gab es ein *Hotel zum Lamm*, das mir bekannt war. Als wir wenige Minuten später beim Hotel angekommen waren, waren alle Lichter im Hotel gelöscht. Auf meine Frage, ob er einen Schlüssel habe, schüttelte er nur den Kopf. Ich stieg mit ihm aus und läutete Sturm. Daraufhin stieg ich in mein Auto und überlegte, ob ich nun, nach getaner Pflicht, einfach losfahren sollte. Das brachte ich dann allerdings doch nicht übers Herz und blieb so lange stehen, bis irgendwann ein Licht in der Lobby anging und sich daraufhin eine Tür öffnete, in die Ray hineinstolperte. Für die Aktion wurde ich aber am nächsten Tag voll und ganz entlohnt, denn da hatte uns der Bandleader Rod Mason eingeladen, zusammen mit seinen *Hot Five* auf dem Cannstatter Wasen zu spielen. Es wurde ein unglaublich gutes Konzert, das die Strapazen der Nacht zuvor schnell vergessen ließ.

Die *Intercity Bluesband* war nicht die einzige Band, mit der ich während meiner Stuttgarter Zeit Musik machte. Eines Tages fand ich bei einem Gespräch in der Kantine heraus, dass ein Arbeitskollege der Bank ein hervorragender Pianist im Bereich Klassik und Jazz war. Wir spielten einige Male miteinander und beschlossen dann, eine eigene Band zusammenzustellen. Die meisten Bandmitglieder waren Musiker, die ich inzwischen im Stuttgarter Raum kennengelernt hatte, darunter der Pianist, Saxophonist und Vibraphonist Norbert Rettenmaier, mit dem ich fortan in verschiedenen Bands zusammenspielen sollte. Am Wochenende besuchte ich öfter einmal Konzerte im *Dreikönigskeller* in Bad Saulgau und lernte dort den Klarinettisten, Saxophonisten und Vorsitzenden des Jazzvereins Hans-Georg »Hansi« Rimmele kennen. Er war unter anderem Leader der *Schwaz Vere Jazz Gang*, der Saulgauer Swing- und Dixieland-Band, die damals bereits seit 25 Jahren zusammenspielte. Durch Hansi Rimmele verdichteten sich meine Kontakte zum Jazzverein. Bis heute pflege ich zu ihm eine gute Bekanntschaft. Bedauerlicherweise hat er sich im Herbst 2021 aus der Jazzszene zurückgezogen, für die er sich sehr verdient gemacht hat.

Als ich Stuttgart nach abgeschlossenem Traineeprogramm im Frühjahr 1982 verließ, hatte ich demnach nicht nur meinen Wissensschatz im Bereich Finanz- und Bankenwesen gründlich erweitert, sondern auch viele wertvolle Kontakte in der Musikszene dazugewonnen.

1982-1984 Berufseinstieg • New York

Der Weg zum Ziel beginnt an dem Tag, an dem du die hundertprozentige Verantwortung für dein Leben übernimmst.

Dante Alighieri

Ankommen in Big Apple

Nachdem ich meinen Praktikumsplatz bei der DG-Bank einige Monate in der Tasche hatte, flog ich nun, eines schönen Tages Anfang Juli 1982, versehen mit einem großen Koffer nach New York. Das war überaus aufregend! Zwar war mir die Stadt von vorherigen Kurztrips bekannt, aber viel mehr als eine vage Idee war nicht geblieben.

In Ermangelung einer festen Bleibe kam ich zunächst in einem einfachen Hotel, dem *Barbizon-Plaza Hotel* unter, das mir von der Bank vermittelt worden war. Auch wenn mich in dem eher tristen Hotelambiente dann und wann die Einsamkeit überkam, genoss ich von Beginn an jeden einzelnen Tag in dieser sagenhaften Stadt.

Ich hatte mir vorgenommen, sie systematisch zu entdecken, und so knöpfte ich mir über Monate hinweg Wochenende für Wochenende ein neues Stadtviertel vor. Ich besuchte Ausstellungen, Restaurants, Bars oder Nachtclubs und manchmal lief ich einfach ziellos durch die pulsierenden Straßen. Bei diesen Gängen ergriff mich immer wieder ein echtes Glücksgefühl. Das New York Anfang der achtziger Jahre war aufregend und ist mit dem heutigen kaum vergleichbar. Aids war noch kein großes Thema und 9/11 in weiter Ferne. Unbeschwertheit lag in der Luft und die Stadt sprudelte vor Energie und Kreativität. Die Menschen verstanden es, aus wenig viel zu machen und das Leben zu feiern. Das zeigte sich an ausdrucksstarken Menschen, die mir überall begegneten, an bunt bemalten Betonwänden, spannender Architektur, einem großartigen kulturellen Angebot und an der Fülle und Vielfalt von Kneipen, Restaurants und Clubs.

Meine städtischen Erkundungen halfen mir über die ein oder andere Stunde des Heimwehs hinweg. Denn anfangs war ich noch mit wenigen Menschen in New York vertraut. Und Handys, mit denen man im Sehnsuchtsfall mal eben Kontakt zu Freunden oder Familie hätte aufnehmen können, waren noch Zukunftsmusik. »Weg« hieß damals wirklich, weg zu sein.

Über eine Freundin, Ursula Hermann, eine Studienkollegin aus Fribourg, bekam ich das Angebot, in die Wohnung eines Bekannten zu ziehen, die über den Sommer leer stand. Damit tauschte ich das triste Hotelambiente in eine helle, großzügige Wohnung in der Upper East Side ein. Leider konnte ich hier nicht lange bleiben und musste die Wohnung schon kurz darauf gegen eine Bleibe eintauschen, die mir die Bank vermittelt hatte. Sie lag direkt an der *Lexington Avenue*, wo einem nachts gefühlt die LKW durch die Wohnung fuhren. Umso öfter hielt ich mich außerhalb der Wohnung auf und genoss die schönen Restaurants und aufregenden Clubs der Stadt in vollen Zügen.

Banking auf Amerikanisch

Die erste Zeit in der Bank war besonders aufregend für mich. Dr. Friedbert Malt, der Leiter der New Yorker Filiale, führte mich bestens in mein neues Wirkungsfeld ein. Er wies mir meinen Platz im Großraumbüro zu, zeigte mir die Räumlichkeiten und stellte mich meinen neuen Kollegen vor: »Welcome, Karl«, begrüßten mich diese offenherzig, was dazu beitrug, dass ich mich eigentlich vom ersten Tage an sehr wohl fühlte. Schnell spürte ich den ausgeprägten Arbeitseifer meiner Kollegen, die oft bis tief in den Abend hinein noch ihrer Arbeit nachgingen. Im Gegensatz zu dem in den achtziger Jahren doch sehr förmlichen Habitus im Bankenwesen, der mir aus meinen Stuttgarter Zeiten vertraut war, ging es in den Vereinigten Staaten in vielerlei Hinsicht lockerer vonstatten. Das verleitete mich vielleicht auch dazu, eines Tages statt im Anzug in einem einfachen Tweed-Sakko im Büro zu erscheinen. Darauf, dass das keine so gute Idee war, brachte mich ein älterer Kollege, der mich mit den Worten begrüßte: »Good Morning, Karl, are you ready for the weekend?« Aber das war nur eine kleine Stichelei, die mein allgemeines Gefühl, hier genau am richtigen Platz zu sein, nicht trübte. Genährt wurde dieses Empfinden besonders durch die zugewandte Art von Dr. Malt, der mir im Laufe der Zeit ein Mentor und später ein guter Freund werden sollte. Mit Geduld und Sachverstand führte er mich in das US-amerikanische Bankenwesen ein und erklärte mir die Unterschiede zum deutschen System. Außerdem nahm er mich immer wieder zu Empfängen mit, um mich in die New Yorker Geschäftswelt einzuführen. Je länger ich da war, umso vertrauensvoller wurde unser Verhältnis.

Eines Tages im November 1982 lud mich Dr. Malt zu einer Besprechung zu sich. Er erklärte, dass er sehr zufrieden mit meiner Arbeit sei. Das freute mich natürlich. Dann kam er auf ein Thema zu sprechen, das ihn aktuell beschäftigte: Er sei gerade dabei, das Konzept »Private Banking« in der Filiale in New York zu manifestieren und führte aus, worum es ihm dabei ginge. Je länger er sprach, umso augenscheinlicher wurde die

Tragweite seines Vorhabens. Schließlich erklärte er: »Wir brauchen jemanden, der als Verbindungsglied zwischen unserer Filiale und der deutschen Mutterbank eine Abteilung für deutsche Kunden für den Bereich ›Private Banking‹ aufbaut. Könnten Sie sich vorstellen, diese Funktion zu übernehmen?« Ich freute mich natürlich über das Angebot und erklärte, mich gern in das Thema einzuarbeiten. Ich studierte alles, was ich zum Thema »Private Banking« finden konnte und schrieb daraufhin ein Konzeptpapier, in dem ich ausführte, wie ich mir den Aufbau des Zweiges vorstellte. Daraufhin rief mich Dr. Malt wieder in sein Büro und verkündete: »Ich bin sehr zufrieden mit Ihrer Arbeit. Wenn Sie möchten, können Sie zum Jahresende eine feste Stelle bei uns übernehmen!« Das war für mich ein großes Geschenk, denn genau darauf hatte ich ja von Anfang an hingearbeitet.

Es war Ende Februar, in New York lagen schon die ersten Anzeichen des Frühlings in der Luft, die gut zu meiner inneren Aufbruchsstimmung passten. An meinem ersten Tag bekam ich meine Sekretärin vorgestellt und meine erste Visitenkarte überreicht. Beides machte mich stolz und tat seinen Teil, meine Motivation für das Projekt weiter zu fördern. In der Folge arbeitete ich auf Hochtouren an der Erarbeitung des Konzepts. Regelmäßig traf ich mich dazu mit Dr. Malt, der seinen Input mit einfließen ließ.

Als das Konzept so weit stand, planten wir eine kleine Vortragsreise, um deutsche Kunden für die USA zu werben. Alles war vorbereitet, die Broschüren bei der Marketingleitung in Auftrag gegeben.

EIN ANPFIFF VON GANZ OBEN Kurz bevor es losgehen sollte, kam eines schönen Tages meine Sekretärin ins Zimmer und sagte: »Dr. Schmidt-Weiland möchte Sie sprechen!« Das war der gefürchtete Vorstandsvorsitzende der DG-Bank, ein hervorragender Banker, den ich persönlich noch gar nicht kennengelernt hatte, der aber im Ruf stand, sehr schroff und autoritär zu sein. Ich überlegte, warum mich der Vorstandsvorsitzende wohl sprechen wollen würde. Bevor ich auf eine Lösung kam, klingelte schon mein Telefon. Ich nahm ab und meldete mich mit meinem Namen. »Prinz von Hohenzollern – sind Sie derjenige, der dieses Private Banking in New York macht?«, rief er durch den Hörer. Auf meine Bejahung rief er ungehalten ins Telefon »Wie kommt es, dass der Vorstand über diese Geschichte überhaupt nicht informiert ist?« Ich holte kurz Luft und erwiderte dann: »Es tut mir leid, da sind Sie bei mir falsch. Sie müssten sich hierfür an meinen Vorgesetzten Herr Dr. Malt wenden. Der Impuls ging von ihm aus, und ich bin davon ausgegangen, dass die Implementierung in Absprache mit dem Vorstand geschehen ist!«

Einige Wochen später verkündete mir Dr. Malt, dass sich Herr Dr. Schmidt-Weiland zu Besuch angekündigt und er ein Dinner mit ihm und mir eingeplant habe. »Donnerwetter«, dachte ich. »Ein Essen mit dem gefürchteten Vorstandsvorsitzenden – und ich soll dabei sein!« Auf Grund der Vorgeschichte hatte ich einen ziemlichen Respekt vor dem Termin, aber als es dann so weit war, führten wir gute, klärende Gespräche, und damit war die Sache dann buchstäblich gegessen. Diese Episode war für mich eine große Lernerfahrung – nicht zuletzt im Hinblick darauf, wie hierarchisch aufgebaute Unternehmen funktionieren.

Alltag in New York

Einer meiner wöchentlichen Spaziergänge durch die Upper East Side führte mich in die 80th Street. Dort erblickte ich ein Hochhaus, das gerade fertiggestellt worden war und an dem ein großes Banner aufgehängt war: »Apartments for rent« stand darauf und darunter eine Telefonnummer. Diese rief ich an und tatsächlich bot man mir kurz darauf einen Besichtigungstermin an. Das Apartment war nicht besonders groß, hatte aber alles, was ich brauchte: ein Bettsofa, eine Essecke, eine Küche, ein Bad und einen kleinen Balkon – perfekt! Das Ganze lag in Yorkville, auch *Little Germany* genannt, ein ehemaliges deutsches Viertel, das unter anderem die Marx Brothers und den Schriftsteller Henry Miller hervorbrachte und in den achtziger Jahren zu einem der interessantesten Vierteln gehörte. Nicht weit von meinem Apartment befand sich der *Carl-Schurz-Park*, benannt nach dem ehemaligen Achtundvierziger-Revolutionär, bis heute Sitz des regierenden Bürgermeisters von New York. Ansonsten reihten sich hier deutsche Bäckereien wie der legendäre *Glaser's Bake Shop*, der *Schaller & Weber-Butcher* an andere deutsche Läden und Einrichtungen wie das berühmte *Bremen-House*, in dem man vom Jägerschnitzel über ein gutes deutsches Bier bis zu deutschsprachigen Schallplatten, Illustrierten und Zeitungen alles bekam, was man als Deutscher in den USA vermissen könnte. Für mich gewichtiger war jedoch die Tatsache, dass die U-Bahn nur wenige Gehminuten entfernt lag und ich so innerhalb kurzer Zeit mein Büro in Midtown erreichte.

Ich wurde nicht müde, immer wieder neue Ecken der Stadt zu entdecken. Nachdem ich die bekannten Sehenswürdigkeiten abgehakt hatte, nahm ich mir die weniger bekannten Attraktionen vor. Einer meiner Lieblingsorte wurde der *South Street Seaport* in Lower Manhattan mit seinen historischen Gebäuden, gemütlichen Bars und beeindruckenden Segelschiffen. Besonders gern kam ich hier am Morgen hin, wenn die Sonne an der Uferpromenade schien. Von einer der Holzbänke hatte man herrliche Blicke auf Brooklyn und den East River. Besonders gern spazierte ich zum *Pier 17*, wo eine Reihe außergewöhnlicher Schiffe im Wasser lagen, unter anderem die Viermastbark *Peking*, das letzte Exemplar aus der Reihe der legendären *Flying P-Liner* der Hamburger Reederei *F. Laeisz* aus den vierziger Jahren.

GOOD EVENING, MR. PRINCE New York war für mich in mehrfacher Weise eine Reise in unbekanntes Land. Nicht nur entdeckte ich Land und Leute, sondern auch ein Stück weit mich selbst. Das erste Mal quasi von Null irgendwo anzufangen, der erste echte Job, bei dem ich mich mit meinen Fähigkeiten behaupten musste, ganz frei von Bildern, die man hierzulande mit dem Geschlecht der Hohenzollern und damit auch meiner Person verbindet. Mein Name war den allerwenigsten Amerikanern ein Begriff. Wie im Lande üblich, stellte ich mich meistens sowieso nur mit meinem Vornamen vor. Gut für die Amerikaner, denn »Hohenzollern« ist für die meisten ein echter Zungenbrecher.

Das erlebte ich erheiternd bei einem Empfang, auf den mich Dr. Malt mitnahm. Hier bat mich der Concierge am Eingang wie üblich um meine Visitenkarte. Da wir ja eine deutsche Bank waren und ich öfter mit deutschen Geschäftspartnern zu tun hatte, war es meinem Chef wichtig gewesen, meinen vollständigen Namen zu erwähnen. »K. F. Prince von Hohenzollern« stand also auf der Business-Card. Der Concierge warf einen etwas ratlosen Blick darauf und fragte mich: »What's your name?« Woraufhin ich erwiderte: »Karl Friedrich von Hohenzollern.« »Excuse me, can you repeat it?«, fragte er mich. Laut und deutlich wiederholte ich meinen Namen. Nach einem erneuten Blick auf die Visitenkarte rief er freudig: »Ah, Mr. Prince, nice to meet you!« Die Unvoreingenommenheit, mit der mir die Menschen in New York gegenübertraten, habe ich in meinem späteren Leben nur noch selten erlebt, und sie tat ihr Übriges, dass ich mich in meiner New Yorker Zeit so frei und unabhängig wie nie zuvor und selten danach in meinem Leben fühlte.

Nicht nur die bessere Orientierung in der Stadt nährte das Gefühl, in New York wirklich angekommen zu sein, sondern auch die wachsende Zahl an Bekanntschaften, von denen sich einige mit der Zeit zu engen Freundschaften entwickelten. Mein Vater hatte mir vor meiner Abreise eine Liste von Adressen mit den Worten mitgegeben: »Melde dich mal bei denen, sie werden dich sicher gern empfangen!« Aber aus einer gewissen Scheu heraus kontaktierte ich von der langen Liste nur sehr ausgewählte Adressen, so zum Beispiel Karl Erbo Graf Kageneck, mit dem ich auch heute noch in Kontakt stehe. Der Kreis meiner Kontakte sollte sich von selbst weiter ausdehnen. Über Dr. Malt, der mich wie in den USA üblich auf zahlreiche Bankempfänge mitnahm, lernte ich viele Menschen kennen. Und auch wenn sich daraus keine innigen Freundschaften ergaben, sorgten diese Kontakte gerade in der Anfangszeit dafür, bisweilen auftauchende Gefühle von Heimweh zu unterdrücken.

KONTAKTE ZUM NORDDEUTSCHEN UNTERNEHMERKREIS Die ersten echten Freundschaften ergaben sich über meinen Freund Ralf Mischka Lagemann, den ich über meinen Bruder Albrecht kennengelernt hatte. Die beiden waren zusammen zur Schule gegangen, und obwohl Mischka einige Jahre jünger war als ich, hatte ich mich ihm von Anfang an auf eine besondere Weise verbunden gefühlt. Durch einen glücklichen Zufall war Mischka etwa zeitgleich zu mir nach New York gekommen, um dort in der Reederei Columbus Line zu arbeiten. Über ihn lernte ich eine Reihe spannender Menschen kennen, vornehmlich norddeutsche Unternehmer.

Regelmäßig wurde ich nun auch zu Dinner-Partys oder einem lockeren Get-together eingeladen. Zu den Highlights gehörten zweifellos die Einladungen bei Rainer Schoenbach und seiner Frau Bettina. Die beiden bewohnten eine kleine gemütliche Wohnung in der Upper West Side an der Columbus Avenue, in die das liebenswerte Paar immer wieder einlud. »Platz ist in der kleinsten Hütte!«, pflegten sie zu sagen und richteten immer wieder kleinere und größere Festen aus, bei denen nicht nur viel gelacht und gut getrunken, sondern meist auch vorzüglich aufgetischt wurde, denn besonders Rainer war ein leidenschaftlicher Koch und liebte es, seine Gäste zu verwöhnen. Oft tauchten wir danach ins New Yorker Nachtleben ein. Dann gingen wir in Restaurants, Clubs oder in ein Konzert und im Anschluss nicht selten noch zu jemandem nach Hause. Hier kochten wir uns in den frühen Morgenstunden einen Topf Spaghetti, tranken einen Absacker und unterhielten uns dabei über Gott und die Welt.

ENTDECKUNG DER HAMPTONS Gern verbrachte ich meine Wochenenden auch in den Hamptons, wohin ich von verschiedenen Freunden immer wieder eingeladen wurde. Die Kombination aus schönen Stränden, spektakulärer Küstenlandschaft, besonderer Architektur und Freizeitmöglichkeiten zog mich direkt in ihren Bann. Hier begann meine Liebe zur Region, die bis auf den heutigen Tag anhält.

Bisweilen bereiste ich an den Wochenenden auch andere Bundesstaaten und lernte auf diese Weise das Land und seine Bewohner Stück für Stück besser kennen. War ich anfangs bedingungslos fasziniert von

Land und Leuten, allen voran von ihrer Offenheit und Freundlichkeit, vermisste ich im Laufe der Zeit teilweise einen gewissen Tiefgang und Verbindlichkeit der Beziehungen. Immer öfter kam es vor, dass ich Menschen irgendwo kennenlernte, man verstand sich, hatte eine gute Zeit miteinander und am Ende hieß es: »I will call you soon!« Diese Versprechungen liefen allerdings oft ins Leere. Auch realisierte ich, dass ich mit vielen Amerikanern Schwierigkeiten hatte, tiefgründigere Gesprächsthemen zu finden. Und hatte man ein Thema gefunden, taten sich bei meinen Gesprächspartnern für mich teilweise erstaunliche Wissenslücken auf, was Diskussionen meist im Keim ersticken ließ. Das waren die Situationen, in denen ich mein deutsches Umfeld am meisten vermisste.

Musik

So viel Musik wie in New York habe ich wohl im weiteren Verlauf meines Lebens nicht mehr gehört. Sobald ich zu Hause war, schaltete ich das Radio ein. *WYNY* war einer meiner Lieblingssender und beim Frühstück begleitete mich meistens die sonore Stimme von Harry Harrison, Hauptmoderator von *WCBS 101 fm*. Besonders freute ich mich, wenn sie den belebenden Song *Mornin'* von *Al Jarreau* oder *Lionel Richies All night long* spielten. Natürlich luden mich die großen Konzerthäuser wie die *Carnegie Hall* oder das *Lincoln Center* zu zahlreichen Besuchen ein. Hier besuchte ich Konzerte von Musikergrößen wie *Stevie Wonder, Chicago* und *Marvin Gaye*, um nur einige zu nennen.

Für mich als Jazzfan war die Stadt natürlich ein großes Mekka. Mindestens zweimal die Woche besuchte ich einen der damals noch zahllosen Clubs wie *Blue Note, Birdland, Village Vanguard* oder *Bradley's*. Jeder Club hatte seine Besonderheit. Im *Village Vanguard* spielte zum Beispiel jeden Montag das *Thad Jones/Mel Lewis Orchestra*, eine 16-köpfige Big Band, die dort kaum auf die Bühne passte. Das *Bradley's* wiederum war so klein, dass dort kein Schlagzeuger Platz hatte. Hier hatte ich die Gelegenheit, Jazzgrößen wie *Stan Getz, Dexter Gordon* oder *Count Basie* zu erleben.

EIN LEGENDÄRES KONZERT VON »LONG TALL DEX« Nie vergessen werde ich ein Konzert mit *Dexter Gordon* und *Woody Shaw* im *Village Vanguard*. Die Band begann ohne »Long Tall Dex«, wie man den Musiker auf Grund seiner knapp zwei Meter Körpergröße nannte. Erst in der Mitte des zweiten Stücks trat er auf die Bühne, in der einen Hand sein Saxophon, in der anderen ein Glas Whisky, in dem sich sein Blatt befand. Während die Band weiterspielte, setzte er sich auf einen Stuhl auf der

Bühne und nahm das Blatt aus dem Whisky. Dann schraubte er mit unendlicher Langsamkeit das Blatt auf das Mundstück, trank den Whisky aus, stand auf und spielte ein so unglaubliches Solo, dass mir vor Ergriffenheit die Tränen kamen.

Eigene Musik machte ich in New York indes so wenig, wie selten sonst in meinem Leben. Zwar hatte ich mein Saxophon dabei und übte regelmäßig, aber ich spielte in keiner Band und auch sonst äußerst selten einmal vor anderen Menschen. Eine Ausnahme bilden kleinere Auftritte bei meinem Freund Werner Walbröl. Er besaß einen riesigen Bekanntenkreis, für den er mehrfach im Jahr Feste organisierte. Als er hörte, dass ich Saxophon spielte, fragte er mich eines Tages, ob ich auftreten würde. Ich willigte gern ein, und von da ab trat ich bis zum Ende meiner Zeit in den USA bei jedem seiner Feste auf.

Begegnung mit meiner zukünftigen Frau

Im Herbst 1983 klingelte eines Tages mein Telefon. Am Apparat war mein Vater, der mir erzählte, soeben ein Telefonat mit Alexandra*, der Tochter des Grafen Clemens von Stauffenberg*, geführt zu haben. »Du erinnerst dich doch an die Nichte meines alten Freundes? Ein nettes Mädchen ...!«, stellte er fest. Sie plane gerade einen Aufenthalt in New York, und da sie dort kaum jemanden kenne, würde sie sich gern einmal mit mir treffen. Er habe sich erlaubt, ihr meine Nummer weiterzugeben. Ich nahm die Sache eher nüchtern zur Kenntnis. Zwar erinnerte ich mich an besagte Alexandra, die ich schon einmal auf einem Hochzeitsfest getroffen hatte, aber in nachhaltiger Erinnerung war mir die Begegnung nicht geblieben. Einige Zeit später rief sie mich tatsächlich an und wir verabredeten uns ins *Chelsea Place*, einer meiner Lieblingsausgehorte, wo ich mich oft mit der Hamburger Clique traf. Das Etablissement an der *7th Avenue* war ein echter Geheimtipp. Von außen sah es aus wie ein etwas heruntergekommener Antiquitätenladen. Hierin befand sich die Garderobe. Ging man durch eine weitere Tür, eröffnete sich ein Raum, der Restaurant und Bar zugleich war und in dem einen – beim ersten Besuch völlig überraschend – das pralle Leben erwartete. Hier traf man Menschen mit den unterschiedlichsten Hautfarben und Lebensgeschichten. Alexandra gefiel das *Chelsea Place* auf Anhieb. Wir hatten einen vergnüglichen Abend und verabredeten uns für ein baldiges nächstes Mal. Diesem folgten weitere Treffen, bei denen wir uns über unsere Geschichte, gemeinsame Bekannte und unsere Zukunftspläne austauschten. Irgendwann funkte es dann zwischen uns. Von da an war mein Leben in New York noch reicher und erfüllter. Ich nahm Alexandra fortan mit zu den Einladungen meiner Freunde, an den Wochenenden spazierten wir durch den Central Park oder wir machten es uns in meinem kleinen Apartment gemütlich. Das ging so lange, bis die Zeit ihres Praktikums drei Monate später vorbei war.

Abschied

Als ich im Dezember 1983 zu den Christmas holidays nach Deutschland aufbrach, tat ich dies mit gemischten Gefühlen. Denn einerseits freute ich mich natürlich auf ein Wiedersehen mit meiner Familie und mit Alexandra, andererseits hatte mein Vater angekündigt, ein Gespräch mit mir führen zu wollen, was mich nichts Gutes ahnen ließ. Hierin erklärte er mir, dass er die Zeit gekommen sähe, die Zelte in Amerika abzubrechen: »Karl, ich bin jetzt 60 Jahre alt und sehe es an der Zeit, dass du zurück nach Sigmaringen kommst!«, verkündete er ohne Umschweife. Ich schluckte. Auch wenn mir klar war, dass dieser Moment irgendwann kommen würde, war ich zu dem Zeitpunkt innerlich noch nicht bereit, die Zelte in New York abzubrechen. Mein Leben hier stand in voller Blüte. Die Freundschaften hatten sich so vertieft, dass es mir schon fast schwergefallen war, mich nur für die Weihnachtstage zu verabschieden. Vielleicht noch schwerer wog, dass der Aufbau meiner Abteilung noch nicht abgeschlossen war. Vorsichtig fragte ich bei meinem Vater an, ob ich nicht noch einige Zeit in den USA bleiben könne. Aber mein Vater blieb dabei. Die Zeit sei gekommen und schließlich warteten hier in Sigmaringen sehr wichtige Aufgaben auf mich. Und spätestens als meine Mutter den Wunsch meines Vaters nachdrücklich wiederholte, nicht ohne hinzuzufügen, dass mein Vater gesundheitlich langsam abbauen würde, beugte ich mich dem Willen meiner Eltern. Heute hätte ich anders entschieden, aber »Hindsight is always 20/20«, wie man in Amerika sagt. »Am Ende ist man immer schlauer.«

Etwas wehmütig trat ich meine Rückreise nach New York an, denn ich wusste, dass ich hier einige Dinge zum Abschluss zu bringen hatte. Mit meinen Eltern vereinbarte ich hierfür eine Halbjahresfrist. Der schwerste Gang führte mich ins Büro von Dr. Malt. Zum Glück reagierte dieser verständnisvoll. Wir vereinbarten, dass ich die verbleibende Zeit dafür nutzen sollte, eine Nachfolge zu finden und diese gründlich einzuarbeiten. So bereitete ich die Stellenausschreibung vor, führte Bewerbungsgespräche und coachte zuletzt meinen Nachfolger, um ihn bestmöglich auf seine Aufgabe vorzubereiten. Offensichtlich mit Erfolg, denn zehn Jahre später sollte die Abteilung, die ich mit aufgebaut hatte, aus

40 Mitarbeiterinnen und Mitarbeitern bestehen. Das erfüllt mich noch immer mit Stolz. Mit einer Sache von Null an zu beginnen, alles selbst zu durchdenken und dabei die volle Verantwortung zu tragen, das war ein großartiges Lernfeld für mich. Und für die partnerschaftliche Zusammenarbeit und das mir entgegengebrachte Vertrauen bin ich Friedbert Malt noch heute dankbar.

Neben der Abwicklung der Geschäfte galt es, sich nach und nach von der Stadt und von Freunden zu verabschieden. Der letzte Gang zum *Pier 17*, der letzte Besuch im geliebten *Bradley's Club*, das letzte Dinner bei *Mortimer's* – dieses wehmütige Gefühl von Abschied war mein beständiger Begleiter während der letzten Wochen in der Metropole und es fand seinen Höhepunkt auf der Farewell-Party, die Rainer und Bettina Schoenbach für mich ausrichteten. Etwa 25 Personen hatten sie dafür in ihre kleine Wohnung geladen. Das kleine Highlight war eine orientalische Bauchtänzerin, die die Stimmung in der kleinen Bude zum Kochen brachte. So oft hörte ich an diesem Abend ein bedauerndes »Schade, dass du gehen musst!« wie vielleicht nie danach in meinem Leben.

1984–1989 Generalvollmacht und Familiengründung

Wir sind nicht nur verantwortlich für das, was wir tun, sondern auch für das, was wir nicht tun.
Molière

Meine Wohnung im Schloss war mir ja über die Zeit geblieben, also brauchte es nicht viel Anstrengung, mich wieder einzugewöhnen. Und auch wenn ich zunächst mit etwas Wehmut an mein Leben in New York, an meine dortigen Freunde und vor allem an meine unvollendete Arbeit in der Abteilung der Bank zurückdachte, haderte ich nicht mit meinem Schicksal, denn das ist nicht meine Art. Ich versuche stets, nach vorne zu schauen und das Gute in der Situation zu erkennen. Tatsächlich verlieh mir die Freude auf die bevorstehenden Aufgaben viel Energie und ließ mich positiv in die Zukunft blicken. Vor mir lag ein Meer von Möglichkeiten, strategische Entscheidungen zu treffen, Dinge zu bewegen und im großen Stil mitgestalten zu dürfen. Manche mag die Vorstellung, so umfängliche Verantwortung zu übernehmen, abschrecken. Bei mir war das Gegenteil der Fall. Statt Bürde spürte ich Lebendigkeit und die Freude darauf, Verantwortung übernehmen zu dürfen und aktiven Einfluss zu nehmen. Mit mir als zukünftigem Fürsten sollte ein frischer Unternehmergeist in den alten Gemäuern des Hohenzollernschlosses Einzug halten. Während mein Vater wie schon sein Vater den Vermögenserhalt unserer Familie als oberstes Ziel ansah, wollte ich unserem Fürstenhaus mit allem, was ich während des Wirtschaftsstudiums und vor allem in der praktischen Arbeit in der Bank gelernt hatte, eine moderne Ausrichtung geben. Mich reizte die Möglichkeit der Veränderung und ich hatte es mir zum Ziel gesetzt, die verkrusteten Strukturen aufzubrechen, Hierarchien abzubauen und neue Geschäftsmodelle für ein nachhaltiges Wachstum zu entwickeln. Alles andere als eine leichte Aufgabe!

Aller Anfang ist schwer – dieser im Besonderen

Die Übergabe der Generalvollmacht war ein denkbar unaufgeregtes Ereignis. Eines Tages bat mein Vater mich zusammen mit dem Hofkammerpräsidenten Dr. Krezdorn in sein Büro. Vor unseren Augen unterschrieb er das Dokument, das er von seiner Sekretärin hatte tippen lassen, mit dem dicken Strich seines Füllfederhalters und überreichte es mir zur Unterschrift. Auch wenn es kein größeres Zeremoniell gab, war der Tag für mich persönlich von Bedeutung.

ZUNEHMENDE UNSTIMMIGKEITEN MIT MEINEM VATER Als eine erste Amtshandlung bat mich mein Vater, dass ich mir einen Überblick über die Geschäftsfelder und Abläufe der Hofkammer sowie unserer Unternehmen *Elektrizitätszentrale Sigmaringen* und *Fürstlich Hohenzollernsche Hüttenwerke* (die heutige *Zollern GmbH*) verschaffen sollte. Das war auf Grund der langen Historie der Unternehmen sowie des großen Verwaltungsapparates der Hofkammer ein sehr komplexes Unterfangen. In den ersten Wochen und Monaten studierte ich unzählige Dokumente und Verträge, verschaffte mir Einblick in die Bücher und versuchte zu verstehen, wo die einzelnen Unternehmen stehen. Nachdem ich das Gefühl hatte, hinreichend Einblicke in die Geschäfte zu haben, unterbreitete ich meinem Vater freudig die ersten Vorschläge, wie man Prozesse aus meiner Sicht optimieren könnte. Zu meinem großen Erstaunen wies er diese ziemlich schroff von sich. Solche Erfahrungen sollten sich in der Folgezeit häufen. Mit eigentlich allen Vorschlägen und Ideen, die ich ihm unterbreitete, wurde ich von meinem Vater ausgebremst. Manchmal fühlte ich mich wie ein junges Pferd, das losgaloppieren möchte, aber von seinem Reiter an enger Kandarre zurückgehalten wird. Statt die Zügel freizugeben, kontrollierte mein Vater jeden Schritt und untersagte streng ein Ausscheren aus vorgegebenen Bahnen. Der Frust gegenüber meinem Vater nahm weiter zu, als sich der Verdacht bei mir erhärtete, dass er die Zeiten meiner Abwesenheit gezielt nutzte, um zusammen mit dem Hofkammerpräsidenten Entscheidungen hinter meinem Rücken zu treffen. Eines Tages sprach ich ihn auf diese Beobachtung an. Er verteidigte sich mit den Worten: »Noch bin ich der Eigentümer und entscheide immer noch selbst!« Daraufhin entspann sich ein hitziges Gespräch in seinem Büro: »Wenn du sowieso alles weiter selbst entscheiden möchtest, hättest du mich ja auch nicht aus den USA zurückholen müssen!«, entfuhr es mir. Statt einer Antwort winkte mein Vater ab und ich verließ das Zimmer.

Ich meine, das war der Moment, an dem ich aus Verzweiflung den Düsseldorfer Kommunikationsprofessor Hans-Christian Röglin kontaktierte, von dem ich durch meinen künftigen Schwiegervater gehört hatte. Mit Herrn Röglin führte ich einige äußerst wertvolle Gespräche. Er empfahl mir, ein offenes Gespräch mit meinem Vater zu suchen, in dem ich zunächst seine Erwartungen abklopfen und danach meine Erwartungen offen und klar transportieren solle. Außerdem riet er mir, mit einem Plan B für meine berufliche Laufbahn ins Gespräch zu gehen, falls sich herausstellen sollte, dass unsere Vorstellungen nicht miteinander vereinbar wären. Nach einem solchen Plan hielt ich denn auch Ausschau. Über die Vermittlung meines Schwiegervaters nahm ich Kontakt zu einer Bank in Düsseldorf auf, die signalisierte, dass ich dort sehr erwünscht sei und jederzeit bei ihnen anfangen könne.

Mit diesem guten Gefühl und einem kühlen Kopf suchte ich erneut das Gespräch mit meinem Vater. Darin fragte ich ihn nach seiner Intention, mich aus den USA zu holen. »Um mich zu unterstützen und um in die Geschäfte hineinzuwachsen«, erklärte er ohne Umschweife. Daraufhin schilderte ich ihm mit ruhiger Stimme, dass ich mit der Situation alles andere als glücklich wäre. Dass ich mir auf meinem Posten überflüssig vorkäme, ja schlimmer noch, eher wie Sand im Getriebe denn wie erhofft als Treibstoff und schon gar nicht als tragende Säule unseres Hauses. Und dann offenbarte ich ihm die Option, mir für die nächsten drei bis vier Jahre noch einmal eine andere berufliche Herausforderung zu suchen. Ja, dass ich schon eine Alternative in Düsseldorf hätte. Damit überraschte ich meinen Vater. Er winkte ab: »Nein, ich möchte nicht, dass du gehst!«, rief er klar heraus.

Tatsächlich lief es nach diesem Gespräch besser als zuvor. Und noch besser, als sich ein gutes Jahr später der Hofkammerpräsident in seine Pension verabschiedete. Ich hatte meinen Vater dazu bringen können, die Stelle nicht wieder zu besetzen, sondern das Tätigkeitsgebiet unter meine Ägide zu stellen. Damit wurde ich zum Vorstandsvorsitzenden in der Direktion und wichtige Entscheidungen wanderten nun zwangsläufig über meinen Schreibtisch. Zur Entspannung der Situation trug auch bei, dass ich das Büro des Hofkammerpräsident übernahm und mich damit räumlich von meinem Vater entfernte. Fortan kam er nicht wegen jeder Kleinigkeit an meinen Schreibtisch, was meiner Arbeitseffizienz und damit meinem Wohlbefinden zugutekam.

Es gab Phasen, in denen unsere Zusammenarbeit sehr zufriedenstellend war. Ich empfand es als wertvoll, meinen Vater durch die dichte Zusammenarbeit noch einmal von einer anderen Seite kennenlernen zu dürfen. Ich schätzte seine Besonnenheit, seine Geradlinigkeit und das Durchhaltevermögen, das er an den Tag legte. Auch stellte ich fest, dass Kreativität, betriebswirtschaftliches Know-how und Visionsgeist weniger zu seinen Stärken gehörten. Sein oberstes Ziel war es, Dinge zu bewahren und Partnerschaften aufrechtzuerhalten. Davon zeugt eine Episode, die sich in den ersten Monaten meiner Zeit als Generalbevollmächtigter abspielte: Bei der Durchsicht unserer Bücher stellte ich fest, dass eine der Banken, mit denen mein Vater zusammenarbeitete, uns mit einem zweifelhaften Aktiendepot übervorteilt hatte. Als ich meinen Vater davon in Kenntnis setzte und mich dafür stark machte, sich auf Grund dieser Tatsache von der Bank zu trennen, rief er aufgeregt: »Du kannst doch nicht eine uralte, mühsam aufgebaute Bankverbindung von heute auf morgen kündigen!« Aber ich stand zu meiner Entscheidung und erwiderte, dass ich sehr wohl im Stande wäre, solche Angelegenheiten zum ausschließlichen Wohle des Fürstenhauses zu beschließen. Das war nur eine von vielen Situationen, in der sich unsere auseinanderdriftenden Auffassungen von guter Geschäftsführung offenbarten. Erschien es mir damals als widersprüchlich, dass mich mein Vater zwar an seiner Seite wünschte, mir jedoch hinsichtlich eigenständiger Entscheidungen wenig Vertrauen entgegenzubringen vermochte, so ist mein Verständnis für sein Verhalten im Laufe der Zeit gewachsen und das Bild klarer und vollständiger geworden. Mein Vater und ich hatten durchaus unterschiedliche Temperamente und Herangehensweisen. Während für ihn die Treue und Loyalität gegenüber langjährigen Kunden, Mitarbeitern und Kooperationspartnern und das Festhalten an »Altbewährtem« ein besonders hohes Gut waren, hatten für mich vor allem strategische und betriebswirtschaftliche Parameter Relevanz. Und während ich schon damals eine ausgeprägte Ratio und gesunde Skepsis an den Tag legte, hatte er die Tendenz, Menschen grundsätzlich vollumfänglich zu vertrauen und in dieser Gutgläubigkeit leider auch Warnsignale zu überhören, die ihn vor so manch herben Enttäuschungen bewahrt hätten.

Exkurs: **Betrugsfall in Kanada**

Mit dem Kauf des Forstbesitzes in Kanada hatte mein Vater einen Verwalter vor Ort eingesetzt. Er war Präsident von verschiedenen Forstbetrieben und zudem auch Entwickler von Immobilienprojekten. Eines Tages, es muss im Jahr 1982 gewesen sein, sprach er meinen Vater an, ob er nicht Interesse hätte, in eines dieser Projekte zu investieren. Die Städte Vancouver und Victoria auf Vancouver Island waren damals im Wachstum begriffen. Der Bedarf an Lagerraum war enorm hoch und so schossen die sogenannten *Warehouses*, also Industriebauten, die als Depots genutzt wurden, wie Pilze aus dem Boden. Das Exposé für das Bauprojekt machte einen soliden Eindruck und somit investierte mein Vater, ohne mich in die Entscheidung wirklich miteinzubeziehen.
Nachdem ein Jahr seit dem Baubeginn vergangen war, erkundigte ich mich bei meinem Vater nach dem Stand des Projektes und re-

cherchierte auf sein Geheiß in unseren Dokumenten, fand jedoch lediglich Belege über die Gelder, die alle drei Monate an den Architekten und die beteiligten Baufirmen flossen. Selbst der Verwalter in Vancouver, der das Projekt schließlich ins Leben gerufen hatte, ließ mir auf Nachfrage nur spärliche Informationen zukommen. Meinen Vater beunruhigte das keineswegs, mir hingegen kam die ganze Angelegenheit merkwürdig vor. Deswegen bat ich ihn um eine Dienstreise nach Kanada, um mir vor Ort selbst einen Eindruck zu verschaffen. Und in der Tat hatte ich den richtigen Riecher. Vor Ort angekommen, erfuhr ich, dass der Bau deutlich hinter dem Zeitplan lag. Auf meine Nachfrage beim Architekten erfuhr ich, dass der Verwalter die Baufirmen schon längere Zeit nicht mehr bezahlt hatte. Als ich diesen daraufhin zur Rede stellte, wies er die Vorwürfe weit von sich.

Zurück in Sigmaringen beschloss ich, den Dingen weiter auf den Grund gehen. Ich zog den damaligen kaufmännischen Leiter der Hüttenwerke, Dr. Dieter Edelkott, zu Rate, der lange Zeit als Revisor gearbeitet hatte. Er flog nach Kanada und beauftragte in Vancouver einen Wirtschaftsprüfer, der schließlich das ganze Ausmaß des Betruges offenlegte: Mit Hilfe seines Schwiegersohns, der als Anwalt arbeitete, hatte unser kanadischer Verwalter nicht unsere Firma als Eigentümer der Neubauten eintragen lassen, sondern sich selbst. Und die Investition meines Vaters war nicht in das Bauprojekt geflossen, sondern in die Tilgung seiner Schulden, für die er sogar unseren Wald beliehen hatte. Herr Dr. Edelkott machte uns wenig Hoffnung: »Der Herr ist hoch verschuldet«, sagte er uns in einem Sechs-Augen-Gespräch. »Ich fürchte, Sie müssen das Projekt beerdigen, da haben die Banken bereits die Finger drauf.«

Meinen Vater traf das besonders schwer. Einerseits hatte er eine große Summe Geld verloren. Aber noch schlimmer war, dass er damit leben musste, dass sein Vertrauen missbraucht worden war und er schamlos hintergangen wurde, ohne die geringsten Zweifel zu haben. Und das nicht zum ersten Mal. Zwölf Jahre zuvor hatte er schon einmal eine ähnliche Erfahrungen gemacht. Damals hatte der Direktor des Hüttenwerkes durch gravierende Fehlentscheidungen das Unternehmen in eine ernste finanzielle Krise manövriert, durch die sich mein Vater viele Jahre durchkämpfen musste. Ich werde zu einem späteren Zeitpunkt näher darauf zu sprechen kommen. In jedem Falle erschließt sich mir unter diesen Aspekten sein damaliger Hang, alles kontrollieren zu wollen, sowie sein Misstrauen gegenüber meinen Geschäftsideen und Entscheidungen. Beides sollte in den folgenden Jahren unser Verhältnis prägen.

Umstrukturierung bei Zollern

UMWANDLUNG DER FHH IN EINE GMBH Kurz vor dem Mauerfall standen wir mit unserer Firma *Fürstlich Hohenzollernsche Hüttenwerke*, im Volksmund kurz FHH genannt, an einem Wendepunkt. Die metallverarbeitenden Werke gehörten neben dem Forst und den Touristikbetrieben am Großen Arber zu unseren Hauptumsatzträgern. Wie die gesamte Metallindustrie hatten auch wir mit der anhaltenden Stahlkrise zu kämpfen. Es war unverkennbar, dass wir weitreichende Strukturveränderungen brauchen würden. Mein Vater war damals noch alleinhaftender Inhaber. Mein primäres Bestreben war es, das Unternehmen auf eine solide Eigenkapitalbasis zu stellen, um das Risiko somit nicht mehr allein tragen zu müssen. In diesem Sinne wollte ich die Einzelfirma mit meinem Vater als vollhaftendem Inhaber in eine GmbH umwandeln, erinnerte ich mich doch noch gut daran, wie er in den siebziger Jahren nur unter enormen Anstrengungen und dem Einsatz unseres privaten Vermögens eine Insolvenz hatte abwenden können.

Das hatte ich im Bewusstsein, als ich meine Position als Generalbevollmächtigter antrat und mich damit auch in der Verantwortung für das gesicherte Fortbestehen der FHH sah. Um meine Pläne der Umwandlung in eine GmbH umzusetzen, bedurfte es allerdings einiger Zwischenschritte. Aus der Firmenrettung der siebziger Jahre bestanden noch Verbindlichkeiten bei den Banken und auf Grund der unbefriedigenden Bilanzen gaben sie uns kein grünes Licht für unser Vorhaben. Um herauszufinden, weshalb das Unternehmen nicht genügend Geld verdiente, brauchte es ein Vertrauensgremium, das Transparenz in die betriebswirtschaftlichen Entscheidungen bringen und die Geschäftsführung bei Bedarf mit Rat und Tat unterstützen sollte. Daraufhin schlug ich vor, einen Beirat zu installieren, mit meinem Vater als dessen Vorsitzender. Ich suchte geeignete Mitglieder und konnte schließlich auch meinen Vater davon überzeugen, dass dies der nächste Entwicklungsschritt für die Firma sei.

BETEILIGUNG DER FAMILIE MERCKLE Als wir auf Anraten meines Vaters 1989 mit Adolf Merckle endlich einen Investor fanden, der mit 50 Prozent Beteiligung in die FHH einstieg, war der Weg für die Erneuerung in eine GmbH frei. Ich hätte mir damals eine geringere Beteiligung gewünscht, aber bis heute schätzen wir die Familie Merckle als vertrauensvollen Teilhaber mit gleichen Werten und Zielen. Es war der Beginn eines modernen, aufstrebenden Unternehmens, das unter der Leitung Ruprechts Freiherr von Rothkirch von Grund auf saniert wurde und ab Mitte der neunziger Jahre unter der Führung meines alten Studienfreundes Dr. Michael Holzbaur zu einem international agierenden Konzern prosperierte. Zum 300-jährigen Jubiläum im Jahre 2008 war der Umsatz des Werkes, das ein Jahr zuvor im Rahmen einer Internationalisierungsstrategie in *Zollern* umbenannt worden war, von einst 110 Millionen DM in den achtziger Jahren auf fast 500 Millionen Euro angewachsen. Ein großer Erfolg für das älteste Familienunternehmen Baden-Württembergs und ein Beweis für die gelungene Verbindung von Tradition und Innovation.

Hochzeit im Schloss Sigmaringen

Während all der Turbulenzen, die es im Familienunternehmen zu überstehen galt, und der Schwierigkeiten, meinen Platz als Generalbevollmächtigter zu finden, durfte ich privat eine ganze Reihe an schönen Momenten erleben, von denen ich einige sogar als echte Glücksmomente bezeichnen kann. Dazu zählt natürlich die Heirat mit meiner damaligen Verlobten Alexandra Schenk Gräfin von Stauffenberg am 16. Juni 1985.

Alexandra war kurz zuvor von München zu mir nach Sigmaringen ins Schloss gezogen. Damals arbeitete sie noch als Bildredakteurin für die *Bunte*. Wir waren verliebt. Und nach Monaten, in denen wir uns nur am Wochenende sehen konnten, war die Vorfreude auf ein gemeinsames Leben groß. Entgegen der Tradition hatten wir uns entschieden, die Hochzeit nicht im Düsseldorfer Haus meiner künftigen Schwiegereltern, sondern im Schloss Sigmaringen auszurichten. Als Trauzeugen hatte ich meinen Vetter Josef Graf von Waldburg zu Wolfegg und Waldsee* und meinen Bruder Ferdinand erkoren, Alexandra hatte ihre Schwester Clarissa und Maya Gräfin von Schönburg*, spätere Flick, bestimmt. Bereits bei den Vorbereitungen zur Hochzeit standen uns die vier mit Rat und Tat beiseite.

Da uns die Hedinger Kirche, die ja unsere Familiengruft beheimatet, als Hochzeitskirche wenig zusagte und unsere Stadtkirche in jenem Jahr renoviert wurde, hatten wir uns entschlossen, die kirchliche Trauung in das 30 Kilometer entfernte Benediktinerkloster Beuron zu verlegen, das malerisch im Oberen Donautal gelegen ist und auf die Stiftung einer meiner Vorfahrinnen, Fürstin Katharina*, zurückgeht. So fuhren wir am Hochzeitstag die knapp 30 Kilometer von Sigmaringen zur Klosterkirche, hinter uns korsoartig die Autos unserer Hochzeitsgäste. Offensichtlich enttäuschten wir damit Teile der Bevölkerung, denn am darauffolgenden Tag stand in der Zeitung zu lesen, dass man sich, wie im englischen Hochadel üblich, eine romantische Kutschfahrt erhofft hät-

Hochzeit im Kloster Beuron, 16. Juni 1985

te. Ein solches Ritual erschien uns aber als unpassend, und nicht zuletzt aus Zeitgründen entschieden wir uns gegen eine Fahrt mit der Kutsche.

Den Gottesdienst übernahm Pater Augustinus Heinrich Henckel von Donnersmarck, ein Freund meines Vaters, der als Prämonstratenserbruder damals Domprediger am Essener Münster und neben seinen rein geistlichen Tätigkeiten ein renommierter Berater in Politiker- und Wirtschaftskreisen war. Entsprechend seiner barocken Erscheinung hielt Pater Augustinus eine sehr würdige Trauungsmesse ab.

Nach der Kirche ging es direkt ins Schloss in Sigmaringen, wo wir auf der Terrasse einen großen Empfang ausrichteten. Zum Glück war es ein schöner, milder Sommertag. Die Hochzeitsfeier war sehr feierlich und ausgelassen zugleich.

Von weniger romantischer Natur war unsere anschließende Hochzeitsreise nach Indien. Mein Schwiegervater hatte zu dieser Zeit häufig Geschäftsreisen nach Südasien unternommen und uns davon immer wieder vorgeschwärmt. Was in unserer Vorstellung als exotischer Trip in den Orient erschien, entpuppte sich in der Realität als äußerst strapaziös. Der Juni war ein denkbar ungünstiger Reisemonat für Indien. Es war entsetzlich heiß und die Tour trotz interessanter Stationen und Sehenswürdigkeiten äußerst beschwerlich. So entschieden wir uns kurzerhand, unsere Hochzeitsreise zu verkürzen und zur Erholung von den Strapazen für zwei Wochen nach Long Island zu fliegen. Mein Freund Toni von Windisch-Graetz und seine Frau Angelika hatten uns in ihr Ferienhaus eingeladen. Unter der Woche hatten wir das Haus für uns, die Wochenenden verbrachten wir mit unseren Gastgebern. Eine unbeschwerte Zeit, die in mir den Wunsch nach einem eigenen Haus in den Hamptons wieder aufleben ließ.

Die Geburt unserer ersten beiden Kinder Alexander und Philippa

Ein Jahr nach der Hochzeitsreise kündigte sich unser erstes Kind an. Hierüber waren wir beide überglücklich. Während der Schwangerschaft tauchte in Alexandra der Wunsch auf, dem Kind die amerikanische Staatsbürgerschaft mitzugeben. Es mag die Erinnerung an die Hochzeitsreise nach Long Island und die Zeit unseres Kennenlernens in New York gewesen sein, die Alexandra auf die Idee brachte, zur Geburt unseres ersten Kindes nach Manhattan zu fliegen. Ich selbst war zugegebenermaßen von der Idee weniger begeistert, war sie doch mit viel Aufwand verbunden. Nachdem unser Hofkammerpräsident in diesem Jahr in den Ruhestand gegangen war und noch nicht ersetzt wurde, hatte ich als Generalbevollmächtigter zu Hause viel zu tun. Der Gedanke, über mehrere Wochen hinweg nicht vor Ort zu sein, beunruhigte mich, aber schließlich fügte ich mich Alexandras Wunsch.

DIE GEBURT VON ALEXANDER Im Frühjahr 1987 mieteten wir für die letzten Wochen der Schwangerschaft und die ersten Wochen nach der Geburt ein Appartement in New York. Zur Unterstützung hatte Alexandra eine Freundin als Wochenpflegerin mitgenommen, was sich als kluge Entscheidung herausstellte. Ich hatte mich dazu entschieden, mit in den Kreißsaal zu kommen, und ich muss gestehen, dass ich davor ziemlich aufgeregt war. Ich fragte mich, wie ich reagieren würde, wenn ich zum ersten Mal Zeuge der Geburt eines Kindes werden würde. Und dann auch noch meines eigenen Kindes!

Am 16. März 1987 war es dann so weit. Die Wehen setzten ein und wir fuhren ins *Lennox Hill Hospital* in der Upper East Side. Dort war uns Professor Niels Lauersen als fähiger Arzt empfohlen worden. Die Geburt indes war eine langwierige Angelegenheit. Erst acht Stunden später war es so weit, Alexander* kam auf die Welt! Ich hatte die ganze Zeit am Kopfende des Bettes zugebracht und verließ diesen Platz erst, als mich Professor Lauersen einlud, die Nabelschnur durchzuschneiden. Danach bekam ich unseren Sohn auf den Arm. Das war wohl einer der glücklichsten Momente in meinem Leben.

Als Alexandra aus dem Krankenhaus kam, zog Ernestine »Nesti« Gräfin von Spee als ausgebildete Hebamme als Wochenbetthilfe bis zu unserer

Alexander kurz nach seiner Geburt, New York 1987

Rückkehr nach Deutschland in die Wohnung. Oft bummelten Alexandra und ich mit dem Kinderwagen durch die Straßen Manhattans, spazierten durch den Central Park und verabredeten uns mit Freunden. Bisweilen traf ich mich mit Geschäftspartnern und anderen Freunden aus meiner Zeit in New York. Es waren innige und schöne erste Wochen als junge Familie.

Alexandra wäre gern noch länger in New York geblieben, aber ich wurde irgendwann unruhig und sah es als meine Pflicht an, meinen Vater nach der langen Zeit der Pause wieder zu unterstützen. Aber wir versprachen uns, nach New York zurückzukehren, sollte uns ein zweites Kind vergönnt sein.

Natürlich freuten sich meine Eltern auf die Ankunft des Babys, besonders mein Vater, dem es wichtig war, dass es nun einen Stammhalter gab. Wir wohnten in der Wohnung im sogenannten Wilhelmsbau, benannt nach meinem Urgroßvater Wilhelm, der diesen Flügel nach der Jahrhundertwende zum »Winterquartier« hatte umbauen lassen. Schon im Jahr zuvor hatten wir mit meinem Onkel Franz den Wohnraum getauscht, wir waren in seine Wohnung im ersten Stock gezogen, in der ich die ersten fünf Jahre meines Lebens verbracht hatte. Nachdem Onkel Franz allein lebte, reichte ihm der Platz in der Erdgeschosswohnung, die ich zuvor als Junggeselle bewohnt hatte. Da es um das Schloss herum keinen Garten gab, ging ich oft mit dem Kinderwagen im Prinzenpark spazieren, dort, wo ich einst mit Dedda meine Spaziergänge gemacht hatte. Als Alexander heranwuchs, nahm ich ihn oft im Kindersitz auf dem Fahrrad mit und wir machten ausgiebige Fahrradtouren im Donautal. Er wie ich genossen diese Ausflüge, die mal im Gasthaus endeten, mal am Küchentisch von Freunden oder Bekannten.

DIE ERSTE REISE ALS KLEINFAMILIE Im Sommer 1987 unternahmen wir unsere erste Reise zu dritt. Alexander war gerade fünf Monate alt und wir flogen mit unserer Firmenmaschine nach Florenz. Von dort nahmen wir uns einen Mietwagen und besuchten Freunde, die sich in der Toskana in der Nähe von Lucca ein Haus gemietet hatten. Die Villa war mitten in der Pampa auf einem Hügel gelegen, zum Einkaufen musste man einen abenteuerlichen Schotterweg hinunter ins Dorf fahren. Es war ein glühend heißer August. Selbst im Schatten war es tagsüber kaum erträglich, und da das Haus keinen Pool hatte, war an Abkühlung nicht zu denken. Des Nachts drangsalierten uns angriffslustige Mücken, sodass wir mit einem Moskitonetz über dem Bett bewaffnet und dick mit Mückenschutz einbalsamiert schliefen. Nach einer Woche hatten wir genug, bedankten uns für die Gastfreundschaft und fuhren ans Meer in ein kleines Familienhotel in Forte dei Marmi. Dort konnten wir zu Fuß zum Strand gehen und verbrachten so schließlich doch noch erholsame und schöne Tage in der Kleinfamilie.

Kurz vor Alexanders erstem Geburtstag kündigte sich zu unserer großen Freude weiterer Nachwuchs an. Bei einer ärztlichen Untersuchung stellte sich heraus, dass Alexandra höchstwahrscheinlich Zwillinge bekommen würde. Kurz danach – glücklicherweise in einem noch frühen Stadium der Schwangerschaft – hatte sie jedoch einen Abgang. Aber Gott sei Dank waren es zweieiige Zwillinge, sodass die übriggebliebene Eizelle sich gut entwickeln konnte. Die Schwangerschaft verlief fortan ohne größere Aufregungen. Auch das zweite Kind wollte Alexandra in den USA zur Welt bringen, und so flogen wir im Oktober 1988 ein zweites Mal nach New York, dieses Mal nicht zu zweit, sondern mit Alexander und unserem Kindermädchen. So hatte ich nun wesentlich mehr zu tun, denn ich kümmerte mich viel um Alexander.

DIE GEBURT PHILIPPAS Unser zweites Kind Philippa* kam am 2. November 1988 beim gleichen Arzt und im gleichen Krankenhaus wie ihr Bruder zur Welt. Als Alexander seine Schwester sah, war er glücklich und wir Eltern waren es ebenso. Wir genossen es, nun eine echte Familie zu sein und Zeit für uns und die Kinder zu haben. Es war schön, diese besondere Zeit in New York zu verbringen. Die sonst so pulsierende Stadt erschien mir in diesem Moment ein bisschen langsamer zu ticken. Den geringen Altersabstand zwischen Alexander und Philippa empfand ich immer als Geschenk, hatte ich es doch selbst genossen, mit meinem jüngeren Bruder Albrecht so nah beieinander aufzuwachsen. Und wirklich, die beiden waren die gesamte Kindheit und Jugend hindurch ein fabelhaftes Team.

1992–1999 Höhen und Tiefen in Beruf und Familie • Krauchenwies

Es ist nicht, was dir passiert, sondern wie du darauf reagierst.
Epiktet

Ein neues Zuhause in Krauchenwies

Schon längere Zeit hatten sich Alexandra und ich mit dem Gedanken getragen, aus dem Schloss in Sigmaringen auszuziehen, das für das Leben mit kleinen Kindern einfach nicht ideal war. Alexander und Philippa wurden größer und naturgemäß zunehmend bewegungsfreudig. Als sich schließlich unser drittes Kind ankündigte, wurde es Zeit, Nägel mit Köpfen zu machen. Schon länger hatten wir damit geliebäugelt, ins Landhaus nach Krauchenwies umzuziehen. Mit diesem Familiensitz, der inmitten eines weitläufigen, englischen Landschaftsparks gelegen ist, verband ich seit Kindheitstagen schöne Erinnerungen. Auch nach dem Tod meiner Großeltern hielten wir uns immer wieder gern in Krauchenwies auf. So waren meine Brüder und ich bei schönem Wetter die sechs Kilometer von Josefslust mit dem Fahrrad nach Krauchenwies geradelt, um dort den Tag am Swimmingpool zu verbringen. Nicht zuletzt durch die vielen schönen Feste, die wir dort feierten, war der Ort für mich sehr positiv besetzt. Einige Jahre nach dem Tod meiner Großeltern hatte mein Vater meine verwitwete Tante Mimi in Krauchenwies untergebracht. Auch ihr statteten wir gern einmal einen Besuch ab und so riss die Verbindung zu dem Ort nie ab.

Als ich meinem Vater von unseren Plänen berichtete, zeigte er sich zunächst skeptisch. Zum einen deshalb, weil Tante Mimi noch dort wohnte. Aber darüber hatten wir uns natürlich auch schon Gedanken gemacht und eine Wohnung im Schloss für sie gesucht. Als Alleinstehende war das für sie der geeignetere Wohnort und so nahm sie die Idee dankend auf. Die weiteren Vorbehalte meines Vaters bezogen sich auf den Zustand des Hauses. Sparsam, wie er war, stellte er in Frage, ob sich der aufwendige Umbau eines so alten Gebäudes lohne. Nicht ganz zu Unrecht, denn das Haus war seit dem Jahr 1952 nicht mehr restauriert worden. Um nicht zu viel Geld auf einmal ins Haus zu stecken, riet er uns, das Haus Stück für Stück zu restaurieren. Dieser Empfehlung folgten wir zunächst und mussten dann aber feststellen, dass sie keinen Sinn ergab. Ich machte ihm klar, dass eine Teilsanierung nicht billiger werden würde und das Wohnen auf der Baustelle, so wie er sich das vorstellte, für uns keine Option sei. Schließlich ließ er sich überzeugen und gab uns grünes Licht für die Kernsanierung. Unser Ziel war es nun, den Umbau so schnell wie möglich fertig zu stellen. Aber das war einfacher gedacht als getan. Denn auf dem Gebäude ruhte der Denkmalschutz. Und was das im Einzelnen bedeutete, erfuhren wir in der Umbauzeit auf nervenzehrende Weise. Dutzende von Anträgen mussten gestellt, Vorschriften beachtet und Planungen wieder in die Schublade gelegt und schließlich neu beantragt werden. Auf Grund der bürokratischen Gegebenheiten verzögerte sich die Fertigstellung um ein gutes halbes Jahr. Zum Glück hatte ich mir im Laufe der Jahre angewöhnt, geduldig zu sein. Es ist eine der wesentlichen Lernerfahrungen meines Lebens, dass große Ziele oft nur mit Beharrlichkeit und Geduld sowie einer Flexibilität für alternative Wege erreicht werden können. So blieb ich auch bei diesem Bauprojekt und den endlosen Diskussionen mit dem Amt für Denkmalschutz weitestgehend gelassen.

Eigentlich war es unser Ziel gewesen, noch vor Flaminias* Geburt in unser neues Heim zu ziehen, aber diese Pläne hatte das Amt für Denkmalschutz verhindert. Die Schwangerschaft verlief, soweit ich mich erinnere, problemlos. Zunächst sah es so aus, als ob das Kind ein Junge werden würde, und so machten wir uns auf die Suche nach männlichen Vornamen. Ich schlug wieder Konstantin vor, Alexandra Kasimir. Dann versuchte ich es nochmals mit Leopold, Alexandra bestand auf Kasimir. Die Diskussion hatte ein Ende, als sich bei einem gemeinsamen Besuch bei unserem Münchner Gynäkologen herausstellte, dass es ein Mädchen werden würde. Nachdem es für uns dieses Mal im Zuge der Umbaumaßnahmen und sonstiger Verpflichtungen nicht in Frage kam, zur Geburt nach New York zu gehen, Alexandra aber auch Vorbehalte gegenüber dem Sigmaringer Krankenhauses hatte, wählten wir das Krankenhaus *Dritter Orden* in München für die Geburt aus, mit dessen leitendem Geburtsarzt Alexandra bekannt gewesen war.

DIE GEBURT FLAMINIAS Am 9. Januar 1992 kam unser drittes Kind zur Welt. Auch in diesem Fall wohnte ich der Geburt bei. Auch wenn man meinen sollte, dass sich der Geburtsakt beim dritten Kind wie eine Routine anfühlen könnte, empfand ich ihn auch dieses Mal wieder wie ein kleines Wunder und ich war dankbar und glücklich über das gesunde Kind. Im Gegensatz zu ihrer älteren Schwester war Flaminia ein vergleichsweise zierliches Wesen. Alexandra blieb mit der Neugeborenen noch einige Zeit in München, während ich wenige Tage nach der Geburt zurück nach Sigmaringen musste, um meine Aufgaben dort zu erfüllen.

Einige Monate nach Flaminias Geburt zogen wir in das endlich fertig renovierte Landhaus Krauchenwies. Ähnlich wie damals als wir vom Schloss nach Josefslust gezogen waren, fühlte sich das Neue einerseits schön an, andererseits auch etwas ungewohnt. Denn die Größe und das Leben auf verschiedenen Stockwerken war neu für uns und wir mussten uns erst daran gewöhnen. Von Vornherein empfanden wir vor allem den schönen Garten, der in den anschließenden Park überging, als großes Geschenk. Die Kinder genossen sichtlich ihren Freilauf und langsam wussten wir auch die Großzügigkeit im Inneren des Hauses zu schätzen.

Anlässlich meines 40. Geburtstags, der in unser Einzugsjahr fiel, organisierten wir eine große Housewarming-Party. Nun waren wir ganz in unserem neuen Zuhause angekommen.

Das Familienleben verlief zunächst, soweit das mit drei kleinen Kindern möglich ist, in ruhigen Bahnen. So gut ich es mir einrichten konnte, verbrachte ich Zeit mit der Familie. Ein für alle wertvolles Ritual war das Lesestündchen am Abend. Vor dem Einschlafen las ich den Kindern eine Geschichte vor, darunter oft Märchen, die ich als Kind schon vorgelesen bekommen hatte. Alexander liebte besonders das Märchen »*Knüppel aus dem Sack*« der Gebrüder Grimm. Jedesmal, wenn wir an die Stelle kamen, an der der Knüppel aus dem Sack hüpfte, konnte er sich kaum noch halten vor Lachen, und ich musste ihm diese Geschichte oft mehrfach hintereinander vorlesen. Auch Philippa liebte die Vorlesezeiten und machte es sich dabei auf meinem Schoß gemütlich.

Alexanders Interesse galt vor allem den Autos. Als er fünf Jahre alt war, schenkte ich ihm einen Elektro-Jeep, den er selbst steuern konnte. Mit diesem fuhr er fast täglich um das Haus herum und konnte es oft nicht erwarten, weiterzufahren, wenn das Auto nach einer Stunde Fahrzeit erst einmal wieder längere Zeit aufgeladen werden musste. Manchmal fuhr ich mit Alexander zum Autohaus, und wir betrachteten ausgiebig die Modelle. Besonders glücklich war Alexander, wenn wir uns in eines der Autos hineinsetzen durften. Mir gefielen diese Ausflüge sehr, bei denen ich mich nicht selten in meine eigene Kindheit zurückversetzt fühlte.

Philippa spielte, wie für Mädchen nicht ungewöhnlich, gern mit Puppen. Besonders die Barbie-Puppen hatten es ihr angetan. Sie konnte sich stundenlang damit beschäftigen, Kleider zu wechseln, Haare zu kämmen oder Abenteuer und Geschichten für ihre Puppen zu erfinden, die in ihrer lebhaften Vorstellungskraft lebendig wurden.

Flaminia hatte zwei ältere Geschwister, die sie jeweils für ihre Interessen zu begeistern versuchten. Philippa gelang das mit ihrer Leidenschaft

Vorne Antonia und Flaminia, dahinter Philippa und Alexander

für Barbie-Puppen, Alexander konnte sich mit seinen Leidenschaften weniger durchsetzen, obwohl Flaminia schon im Grundschulalter durch ihre für ein Mädchen damals eher unübliches Interesse an sportlichen Aktivitäten auffiel. Von klein auf verfügte sie über einen außergewöhnlichen Energielevel und besondere Willensstärke. In der vierten Grundschulklasse äußerte sie den Wunsch, Fußball zu spielen. Wir meldeten sie daraufhin beim örtlichen Fußballverein an, bei dem sie wöchentlich trainierte und den Jungen ordentlich Beine machte.

Insgesamt genossen wir das Leben mit den drei Kindern. Die Familie fühlte sich komplett an.

DIE GEBURT ANTONIAS Dennoch freuten wir uns sehr, als sich mit Antonia* ein weiteres Kind ankündigte. Wie ihre Schwester Flaminia, kam Antonia in München zur Welt. Es war am 22. Juni 1995. Sie ging in den gleichen Kindergarten und zur gleichen Grundschule wie ihre Geschwister. Antonia lernte besonders früh und gründlich das Skifahren, und das hauptsächlich in Zürs am Arlberg, wo wir inzwischen fast alle Skiferien im Sporthotel *Lorünser* verbrachten. Samstag war immer der Anreisetag, Sonntag begann die Skischule und am darauffolgenden Freitagnachmittag war das Skirennen aller Klassen der Skischule. Auch die Anfänger durften nach knapp einer Woche bereits ihr erstes Rennen fahren und Antonia belegte regelmäßig einen der vorderen Plätze. Dies wiederholte sich auch, nachdem sie Privatunterricht bekam, und da die Skilehrer zur Skischule gehörten, fuhren auch diese Kinder beim Skirennen mit. Immer öfter errang Antonia bei den Rennen, an denen sie teilnahm, den

Von links: Philippa, Alexander, Antonia und Flaminia

ersten Platz, der mit einem Pokal belohnt wurde, die Zweit- und Drittplatzierten bekamen eine Medaille. Einmal kam sie weinend nach einem Rennen ins Hotel zurück, enttäuscht, weil sie den zweiten Platz erreicht und damit statt eines Pokals »nur« eine silberne Medaille gewonnen hatte. Lange standen ihre vielen Pokale in ihrem Kinderzimmer.

Vater zu sein, ist erfüllend und schön zugleich. Ich meine, eine gute Balance zwischen den Aufgaben im Familienunternehmen und denen als Familienvater gefunden zu haben. Obwohl ich beruflich äußerst eingespannt war, fand ich es von Anfang an wichtig, gemeinsam mit der Familie zu Mittag zu essen, meinem Ältesten und später auch meinen anderen drei Kindern vorzulesen und sie, wenn ich es mir einrichten konnte, ins Bett zu bringen. Das Haus in Krauchenwies war mit seiner Geräumigkeit, der Weitläufigkeit des Gartens und der Nähe zum Park für die Kinder die geeignete Bühne für ein gelingendes Familienleben. Dies umso mehr, als mit unserem Hund Dexter ein weiterer Mitbewohner einzog. Dexter war ein Labrador und ein feiner, lieber Kerl, der zu einem wichtigen Bindeglied der Familie wurde.

Urlaubs- und Reiseerinnerungen mit der Familie

Einige schöne Urlaubserinnerungen tauchen auf, wenn ich an die Zeit denke, in der die Kinder klein waren. Von all den Reisezielen, die wir mit der Familie ansteuerten, möchte ich hier zwei besonders hervorheben.

Ab dem Jahr 1993 unternahmen wir regelmäßig Reisen in die Hamptons. Ein Jahr nach Flaminias Geburt hatten wir unseren Traum endlich umgesetzt und uns ein Haus auf Long Island gekauft. Das Anwesen im viktorianischen Stil lag in Strandnähe und entsprach ganz meinen Vorstellungen. Die Hamptons hatte ich bereits während meiner Zeit in New York lieben gelernt und Alexandra und ich hatten dort unseren verspäteten Honeymoon verbracht. Das band mich emotional an den malerischen Ort, an dem sich unsere Familie bis heute sehr wohl fühlt.

Meist zu Beginn der Sommerferien flogen Alexandra und die Kinder voraus und ich kam für den gesamten August dazu. Das gab mir die Möglichkeit eines echten Tapetenwechsels. Ich genoss es sehr, dem geschäftlichen Treiben für einen ganzen Monat zu entfliehen und wirklich abschalten zu können. Das wäre in Südfrankreich oder Italien sicher anders gewesen, hätte ich von dort doch schneller mal eben nach Hause fliegen können, wenn es für die laufenden Geschäfte erforderlich gewesen wäre.

DIE ERSTEN WINTERURLAUBE IM HOTEL LORÜNSER In den Winterferien gingen wir regelmäßig gemeinsam zum Skifahren. Die ersten Jahre verbrachten wir viel Zeit in Klosters, wo ich ja schon als Kind meine Urlaube verbracht hatte. Das ging so lange, bis sich mein Vater im Jahr 1997 von dem Haus trennte. Ab da verbrachten wir unsere Skiurlaube meistens im *Hotel Lorünser* in Zürs. Das war weitaus unkomplizierter und komfortabler als im Ferienhaus, weil wir voll versorgt wurden und uns um nichts weiter kümmern mussten. Tagsüber waren die Kinder im Skikurs oder mit Privatlehrern auf der Piste, was uns einige Stunden zu zweit auf den Skiern ermöglichte, und am Nachmittag trafen wir uns alle wieder. Noch heute fahre ich gerne ins *Hotel Lorünser*, in dem ich auch meine zweite Frau kennenlernen sollte. Aber dazu erzähle ich an anderer Stelle mehr.

Engagement bei den Fürstlich Hohenzollernschen Hüttenwerken (FHH)

Die neunziger Jahre waren auch beruflich bewegte Zeiten. Zunächst stand ein Wechsel im Management unserer Firma an, die wir im Jahr 1989 mit der Beteiligung Dr. Adolf Merckles in eine GmbH umgewandelt hatten. Nachdem der ehemalige technische Direktor sich in den Ruhestand verabschiedet hatte, versuchten wir es zunächst mit einer Doppelspitze. Das funktionierte jedoch nicht sonderlich gut, und so wurde Ruprecht Freiherr von Rothkirch alleiniger Geschäftsführer. Ich saß damals recht frisch als Beirat in der Firma, da mein Vater mir kurz zuvor, im Jahr 1992, seine Unternehmensanteile übertragen hatte. Der Zeitpunkt dafür war aus steuerlichen Gründen günstig, war das Unternehmen doch zu jener Zeit nicht besonders hoch bewertet. Somit war ich neben Adolf Merckle alleiniger Anteilseigner, und es war mir ein wichtiges Anliegen, mich verstärkt in die kaufmännischen Belange einzubringen. Deshalb stellte ich mich für eine Übergangszeit von einigen Monaten als kaufmännischer Leiter zur Verfügung. Diese Monate habe ich als intensive Zeit in Erinnerung. Der Terminkalender war mit drei Abteilungssitzungen in der Woche gut gefüllt. Wochenlang grub ich mich durch die Zahlenkolonnen der Buchhaltung, der Kostenabrechnung und des Controllings. Eine notwendige, wenn auch nicht gerade spannende Beschäftigung. Doch glücklicherweise war ich auf Grund eines früheren Praktikums bei der Firma *Mannesmann-Tally* gut darin trainiert, war es damals doch meine einzige Aufgabe gewesen, meterlange, grün-weiß gestreifte Computerausdrucke auf Fehlbuchungen hin zu überprüfen. Auch die Gespräche mit den Mitarbeitern halfen mir zu verstehen, wie der Hase läuft, und mir eine dezidierte Meinung über die Finanzen zu bilden. Insgesamt war es eine enorm herausfordernde und gleichsam lehrreiche Zeit, über die ich im Rückblick froh und dankbar bin. Es erfüllt mich mit Zufriedenheit, mich in all den Jahren so intensiv an den unternehmerischen Entscheidungen der Zollern-Gruppe beteiligt zu haben.

In Michael Holzbaur fanden wir einen neuen kaufmännischen Leiter, der die FHH ab 1995 zunächst gemeinsam mit Herrn von Rothkirch und ab 2000 nach dessen Austritt als alleiniger Geschäftsführer leitete. Kennengelernt hatte ich Michael während meiner Studienzeit. Er war damals Doktorand und arbeitete als Assistent für meinen BWL-Professor. Als er später nach Tuttlingen zu einem Metallunternehmen ging, sahen wir uns regelmäßig. Bei einem dieser Treffen erfuhr ich, dass er auf der Suche nach einem neuen Job war. Glücklicherweise gelang es mir, ihn für unser Unternehmen zu gewinnen, dem er über 13 Jahre treu blieb, bis er 2008 zur 300-Jahr-Feier der Firma altersbedingt ausschied. Unter seiner Führung prosperierte unser Unternehmen, das inzwischen als *Zollern GmbH und Co. KG* firmierte, zu einem erfolgreichen, international agierenden Konzern, und in all diesen Jahren war unser Verhältnis stets von tiefem Vertrauen geprägt.

Prinz von Hohenzollern GmbH

Eines Tages im Spätjahr 1990 kam ein Herr auf mich zu, der sich als ein guter Bekannter von Prinz Ferfried vorstellte. Die beiden hätten zusammengesessen und gemeinsam überlegt, wie sich der Name »Prinz von Hohenzollern« für Markenrechte verwenden ließe. Dabei seien sie auf die Idee gekommen, einen Wein mit unserem Namen zu vermarkten. Im Grunde gut gedacht, denn damals hatten Namen auch bei Weinsorten noch mehr Strahlkraft als heute. Das Problem war nur, dass Prinz Ferfried die Sache nicht finanzieren konnte. Aber ich dachte, einen Versuch ist es wert, und erklärte meine Bereitschaft, seine Geschäftsanteile zu übernehmen. Die beiden hatten sich mit einer Winzergenossenschaft im Breisach zusammengetan, die die *Prinz von Hohenzollern*-Weine abfüllte. Nach der Füllung wurden sie mit einem Etikett von uns versehen und durch freie Handelsvertreter, die auf eigene Rechnung arbeiteten, verkauft. In der Anfangszeit funktionierte das ganz gut. In Sigmaringen hatten wir ein eigenes Lager, aus dem heraus wir die Gastronomie belieferten. Auch unsere Firma war ein guter Abnehmer, insbesondere für Weihnachtsgeschenke und für den Verkauf am eigenen Kiosk. Aber das waren Mengen, die im Vergleich zum bundesweiten Geschäft viel zu gering waren. Die größte Schwierigkeit bestand darin, sogenannte »Shelf Spaces« in Läden zu erwerben. Auch mit den Handelsvertretern funktionierte es nicht so, wie wir uns das erhofft hatten. Nach einigen Jahren, in denen wir nie so recht auf schwarze Zahlen kamen, gaben wir das Geschäft schließlich auf. Die *Prinz von Hohenzollern GmbH* wurde daraufhin mit der *Hohenzollern Forstdienste GmbH* verschmolzen, um die bei der ersteren angefallenen Verluste steuerlich zu nutzen. So hielt sich der wirtschaftliche Schaden der Geschichte sehr in Grenzen.

Jazz – meine Lebenskonstante

War ich als Familienvater und Unternehmer in den neunziger Jahren stark eingespannt, blieb der Jazz doch immer ein wichtiger Teil meines Lebens. Ich ging auf Konzerte, übte regelmäßig Gitarre und Saxophon und bildete mich auch sonst musikalisch weiter. Wenn mich Leute fragten, wie ich es schaffte, bei all den an mich gestellten Aufgaben auch noch Musik zu machen, dann antwortete ich nur: »Ich nehme mir einfach die Zeit.«

Seit meiner Zeit in Stuttgart hatte ich in keiner festen Band mehr gespielt. »Das muss sich ändern!«, dachte ich mir eines Tages und begab mich auf die Suche nach einer passenden Combo, was sich als nicht ganz einfach erwies. Jazzbands gab es vorwiegend im Saulgauer Raum, die hatten aber alle bereits ihre festen Besetzungen. Eines Tages ergab sich die Möglichkeit, bei einer Pfullendorfer Tanzband mitzuspielen. Die Band hatte jedoch alsbald an jedem Wochenende Auftritte in der Region, was mein Familienleben mit kleinen Kindern beeinträchtigte. So entschied ich mich einige Monate darauf, aus der Band wieder auszusteigen.

Kurz darauf ergab es sich, dass ich mit Walter Viezenz, Dr. Bernd Richtsteiger, Fritz Kottmann und Georg Fischer, die ich aus Sigmaringen kannte, die *Donau Valley Jazzband* gründete. Wir hatten verschiedene Auftritte, unter anderem im *Jazzkeller* in Bad Saulgau.

Ende der achtziger Jahre hatte ich beim Sigmaringer Stadtfest eine Jazzband gehört, die aus jüngeren Sigmaringer Musikern bestand. Ich kam mit ihnen ins Gespräch und es stellte sich heraus, dass drei von ihnen an der *Swiss Jazz School* in Bern studierten und alle Berufsmusiker werden wollten. Sie hatten großes Interesse, mit mir zusammen zu spielen. Nach kurzer Zeit war klar, dass wir eine Band gründen wollten. Die nannten wir *Jazz Express*. Unser Repertoire bestand in erster Linie aus Swing und Bebop. Von Zeit zu Zeit wechselten aus verschiedenen Gründen die Musiker, so kam nach einigen Zeit Dr. Gerhard Wenzel als Trompeter hinzu. Immer dabei blieb der Gitarrist Klaus Rückbeil, der heute Leiter der *Jazzschool Berlin* ist. Ein Highlight unseres Zusammenspiels war die Aufnahme unserer CD im Tonstudio von Christian Baumgärtner. Christian hatte Schlagzeug in den USA studiert und ist bis heute Drummer im *Royal Groovin´*-Ensemble, auf das ich später noch zu sprechen kommen werde.

Der *Jazz Express* hatte vielerorts Auftritte, sowohl auf Festivals als auch in Jazzclubs. Hier ist das Jazzfestival im schweizerischen Ascona hervorzuheben. Das Engagement war über meine Bekanntschaft zu Gisela Salzer zustande gekommen. Gisela war die Frau des Stuttgarter Drummers Helmut »Slick« Salzer. Ich kannte sie aus der Zeit in der *Dixieland Hall*. Gisela war befreundet mit Karl-Heinz Ern, dem musikalischen Direktor des Jazzfestivals in Ascona, wo ich zwischen 1999 und 2001 in verschiedenen Besetzungen spielte. Das waren nicht nur tolle Momente, sondern auch prägende Ereignisse in meiner musikalischen Laufbahn, denn hier lernte ich neben deutschen Bands wie der *Barrelhouse Jazzband* auch viele Musiker aus den USA kennen, darunter Größen wie Scott Hamilton und Sam Butera, der früher bei Louis Prima Saxophon gespielt hatte. Aber auch europäische Topmusiker wie Charly Antolini oder Oscar Klein, den ich auf einem Festival im Sommer 2000 kennenlernte. Während seines Konzertes holte er mich auf die Bühne. Später engagierte er mich dann auch für einige Konzerte mit seiner Band.

Über Jahre hinweg hatte ich mit dem *Jazz Express* eine tolle Zeit. Allerdings gestaltete sich das gemeinsame Proben als schwierig, da sowohl der Pianist als auch der Drummer aus der Schweiz kamen. Noch schwieriger wurde es, als der Gitarrist und der Bassist nach Abschluss ihres Studiums beschlossen, auf Grund begrenzter Möglichkeiten in Sigmaringen und Friedrichshafen nach Berlin zu gehen. Mit ihnen zog auch unser Schweizer Schlagzeuger dorthin, was nach zehn Jahren das Ende der Band bedeutete.

Reisen ohne die Familie

REISE NACH ARGENTINIEN Ein Jahr nach meinem 40. Geburtstag, also im Jahr 1993, reiste ich das erste Mal in meinem Leben nach Südamerika. Mein Freund Toni Windisch-Graetz hatte mich zu einer Taubenjagd nach Argentinien eingeladen. Mit uns reiste Axel Graf Douglas, der auch der Ideengeber und Organisator der Reise war. Der Aufenthalt in Argentinien war für mich ein besonderes Erlebnis, nicht nur, weil es den Zauber des ersten Mals in sich trug, sondern auch, weil mir das Land und die Lebensart der dort lebenden Menschen gefielen. Nach der Taubenjagd, die selbst für einen erfahrenen Jäger wie mich etwas ganz Neues war, hielten wir uns einige Tage in Buenos Aires auf, eine pulsierende, kultivierte und leidenschaftliche Stadt, die mich sehr beeindruckte. Im Anschluss an den intensiven Aufenthalt in der Metropole mit ausgedehnten Besuchen von Steaklokalen, Tango- und Cocktailbars erwartete uns noch ein echtes Highlight. Freunde von uns, Wolf und Amelie von Buchholz, beide leidenschaftliche Reitsportler, teilweise in Deutschland, teilweise in Argentinien lebend, hatten uns für die letzten Tage unserer Reise auf ihre Farm im Umland von Buenos Aires eingeladen. Die Tage verbrachten wir mit Ausfahrten auf ihren Pferdespännern, die uns durch die ausgedehnten Ländereien unserer Gastgeber führten. Die Abende verbrachten wir mit gutem Rotwein, noch besseren Gesprächen und atemberaubenden Aussichten ins Firmament der südlichen Hemisphäre.

ROADTRIPS MIT DEM MOTORRAD – DER BEGINN EINER SCHÖNEN TRADITION Ins Jahr 1994 fällt ein besonderer Roadtrip, aus dem ein jährliches Ritual mit Freunden wurde. Mischka Lagemann, den ich über Albrecht kennengelernt hatte und mit dem mich spätestens seit unserer Zeit in New York eine gute Freundschaft verband, hatte sich damals seinen großen Traum von einem eigenen Motorrad erfüllt. Da Mischka wusste, dass ich ebenso ein großer Motorradfreund war, lag es nahe, zusammen auf Tour zu gehen.

Unsere erste Tour unternahmen wir in den Schweizer Alpen. Tagsüber fuhren wir die engen, geschlängelten Passstraßen hinauf und hinunter,

Mit der *Barrelhouse Jazzband* beim Olymp-Jazzfestival, 2018

rasteten, wo es uns gefiel, und des Abends kehrten wir in Hotels ein, wo wir es uns gut gehen ließen. Das war ein solch schönes Erlebnis, dass wir uns vornahmen, eine solche Tour im Jahr drauf zu wiederholen. Dieses Mal kam mein Freund Hans Steidle aus Sigmaringen mit dazu und im Jahr drauf auch mein Onkel Karl Anton Bauscher*, der Schwager meiner Mutter. In dieser oder ähnlicher Konstellation gingen wir Jahr für Jahr auf Tour und erkundeten auf diese Weise in 15 Jahren alle Alpenpässe in der Schweiz, Österreich und Italien. Bis auf die Sierra Nevada und die Pyrenäen haben wir keine alpine Motorradtour ausgelassen. Noch heute zehre ich von den Erinnerungen an die Touren.

HELISKIING – SKIVERGNÜGEN PUR Im Jahr 1998 ging ich das erste Mal zum Heliskiing nach British Columbia. Schon oft hatten mir Freunde und Bekannte vorgeschwärmt, wie schön das sei, und nun wollte ich es selbst einmal ausprobieren. Franz Muster, ein in den USA lebender Freund, hatte eine Tour organisiert und eine Gruppe zusammengestellt. Wir flogen bis nach Calgary/Alberta, übernachteten dort in einem Airport-Hotel und am nächsten Morgen ging es weiter mit einer kleinen Zweipropellermaschine in Richtung Berge. Vor uns öffnete sich die Weite und Schönheit der Columbia Mountains mit ihren unberührten Gletschern und unendlichen Weiten. Der Pilot des Hubschraubers platzierte die Maschine auf einem Landeplatz und von dort begann das Skivergnügen. Vier Tage fuhren wir von morgens bis abends durch den unverspurten Pulverschnee und streiften dabei zugefrorene Seen und Flussläufe sowie tiefverschneite Nadelwälder. Das Erlebnis, stundenlang durch den pulvrigen Tiefschnee zu fahren, ohne lästiges Anstehen am Lift oder stundenlange Aufstiege, war einzigartig.

Noch im Flugzeug auf dem Weg zurück beschloss ich, eine solche Tour unbedingt wiederholen zu wollen. Und da der 40. Geburtstag meines Bruders Ferdinand anstand, kam ich auf die Idee, ihm eine Heliskiing-Tour zu seinem runden Geburtstag zu schenken. So erlebten wir das Abenteuer das nächste Mal gemeinsam. Ein besonderes Erlebnis, das wohl uns beiden noch in schöner Erinnerung ist!

Insgesamt war ich vier Mal beim Heliskiing, zuletzt im Jahr 2017. Diese Art des Skifahrens gehört zu den Ereignissen in meinem Leben, von denen ich froh bin, sie erlebt zu haben, die ich aber nicht noch einmal machen muss. Inzwischen ist es mir zu anstrengend, über fünf Tage hinweg von morgens bis abends auf den Skiern zu stehen, und ich freue mich stattdessen, wenn ich mit meiner jetzigen Frau Katharina entspannt auf gespurten Pisten unterwegs sein kann.

Ein Jahr voller Trauer und Freude

TOD VON ONKEL FRANZ 1996 war in vielerlei Hinsicht ein einschneidendes Jahr. Im März starb mein Onkel Franz Joseph*, für uns Onkel Franz. Der jüngere Bruder meines Vaters war uns über mein Leben hinweg ein enger Begleiter, wohnte er doch seit meiner Kindheit bei uns im Schloss in Sigmaringen. Einige Zeit zuvor hatte er bereits über gesundheitliche Problemen geklagt, über die er allerdings nie mit uns gesprochen hatte. Was wir aber bemerkt hatten, war, dass er sich immer häufiger in seine Wohnung zurückzog und menschenscheuer geworden war. Zeit seines Lebens scheute er es, Ärzte zu konsultieren, und vermutlich wusste er selbst nicht genau, wie es um seinen Gesundheitszustand bestellt war. Onkel Franz war ein beliebter, sympathischer und lustiger Mensch. Seine große Schwäche war jedoch, dass er nie Nein sagen konnte. Ich erinnere mich an viele Verehrerinnen, die über Postkartengrüße auf sich aufmerksam machten oder unaufgefordert auf einen Besuch im Schloss vorbeikamen. Da er nicht genau wusste, wie er den Damen sein nicht vorhandenes Interesse charmant, aber deutlich zu verstehen geben konnte, griff ich ihm in diesen Angelegenheiten unter die Arme. Sein Unvermögen, eine Bitte abzuschlagen, führte auch dazu, dass er jedes Mal bereitwillig den Vorsitz eines Vereins übernahm, wann immer er danach gefragt wurde. Mochten ihn die Themen interessieren oder nicht. Mit den Jahren waren daraus Vorsitze in 14 Vereinen geworden, was ihn mit zunehmendem Alter mehr Last als Freude war. Er scheute sich davor, die Vereinsleute vor den Kopf zu stoßen, und so half ich ihm, einige der Mitgliedschaften zu kündigen. Er schien sehr erleichtert, dass er sich nun lediglich auf jene Vereine konzentrieren konnte, die ihm Spaß machten, wie etwa den Schäferhundverein und seine Narrenzunft.

An jenem März im Jahre 1996 arbeitete ich im Schloss in meinem Büro in der Verwaltung. Mein Vater war bereits zu Tisch gegangen, als seine Sekretärin anrief. Meinem Onkel gehe es wohl sehr schlecht. Die Haushälterin habe bereits den Arzt gerufen. Ich benachrichtigte meinen Vater, dem die Tragweite der Situation offensichtlich nicht ganz bewusst war, denn er erklärte, er wolle zunächst zu Ende essen. Also ging ich nach unten in die Wohnung meines Onkels, um nach ihm zu sehen. Aber der Notarzt hatte nichts mehr für ihn tun können. Ich erfuhr von seiner Haushälterin, dass ihm nach dem Mittagessen plötzlich übel geworden war und er sich hingelegt hatte. Offensichtlich hatte er einen Magendurchbruch erlitten und war innerhalb weniger Minuten tot. Und das ein Tag vor seinem 70. Geburtstag. Das war sehr bitter! Nicht zuletzt deshalb, da die Vereine schon mit viel Tamtam sein Jubiläum geplant hatten, mit Konzert und einem Aufmarsch des Narrenvereins. Entsprechend seiner Beliebtheit in der Bevölkerung zog die Nachricht über seinen Tod eine große Welle der Anteilnahme mit sich.

STANDESAMTLICHE HOCHZEIT MEINES BRUDERS FERDINAND MIT ILONA GRÄFIN KÁLNOKY VON KŐRÖSPATAK Wenige Monate nach der Beisetzung meines Onkels feierten wir im Mai die standesamtliche Hochzeit meines jüngeren Bruders Ferdinand. Er hatte sich im Jahr davor mit seiner Lebensgefährtin Ilona Gräfin Kálnoky von Kőröspatak* verlobt. Während die Vorbereitungen der Festlichkeiten zur kirchlichen Vermählung in vollem Gange waren, sollte die standesamtliche Eheschließung im kleinen Kreise der Eltern und Geschwister in unserem Schloss in Sigmaringen stattfinden.

Den Abend vor der Trauung verbrachten wir mit der österreichischen Familie meiner Schwägerin auf einem Landgasthof. Die Feier indes war vom schlechten Zustand meiner Mutter überschattet. Mit der Depression hatte sie ihren Appetit verloren und war stark abgemagert. Sie fühlte sich zu unwohl, sodass sie jede Gesellschaft mied. So blieb sie auch der Hochzeit von Ilona und Ferdinand fern.

SORGEN UM MEINE MUTTER Einige Wochen nach der Hochzeit ging es meiner Mutter so schlecht, dass sie selbst den Wunsch äußerte, ins Krankenhaus zu gehen. Die Ärzte bauten sie mit Astronautennahrung auf, weil sie sich jeglichem anderen Essen verweigerte. Nach 14 Tagen sagte der Chefarzt, sie könnten nichts weiter für sie tun, organisch sei alles in Ordnung. Und so entließ er sie mit der dringenden Empfehlung, sie in eine psychosomatische Klinik zu bringen. Solch ein Aufenthalt kam für meinen Vater zunächst nicht in Frage, war er bei Problemen dieser Art doch der festen Überzeugung, dass es psychische Erkrankungen wie Depressionen nicht gäbe. Er sagte nur: »Sie soll nach Hause kommen, dort wird sie wieder gesund. Ich kümmere mich um sie!« Allerdings hatte mein Vater seine feste Routine und so ging er nach wie vor seinem gewohnten Tagesablauf nach. Er schien mit der ganzen Situation überfordert, sodass meine Brüder und ich uns vermehrt um unsere Mutter kümmerten. Wir unternahmen mit ihr Ausflüge und kleinere Reisen, denen sich mein Vater verwehrte, wie beispielsweise die Fahrt nach Südfrankreich, die sich meine Mutter noch gewünscht hatte.

Im Juni kam der Hausarzt meiner Eltern auf mich zu und sagte: »Ich habe bereits mit ihrem Vater gesprochen, aber das ist sinnlos. Ihre Mutter muss in eine psychosomatische Klinik, sonst stirbt sie zu Hause, ob an Unterernährung oder etwas anderem. Wir können sie hier nicht zwangsernähren!«, erklärte er, das müsse schon ein Psychologe gemeinsam mit einem Ärzteteam übernehmen. Er empfahl uns eine Klinik in Überlingen am Bodensee, und mit viel Überredungskunst willigte meine Mutter schließlich in den Aufenthalt im »Sanatorium« ein, wie sie es nannte. Sie schickte uns regelmäßig Postkarten. »Es geht mir fabelhaft. Ich fühle mich so wohl wie schon lange nicht mehr!«, schrieb sie. »Alles ist wunderbar. Das Wetter ist schön und ich habe sogar wieder zu essen begonnen.« Nun muss man wissen, dass meine Mutter unter einer manischen Depression litt, und so düster ihre Stimmung in den depressiven Phasen war, so überschwänglich war sie in den manischen.

DER TRAGISCHE TOD MEINER MUTTER Dann kam der Tag, der zu einem der traurigsten meines Lebens werden sollte. Es war der 16. Juni 1996. Wir hatten Freunde zu Besuch in Krauchenwies und die Kinder plantschten vergnügt in unserem frisch renovierten Schwimmbad. Eigentlich hatte ich vor, meine Mutter zu besuchen, aber der behandelnde Arzt hatte mich gebeten, von zu häufigen Wochenendbesuchen abzusehen. Für den Heilungsprozess sei es besser, wenn sie Ruhe und Zeit für sich hätte. Mein Vater war an diesem Wochenende nach Freiburg zu einem Klassentreffen gefahren und übernachtete in Umkirch. Ich hatte etwas Bedenken, ihn nicht zu Hause zu wissen, während meine Mutter noch in der Klinik war, aber er sagte nur: »Ich habe alles mit Mami besprochen. Ich werde auf dem Rückweg nach ihr sehen.« Sicher hatte sie ihm gesagt: »Ach, Fritz, fahr doch!«, so wie sie es immer getan hatte, wenn mein Vater sie um ihre Zustimmung bat.

Wir waren also alle am Schwimmbad. Irgendwann sah ich zur Hofeinfahrt hinüber und entdeckte durch das schmiedeeiserne Tor ein

Auto. Ich winkte, öffnete das Tor und gab zu verstehen, dass es hineinfahren sollte. Aber stattdessen stieg der Fahrer aus und kam zu Fuß auf mich zu. Als er zwei Meter vor mir stehen blieb, erkannte ich ihn. Es war Herr Dr. Glaser, ein befreundeter Spezialist meines Vaters, den er bei besonderen Gesundheitsangelegenheiten konsultierte. Da ich gerade aus dem Schwimmbad gekommen war, stand ich in Badehose vor ihm. »Ich muss Ihnen leider etwas Furchtbares mitteilen«, begann er ernst. »Ihre Mutter hat sich das Leben genommen. Und ich erreiche Ihren Vater nicht.« Ich glaube, ich realisierte in diesem Moment noch nicht, was das für mich bedeutete, denn ich antwortete nur: »Überlassen Sie das mir! Ich werde meinen Vater ausfindig machen und ihn benachrichtigen.« Ich wollte unter keinen Umständen, dass mein Vater die schreckliche Nachricht von den Ärzten erfuhr, und ich vermutete, dass er bereits auf dem Weg in die Klinik war. Also rief ich zunächst in Umkirch an und der Gärtner bestätigte mir, dass mein Vater soeben losgefahren sei. Wir rechneten aus, wie lange seine Fahrzeit etwa dauern würde, und dann war klar: Wir fahren sofort nach Überlingen und passen ihn dort ab – meine Frau, mein Bruder Albrecht und ich. Während der Fahrt herrschte verzweifeltes Schweigen. Vor der Klinik warteten wir auf unseren Vater. Nach einer gefühlten Ewigkeit sahen wir sein Auto einfahren. Vergnügt kam er auf uns zu. »Wo ist Mami?«, fragte er gut gelaunt. Wir baten ihn, sich mit uns auf eine Parkbank zu setzen. »Wir müssen dir etwas sagen ...« Als er vom Freitod seiner Frau hörte, brach er zusammen. Ich hatte ihn noch nie zuvor in solch einem Zustand erlebt. Diesen nach außen hin immer starken, gefestigten Mann, den so schnell nichts umwerfen konnte, in seiner ganzen Verzweiflung und Trauer zu sehen – das war einer der schrecklichsten Momente meines Lebens.

Wenn ich auf die Beziehung meiner Eltern zurückblicke, dann taucht in mir das Bild einer sehr stabilen Beziehung auf – trotz der deutlichen Unterschiede im Wesen und Temperament der beiden. Mein Vater begegnete meiner Mutter grundsätzlich rührend und umsorgend. Aber es fehlte ihm dennoch an einem tieferen Verständnis für den Seelenzustand meiner Mutter. Für ihre depressiven Züge, die vermutlich in ihrer Familie lagen, hatte er keinerlei Verständnis. Nicht nur deshalb fühlte sich meine Mutter oft unverstanden und alleingelassen. Zeit seines Lebens war mein Vater geschäftlich wie privat viel unterwegs. Außerdem nahmen seine privaten Interessen und Hobbies – die Jagd, das Reisen und Fotografieren – einen großen Stellenwert ein. Auf gemeinsame Unternehmungen mit meiner Mutter hingegen legte er wenig Wert. Somit war meine Mutter auch faktisch oft allein in dieser Ehe. Von uns drei

Brüdern bin ich wohl derjenige, der meiner Mutter am nächsten stand. Vielleicht lag das auch an meiner Geschwisterposition als Ältester, aber nicht nur. Ich glaube, ich verstand meine Mutter mehr als das ihr Ehemann tat. Auf jeden Fall habe ich zahlreiche und tiefe Gespräche mit meiner Mutter geführt. Nicht selten schüttete sie mir dann in Bezug auf meinen Vater ihr Herz aus. Immer wieder sagte sie zu mir: »Ich glaube, der Papi versteht mich einfach nicht.« In diesen Situationen fiel es mir schwer, widersprechende oder tröstende Worte zu finden.

Nach dem Tod meiner Mutter folgten schwere Tage und Wochen für meinen Vater. Die Frage nach dem »Warum« ließ ihn nicht los: »Wie konnte sie mir das antun?« »Wieso hat sie das getan?« Diese Fragen wiederholte er über viele Wochen hinweg gebetsmühlenartig. Als er sich wieder etwas gefangen hatte, wollte er gegen den Arzt wegen Verletzung der Aufsichtspflicht prozessieren. Das konnten wir glücklicherweise abwenden.

Beim Ausräumen des Zimmers meiner Mutter fielen uns ihre kleinen Bücher in die Hände, in welche sie persönliche Notizen geschrieben hatte. Die Bücher hatten immer offen herumgelegen, aber keiner außer ihr hatte dort einen Blick hineingeworfen. Erst jetzt interessierten wir uns für das, was sie mit ihrer zierlichen, aber bestimmten Handschrift notiert hatte. Neben Telefonnummern, Geburtstagen und anstehenden Aufgaben, neudeutsch »To-dos«, fanden wir dort existenzielle Gedankenfetzen wie: »Es wäre wohl besser, wenn ich nicht mehr wäre«, oder: »Ich sehne mich danach, von dieser Welt zu gehen.« Das war ein ziemlicher Schock für uns. Wir fragten uns, ob es anders gekommen wäre, wenn wir diese Hefte vorher einmal durchgeblättert hätten. Ob wir ihren Tod dann möglicherweise sogar hätten verhindern können. Aber wir konnten die Uhr nicht zurückdrehen.

Bei der Beisetzung, die in unserer Gruftkirche stattfand, kam noch einmal alles hoch: die Wut, die Trauer, die Ohnmacht. Besonders für meinen Vater war das ein schlimmer Moment. Auch für uns Kinder war das ein schwerer Gang. Ich glaube, erst hier wurde mir klar, dass meine Mutter nicht mehr unter uns war. Eine tiefe Traurigkeit legte sich über mich, die ich auch in den darauffolgenden Wochen nicht abschütteln konnte. Trauer ist ein merkwürdiges Gefühl: Die Frage nach dem Warum und ob man es hätte verhindern können, beschäftigte auch mich sehr. Immer wieder ertappte ich mich dabei, wie Wut oder zumindest Enttäuschung in mir aufkam. »Wieso hatte sie keinen anderen Weg wählen können?«, fragte ich mich nicht nur einmal. Aber daran festzuhalten, hilft nicht. Und irgendwann konnte ich mich damit trösten, dass sie sich aus einer inneren Freiheit heraus zu diesem Schritt entschieden hatte. So gelang es mir letztlich, mit ihrem Tod abzuschließen. So ähnlich brachte ich das auch in meinem Song *River of Freedom* zum Ausdruck, der mir über die Trauer meiner Mutter hinweg half:

You have left this troubled world
Out of your own black despair
You were gone without a notice
And a chance to bid farewell
But we know the Lord had called you
And you had to find the way
To the river of freedom
In the valley of joy

You have gone through muddy waters
You have sailed the stormy seas
But you had to find the harbor
To anchor in eternal peace
Your ship has seen so many places
And has travelled many ways
To the river of freedom
In the valley of joy

You were walking in the sunshine
On dusty roads you felt the pain
You have faced the heavy weather
You were left out in the rain
When you made your final journey
Then you knew that you would come
To the river of freedom
In the valley of joy

You have reached your destination
Come to see the promised land
Where one day we'll be togethor
Stay forever in rejoice.
All the love you laid upon us
Will be returned in endless grace
At the river of freedom
In the valley of joy.

Beim Tanz mit meiner Mutter anlässlich ihres 50. Geburtstags, 1982

Meine Mutter an ihrem 59. Geburtstag in Umkirch, 1991

Now you'll see the door to heaven
And the glory of the Lord.
For your one only salvation
He took your soul in His own hand.
And the host of guardian angels
They are showing you the way
To the river of freedom
In the valley of joy

DIE KIRCHLICHE HOCHZEIT VON FERDINAND UND ILONA Im August 1996 war die kirchliche Trauung von Ferdinand und Ilona geplant. Natürlich fragte mein Bruder, ob er die Festlichkeiten besser verschieben sollte. Aber mein Vater sagte überzeugt: »Hochzeit bricht Trauer, ein solch freudiges Ereignis sollte man nicht verschieben!« So setzte das Paar seine Vorbereitungen fort. Die Hochzeit wurde in der Slowakei ausgerichtet, in einem kleinen Dorf namens Čičov/Csicsó nahe der ungarischen Grenze im Donaudelta. Die Familie von Ferdinands Schwiegervater hatte dort Besitztümer, die sie nach der Wende zurückbekommen hatten, einschließlich eines alten Schlosses. Der Vater meiner Schwägerin hatte ein Jahr zuvor damit begonnen, das Schloss zu renovieren, und es war sein innigster Wunsch, seine Tochter Ilona dort heiraten zu sehen. Im Schloss gab es noch nicht überall elektrisches Licht. Und so waren für das Abendessen vor der Trauung überall Kerzen aufgestellt. Es müssen Hunderte gewesen sein. Eine ganz bezaubernde Atmosphäre war das! Am Tag der Trauung war es sonnig und sehr warm. Zu Fuß begab sich der Hochzeitszug auf der ungeteerten Dorfstraße zur Kirche, begleitet von einem traditionellen Trio aus Bass, Akkordeon und Gitarre, das Volksmusik aus der Gegend spielte. Die Dorfkirche war so klein, dass nur etwa ein Drittel der Hochzeitsgesellschaft hineinpasste. Der Rest musste draußen in der Mittagsglut warten. Nach der Kirche gab es ein schönes Mittagessen im Freien. Am Abend kam das ganze Dorf zum Feiern dazu. So wie man eben früher eine Hochzeit feierte. Mit einem für diese Gegend typischen Ochs am Spieß, viel Rotwein und Schnaps bis in die tiefen Nachtstunden. Die Musiker, die schon den musikalischen Auftakt gemacht hatten, spielten die ganze Nacht durch und sorgten für ausgelassene Tanzstimmung. Es war herrlich! Ich glaube, selbst mein Vater vergaß für den Moment seine Trauer, zumindest für eine kurze Weile. Ferdinand und Ilona sind immer noch glücklich verheiratet und leben mit ihren drei Kindern in der Uckermark, auf dem Gut Ferglitz. Mein Bruder hatte den Hof damals von der Treuhand gekauft, um ihn in mühevoller Arbeit und mit viel Liebe fürs Detail herzurichten. Meine Schwägerin ist Bildhauerin und Töpferin und so ist der Hof auch eine kulturelle Begegnungsstätte geworden, an der regelmäßig Kunsttage veranstaltet werden.

TRAUERZEIT MEINES VATERS Nach dem Tod meiner Mutter war mein Vater nicht mehr derselbe. Er wurde immer schweigsamer. Es war erschütternd, mit anzusehen, wie ein Mensch nicht nur äußerlich, sondern auch innerlich in sich zusammenbrach. Mein Vater war ein äußerst disziplinierter Mensch und hatte stets eine positive Grundeinstellung, aber in dieser Zeit gab es Tage, in denen er einfach entmutigt wirkte. Sein Glaube indes hat ihm aus meiner Sicht immer wieder neue Kraft gegeben. Und auch die Familienfeiern wie die Erstkommunion von Alexander und Philippa schafften eine willkommene Abwechslung und brachten ihn auf andere Gedanken. Gerade zu seinem Enkel Alexander hatte er einen guten Draht. Bisweilen fuhr Alexander mit dem Fahrrad zu ihm nach Josefslust. Diese kleinen Begegnungen taten ihr Übriges, ihn ein Stück ins Leben zurückzuholen.

Politisches Engagement und Lobbyarbeit

Zu Beginn der neunziger Jahre hatte ich angefangen, mich politisch in verschiedenen Verbänden zu engagieren. Ich war bereits im Vorstand der Interessenvertretung *Familienbetriebe Land und Forst* (ehem. *Grundbesitzerverband Baden-Württemberg*), als ich in den Wirtschafts-

Mit meinen beiden Brüdern auf der Hochzeit von Ferdinand und Ilona, 1996

rat der CDU eintrat, in dessen Bundesvorstand ich bis heute tätig bin. Eine spannende Aufgabe, die ich vom ersten Tag an mit viel Freude ausfüllte und die es mir ermöglichte, viele spannende und inspirierende Persönlichkeiten kennenzulernen.

1992 wurde ich in den Aufsichtsrat der Südwestbank berufen, den ich über fast 30 Jahre innehaben sollte.

Im selben Jahr wurde ich noch in den Beirat des *Gerling*-Konzerns berufen. *Gerling* war zu dieser Zeit unser Hauptversicherer und mein Vater war schon viele Jahre in dessen Beirat tätig gewesen. Dort versammelten sich namhafte Persönlichkeiten aus Industrie und Banken. Einmal im Jahr traf man sich zur großen *Gerling*-Sitzung, die umrahmt war von einem schönen Konzert und einem fulminanten Abendessen. Dieser Beiratssitz währte allerdings nicht sehr lang. Als wir im Jahr 1996 eine Versicherungsmaklerin beauftragten, um unsere Verträge zu überprüfen, stellte sie fest, dass einige unserer Beiträge im Marktvergleich viel zu hoch waren. Also lösten wir jene Verträge auf und wechselten zu günstigeren Anbietern. Das stieß im Beirat der *Gerling* nicht gerade auf Verständnis. Kurz darauf erhielt mein Vater ein Schreiben des Konzerns: »Wir beabsichtigen, im neuen Jahr unseren Beirat zu verjüngen. Daher müssen wir Ihnen mitteilen, dass Sie zum Jahresende als Beiratsmitglied ausscheiden werden.« Ich empfand diesen Brief schlicht als impertinent, hatte sich mein Vater doch über 40 Jahre in diesem Beirat engagiert. Nachdem sich bei einem Gespräch mit dem Stuttgarter Leiter bestätigte, dass *Gerling* tatsächlich auf Grund unserer Kündigungen verstimmt war, entschied ich mich aus Solidarität mit meinem Vater, ab dem neuen Jahr ebenfalls nicht mehr als Beiratsmitglied zur Verfügung zu stehen.

Dafür wurde ich später in den Beirat der *Gothaer Versicherung* berufen, in dem ich viele Jahre tätig war und dabei ebenfalls äußerst interessante Menschen kennenlernte.

Auch begann ich mit der Tätigkeit im Vorstand der *Prinzessin Kira von Preußen Stiftung*, die Kindern aus sozial schwachen Familien Ferien auf der Burg Hohenzollern ermöglicht. Mein Cousin Prinz Georg Friedrich von Preußen hatte mich darum gebeten, das Amt zu übernehmen, das mein Vater aus Altersgründen abgegeben hatte.

Exkurs: **Der Große Arber (1.455,5 m) im Bayerischen Wald – modernes Skigebiet, Forstbetrieb und Naturschutzgebiet**

Die Geschichte zum »König des Bayerischen Waldes«, wie der Große Arber genannt wird, geht bis zu meinem Vorfahren Fürst Karl Anton zurück. Dieser hatte am 7. Dezember im Jahr 1849 das Fürstentum Hohenzollern-Sigmaringen gegen eine Entschädigung an die preußische Krone abgetreten. Und es war diesem finanziellen Glücksfall zu verdanken, dass er im Jahr 1852 Besitzungen in Markt Eisenstein erwarb, das heute Železná Ruda heißt und in der Tschechischen Republik liegt. Zwanzig Jahre später, im Jahr 1872, erweiterte er diesen Besitz um Waldungen im benachbarten Bayerisch Eisenstein. Auf jenem Grund befand sich auch das Jagdschloss Bistritz, das mein Vater noch als Jugendlicher kannte. Wie mein Großvater, war auch er ein begeisterter Weidmann. Im Zuge der beiden Weltkriege verloren wir einen Großteil des Landes, sodass sich heute von den einst 16.000 Hektar noch 2.200 Hektar in unserem Familienbesitz befinden, was immer noch den Großteil des Großen Arbers sowie der umliegenden Waldgebiete ausmacht. Ein wahres Schmuckstück ist die mit Schindeln verkleidete Arberkapelle, die nur wenige Meter unter dem Gipfelkreuz als höchstgelegene Kapelle im Bayerischen Wald thront. Bereits 1806 wurde auf dem Arber eine erste Holzkapelle errichtet, die in den folgenden Jahren immer wieder erneuert wurde und nach Ende des Ersten Weltkrieges bis auf einen kümmerlichen Rest völlig zusammengebrochen war. Mein Vater ließ Mitte der fünfziger Jahre eine neue Kapelle errichten, die am 25. August 1957 der heiligen Maria geweiht wurde. Im Jahr 2015 wurde sie

generalsaniert und mit einer Glocke aus der evangelischen Kirche in Bayerisch Eisenstein bestückt.
Nach dem Zweiten Weltkrieg waren mein Vater und mein Großvater sehr engagiert, das Gebiet am Großen Arber neben dem Forstbetrieb auch touristisch zu erschließen. Den Grundstock dafür legte der erste Sessellift, der am 17. September 1949 eröffnet wurde und die Wanderer auf den Gipfel befördern sollte. Als Sessel dienten alte Flugzeugsitze aus dem stillgelegten Messerschmitt-Werk in Regensburg. Auf diese gewitzte Idee war mein Vater gekommen.
Schon damals wurde der Lift aber auch von einigen Skifahrern genutzt, die mit ihren Brettern neben dem Lift den Berg hinunterfuhren. Das bestärkte meinen Vater und meinen Großvater als begeisterte Skifahrer darin, das Gebiet auch für den Skisport zu erschließen. So wurde in den fünfziger Jahren damit begonnen, den sogenannten »Nordhang« als Skipiste auszubauen, was damals echte Pionierarbeit war und den Grundstein für das heutige Skigebiet legte. Parallel dazu wurde ein alter Gasthof auf unserem Grund zum sogenannten *Sporthotel Brennes* ausgebaut, das wir in den achtziger Jahren jedoch verkauft haben. An dem Hang hinter dem Hotel unternahm ich mit gerade mal drei oder vier Jahren meine allerersten Skifahrversuche.
In den sechziger Jahren wurde der Ausbau des Skigebietes am Großen Arber richtig vorangetrieben. 1962 wurde ein Doppelsessellift am Nordhang erbaut. Außerdem wurden die ersten Schlepplifte am sogenannten Thurnhofhang gebaut, die es noch heute gibt. Damals war das eine Sensation und brachte immer mehr Skitouristen an den Großen Arber. Parallel zum Ausbau der Pisten erweiterten wir die Gastronomie. Unten an der Talstation wurde ein kleiner Gasthof gebaut, oben an der Bergstation entstand das sogenannte *Arberschutzhaus* und an den Schleppliften am Thurnhof errichteten wir das erste Selbstbedienungsrestaurant. Der große Schlagbaum, der in Bayerisch Eisenstein aufgestellt war, und die Zäune, die entlang unseres Besitzes durch den Wald verliefen – das alles hatte für mich als Kind etwas Geheimnisvolles, ja Unheimliches. Nie hätte damals jemand damit gerechnet, dass der Schlagbaum, der die Bundesrepublik von der Tschechoslowakei trennte, irgendwann Geschichte und frei passierbar werden würde.
Mit der Öffnung der Grenzen und der Gründung der Tschechischen Republik kamen nicht nur Touristen aus dem Nachbarland, die heute ungefähr vierzig Prozent unserer Gäste ausmachen, sondern auch Personal. Wir sind sehr froh über unsere Mitarbeiter aus Tschechien, denn oft bekommen wir in der Region kaum Leute, die

eine ganze Wintersaison durcharbeiten wollen. Der größte Bonus daran ist, dass die Menschen aus der Grenzregion keine Unterkunft benötigen.
Auf Grund der enormen Nachfrage entschieden wir uns in den neunziger Jahren, das Skigebiet weiter auszubauen. Dieser Prozess dauerte bis Anfang der zweitausender Jahre. 1999 begann der Neubau der Sechser-Gondelbahn, mit der wir den Sessellift von 1949 ersetzten und die im Sommer Wanderer und Ausflugsgäste auf die Gipfelregion befördert. Im Jahr 2002 wurde der Nordhang um einen Sechser-Sessellift erweitert und parallel dazu begannen wir mit dem Bau einer neuen Trasse, dem sogenannten Sonnenhang mit einer weiteren Sechser-Sesselbahn, die im Jahr 2005 eingeweiht wurde. Dabei kam uns zugute, dass ein Sturm viele der Bäume entwurzelt hatte, sodass wir statt aufforsten zu müssen, unseren Antrag auf Pistenerweiterung genehmigt bekamen, was ansonsten recht schwierig gewesen wäre. Zuletzt kam im Jahr 2008 am Thurnhofhang ein Kinderskigelände mit drei Förderbändern und einem Kinderskikarussell dazu sowie im Jahr 2010 die Erweiterung der FIS-Abfahrt, die uns auch für Weltcup-Abfahrten qualifiziert, die schon einige Male dort stattfanden. Heute gehört die Arber-Bergbahn zu den modernsten Liftanlagen Deutschlands. Zur Modernisierung gehörte auch die Erweiterung der Beschneiungsanlage auf 40 Schneekanonen, die wir im Jahr 2007 vornahmen. An sich ist der Große Arber durch seine Alleinstellung recht schneesicher. Wir haben den Vorteil, dass der größte Teil des Großen Arber ein Nordhang ist, sodass im Winter erst am Nachmittag die Sonne auf die Piste scheint und dadurch der Schnee auch im Frühjahr noch relativ lange hält. Dennoch kommen wir nicht mehr ohne Beschneiungsanlage aus. Dafür nutzen wir einen eigens dafür gebauten Beschneiungsteich, der sich aus Schmelz- und Regenwasser speist, sodass wir nur einen geringen Teil Quellwasser dazu nehmen müssen, was weitaus umweltfreundlicher ist.
Mit der Pistenerweiterung ging auch der Ausbau der gastronomischen Betriebe einher. In den neunziger Jahren errichteten wir auf dem Gipfel zusätzlich zum *Arberschutzhaus* die *Eisensteiner Hütte*, und vor ein paar Jahren eröffnete der *»Arbor Stadl«*, ein kleines Restaurant mitten auf der Piste, sodass wir zusammen mit dem *Thurnhofstüberl* sowie dem *Gasthaus zur Gondelbahn* in der Talstation insgesamt fünf Restaurants im Skigebiet betreiben.
Seit den siebziger Jahren befindet sich auf dem Gipfel des Großen Arber eine Bundeswehr-Radarstation, die permanent mit sechs Mann besetzt ist, um den gesamten Luftraum bis nach Russland

überwachen zu können. Sie ist nicht unbedingt ein Blickfang, aber man hat sich inzwischen daran gewöhnt. Vor einigen Jahren haben wir gemeinsam mit der Bundeswehr auf der Bergstation einen Glasaufzug mit einer Glasbrücke zur oberen Aussichtsplattform gebaut, von wo aus die Bundeswehr zu ihrem Eingang und unsere Gäste barrierefrei zum *Arberschutzhaus* und zur *Eisenstätter Hütte* gelangen.
Im Jahr 1993 richteten unsere Touristikbetriebe zum ersten Mal ein internationales Skirennen aus – das Europacuprennen, das den Auftakt zu 18 weiteren internationalen Wettkämpfen auf Weltklasseniveau markierte. Meist war ich als Schirmherr vor Ort und hatte das Vergnügen, dabei viele Skifahrer persönlich kennenzulernen. Es waren immer schöne Veranstaltungen mit einem großen Empfang der Stadt Zwiesel am Vorabend. Obwohl die Rennen grundsätzlich als effektive Werbung für unsere Region galten, waren sie zugleich mit erheblichem Aufwand verbunden. Da sich zudem unsere Hoffnung, durch die Rennen mehr Touristen in die Region zu locken, nicht bestätigte, beschlossen wir im Jahr 2011, das Skigebiet nicht länger als Austragungsort zur Verfügung zu stellen.

Im Jahr 2000 setzte das *Landesleistungszentrum* den Spatenstich für ein Leistungssport-Trainingsgelände für Langlauf und Biathlon auf unserem Grund. Hier trainieren nicht nur die Profis und Nachwuchstalente. Auf der 12 Kilometer langen Langlaufpiste finden jedes Jahr auch Wettbewerbe in den beiden Disziplinen statt.
Auf unseren Besitzungen im Bayerischen Wald unterhalten wir auch einen gut gehenden Forstbetrieb mit starken Fichtenhölzern. Unsere Waldungen grenzen an den Nationalpark Bayerischer Wald an, der 1970 gegründet und im Jahr 1997 um fast die doppelte Fläche erweitert wurde. Im Jahr 2020 wurde der Park um weitere 600 Hektar vergrößert und umfasst heute 25.000 Hektar. Der Wald wurde hier komplett stillgelegt, und wir hatten davor gewarnt, dass sich in einem unbewirtschafteten Wald der Borkenkäfer leicht ausbreiten kann. In den neunziger Jahren wurden im Nationalpark tatsächlich große Teile des Fichtenwaldes durch den Buchdrucker abgefressen, und wir mussten schauen, dass er sich nicht auch in unseren Waldungen vermehrt. Damals wurde der Kompromiss getroffen, bis zum Jahre 2027 den Borkenkäfer mit Schädlingsmitteln zu bekämpfen, um den Nationalpark nicht ganz an ihn zu verlieren. Glücklicherweise hat das unserem Wald langfristig nicht geschadet und wir können unsere Waldwirtschaft und die Jagd auf unse-

ren Besitzungen normal weiterführen, wofür wir einen Förster aus Bayerisch Eisenstein eingestellt haben.
Nicht nur wirtschaftlich, auch persönlich fühle ich mich der Region sehr verbunden. Besonders in meiner Jugend verbrachte ich viel Zeit auf den Pisten des Großen Arber. Mit Erhard Gattermann aus Bayerisch Eisenstein, der damals Leiter des Bayerischen Skiverbandes war und viele Bücher über die Kunst des Skifahrens verfasst hatte, fand ich einen Ski-Crack, der mir das Carven und das Tiefschneefahren am Großen Arber beibrachte.
Bereits meinem Großvater und meinem Vater war es ein großes Anliegen, ein gutes Verhältnis zur Gemeinde Bayerisch Eisenstein zu pflegen, und es ist in meinem Interesse, die gute Beziehung fortzuführen. So reise ich bis auf den heutigen Tag oft und gern in die Region.

Bauprojekte

Im Laufe der Jahre realisierten wir verschiedene Immobilienprojekte, meist Wohnhäuser und Ladenwohnungen alter Mitarbeiterhäuser sowie auch Konzepte für unsere historischen Gebäude. Die meisten davon setzten wir mit dem Ehepaar Moschkon um. Agnes Moschkon, damals noch Agnes Fink, ist eine alte Freundin aus meiner Schulzeit und hatte ihren Mann August bereits im Studium kennengelernt. August war als kreativer Kopf für das Design zuständig, während Agnes sich um die praktischen Belange wie die Bauanträge kümmerte und ein geschicktes Händchen im Umgang mit dem Denkmalamt hatte. Die Arbeit mit den beiden war immer wieder sehr bereichernd.

PALAIS IM HOFGARTEN Zu den wichtigsten Projekten dieser Art zählt das Palais im *Hofgarten*, das wir 1997 fertigstellen konnten. Der Hofgarten mit Blick auf die Donau und auf unser Schloss hat eine bewegte Geschichte: Zur Zeit meines Ur-Ur-Urgroßvaters, Fürst Karl Anton von Hohenzollern, war dort die Museumsgesellschaft untergebracht, nachdem er in deren ursprünglichem Gebäude als großer Theaterliebhaber das Hoftheater hatte bauen lassen. Mein dreifacher Urgroßvater selbst hatte die Museumsgesellschaft gegründet. Eine Art Lesezirkel, in dem sich Ausstellungsinteressierte trafen und gemeinsame Museumsreisen unternahmen. Während des Zweiten Weltkrieges wurde die Museumsgesellschaft wie viele andere kulturelle Einrichtungen verboten und aufgelöst. Nach dem Krieg zog in das Palais eine Spinnerei ein, die bis Anfang der sechziger Jahre bestand. Danach wurde eine Discothek

Einweihung Gondelbahn Arber-Bergbahn mit Bischof Manfred Müller und meinem Vater, 1999

daraus. In meiner Jugend verbrachte ich viele Wochenenden dort. Es war eine Disco im klassischen, gediegenen Stil mit Holz und Ledersesseln – kein Studio 54, sondern eine etwas bieder anmutende Landdisco, in der ganz Sigmaringen feierte. In den achtziger Jahren entstanden vor dem Palais Parkplätze, die von der Kreissparkasse angemietet wurden. Anfang der neunziger Jahre fragte die Kreissparkasse an, ob sie den Platz nicht kaufen könne. Aber wir wollten in der Stadt keine Gebäude und Grundstücke mehr veräußern. Und so entwickelten wir gemeinsam mit der Sparkasse ein interessantes Konzept, das für einen langfristigen Mietvertrag ausgelegt war: Wir bauten eine Tiefgarage, die Parkplätze wurden wieder zu einer Grünanlage umgestaltet und aus dem historischen Palais wurde ein Veranstaltungsraum mit prächtigem Saal, der heute für bankinterne Events genutzt und für Hochzeiten und ähnliches vermietet wird. Dazu kamen zwei Nebengebäude, die durch Glas mit dem Palais verbunden sind und den Bankmitarbeitern als Schulungsräume dienen. Es war ein gigantisches Bauprojekt, das fast zwei Jahre bis zur Fertigstellung in Anspruch nahm, aber es hat sich für alle Beteiligten gelohnt. So ist es für die Kreissparkasse ein echtes Vorzeigeprojekt. Das *Sparkassen Forum Hofgarten* gehört heute zusammen mit dem gegenüberliegenden Marstallgebäude zu den namhaften Landmarks im Sigmaringer Stadtbild.

DIE EHEMALIGE REITHALLE/DER UMBAU DES MARSTALLGEBÄUDES

Auch das historische Marstallgebäude, die ehemalige Reithalle, voll-

Besuch von MP Edmund Stoiber am Arber, links Thomas Liebl, 2002

zog im Laufe der Geschichte einige Wandlungen. Viele Jahre hatten wir dort unsere *Elektrozentrale Sigmaringen* untergebracht, bevor sie zum 100-jährigen Jubiläum im Jahr 1993 in ein neues Industriegebäude an der Grünen Wiese umzog. Danach bauten wir dort die Marstall-Passage, eine Art Shopping-Mall mit exklusiven Läden, die sich allerdings auf Grund der geringen Kundenfrequenz nicht lange halten konnten. Auch das Sportgeschäft, an das wir die Flächen über einige Jahre vermieteten, musste vor drei Jahren aufgeben. Seit dem suchten wir nach einem Partner für ein neues Konzept, den wir mit der örtlichen Brauerei *Zoller-Hof*, einem traditionsreichen Familienunternehmen, das in sechster Generation besteht, endlich fanden. Ihr altes Brauereigebäude muss abgerissen werden und so ist das für alle Beteiligten eine Win-Win-Situation. Auf den unteren beiden Etagen soll es eine Art Erlebnisgastronomie geben, mit Bar, Freisitz und Restaurant. Und im zweiten Stock wird ein Museum errichtet, mit Oldtimer-Motorrädern von *Zündapp*. Inzwischen sind die Baumaßnahmen abgeschlossen und seit der Eröffnung im Sommer 2022 hat sich gezeigt, dass das Konzept bestens aufgegangen ist.

2000-2010 Zeitenwende • Sigmaringen

Wir müssen bereit sein, uns von dem Leben zu lösen, das wir geplant haben, damit wir das Leben finden, das auf uns wartet.

Oscar Wilde

Der bevorstehende Jahrtausendwechsel erzeugte in mir ein Gefühl des Aufbruchs, obwohl ich keine konkreten Vorstellungen hatte, wie sich diese Veränderungen konkret ausgestalten würden. Es war, als ob sich eine unsichtbare Tür öffnete, die mich in eine neue Ära führte. Die Zahl »2000« repräsentierte für mich nicht nur eine astronomische Veränderung, sondern weckte auch meine Neugier auf die technologischen Fortschritte, die das neue Jahrtausend mit sich bringen würde. Gleichzeitig fragte ich mich, welche Neuerungen und Herausforderungen die Zeitenwende für meinen persönlichen Lebensweg bereithielt. Einige Veränderungen lagen bereits in der Luft, andere waren nur vage erahnbar, während wieder andere völlig unerwartet auf mich zukamen.

Ehekrise, Trennung und Scheidung

Im Zentrum der absehbaren Veränderungen standen Veränderungen im Bereich meiner Ehe. Bereits in den ersten Jahren in Krauchenwies war es die ersten Male zu Spannungen zwischen uns Eheleuten gekommen. Als Großstädterin, die in Düsseldorf aufgewachsen war und in New York und München gearbeitet hatte, war es für Alexandra schwierig, sich mit dem Leben in der Provinz zu arrangieren. Wie meiner Mutter fiel es ihr nicht leicht, mit der schwäbischen Mentalität warm zu werden. Hinzu kam ein eher schwieriges Verhältnis zwischen Alexandra und meiner Mutter, die der Auffassung war, Alexandra würde ihrer Aufgabe als Erbprinzessin nicht hinreichend gerecht werden. Dass meine damalige Frau kein großes Interesse zeigte, sich in die Geschäfte unseres Fürstenhauses einzubringen, belastete unsere Beziehung tatsächlich. Nun kamen familiäre Themen dazu. Alexandra warf mir vor, mich nicht genügend ins Familienleben einzubringen. Auch offenbarte sich nun, dass wir unterschiedliche Auffassungen bezüglich unserer Lebensgestaltung und auch hinsichtlich der Erziehung unserer Kinder hatten. Aber als Eltern von vier heranwachsenden Kindern gaben wir uns Mühe, einträglich miteinander auszukommen. Allerdings nahmen die Konflikte im Laufe der Zeit zu.

Die meiner Erinnerung nach erste auch für Außenstehende spürbare Auseinandersetzung fällt symbolischerweise just in die Wende zum Jahr 2000. Silvester verbrachten wir gewöhnlich bei uns in Krauchenwies, aber zu diesem außergewöhnlichen Jahreswechsel wollten wir etwas Besonderes unternehmen. So fuhren wir mit Freunden nach Zürs zum Skifahren. Es gab ein imposantes Silvester-Gala-Dinner, das allerdings von zwei unschönen Ereignissen überschattet war. Zunächst verletzte sich Alexander empfindlich an einem Silvesterknaller, der in seiner Hand losgegangen war. Glücklicherweise sorgten eine Packung Eis und tröstende Worte langsam für Linderung. Aber zu späterer Stunde schaukelte sich eine Meinungsverschiedenheit zwischen Alexandra und mir so hoch, dass Alexandra sich auf ihrem Zimmer einschloss. Trotz guten Zuredens seitens der Kinder blieb sie dort, und so feierten wir den Beginn des neuen Jahrtausends ohne sie. Im Nachhinein erscheint mir dieser Abend wie ein Vorbote der Spannungen und Schwierigkeiten, die in den nächsten Jahren auf uns zukamen.

Im Rückblick zu erörtern, weshalb unsere Ehe scheiterte, fällt nicht gerade leicht. Zudem hat sicherlich jeder Partner seine eigene Wahrheit. Aus meiner Sicht hatten wir zu verschiedene Temperamente und Bedürfnisse und zu unterschiedliche Vorstellungen darüber, wie wir unser Familienleben und unsere Beziehung gestalten wollten. Meine Versuche, es Alexandra recht zu machen, führten auf Dauer dazu, dass ich selbst unglücklich wurde. Hinzu kam ihre zunehmende Kritik an meiner Beschäftigung mit der Musik. »Der Jazz scheint dir wichtiger als die Familie«, bekam ich oft zu hören, was ich wiederum als ungerechtfertigten Vorwurf empfand. Die Unzufriedenheit auf beiden Seiten wuchs. Aus kleinen Unstimmigkeiten entstanden heftige Diskussionen und es wurde immer schwieriger und verkrampfter. Als wir schließlich aufhörten, miteinander über unsere Probleme zu sprechen, war das wohl der Anfang vom Ende. Trotz therapeutischer Beratung, die wir beide in Anspruch nahmen, blieben die Spannungen zwischen uns bestehen, und irgendwann sah ich keine gemeinsame Perspektive mehr für uns. Und so traf ich im Herbst 2003 schließlich die Entscheidung, mich von Alexandra zu trennen und zurück in unser Schloss in Sigmaringen zu ziehen.

Während unsere jüngeren Töchter Flaminia und Antonia die angespannte Situation mit meiner damaligen Frau weniger zu belasten schien, litten unsere älteren Kinder Alexander und Philippa stärker unter den Konflikten und der Trennung. Nicht zuletzt deshalb wagte ich nach einem Gespräch mit Alexandra im Frühjahr 2005 noch einmal den Schritt zurück nach Krauchenwies. Aber schon nach kurzer Zeit flammten die alten Konflikte erneut auf. Gleichwohl wollte ich nicht sofort das Handtuch werfen und biss für zwei weitere Jahre die Zähne zusammen.

Wenn ich aufrichtig zurückschaue, hatte ich mich in dieser Zeit innerlich bereits getrennt. Wir hatten uns etwas vorgemacht. Und so zog ich 2007 einen endgültigen Schlussstrich, dieses Mal in der Gewissheit, dass diese Trennung auf eine Scheidung hinauslaufen würde. In Schloss Umkirch fand ich für einige Monate einen Rückzugsort. Ich brauchte Besinnungszeit und Abstand. Es war ein Buch, das mich damals in der Entscheidung bestärkte: *Die Nacht vor der Scheidung* von Sándor Márai. In einem Dialog mit seinem Jugendfreund und rechtsprechenden Richter schildert der Protagonist, wie sehr sich seine Eltern miteinander gequält haben, weil sie den Mut nicht gefunden hatten, sich scheiden zu lassen. »Er endete auf dem Kehrichthaufen seines zusammengestürzten Lebens«, heißt es dort sinngemäß. Dieser Satz erschien mir damals wie eine Art Ermahnung und Bekräftigung meines Entschlusses, unsere Ehe unter den gegebenen Umständen nicht weiterführen zu wollen. So reichte ich nach dem obligatorischen Trennungsjahr die Scheidung ein.

Währenddessen hatte ich mit Alexandra bereits Vereinbarungen getroffen, die beispielsweise vorsahen, dass sie weiterhin in unserem Haus in Krauchenwies wohnen könne. Später wurde ich oft gefragt, ob es mir nicht sehr schwer gefallen sei, Krauchenwies aufzugeben. Natürlich war es kein leichter Schritt, aber eine Trennung ist ohnehin ein schmerzhafter Prozess, besonders dann, wenn Kinder im Spiel sind. Und dabei ist der materielle Schaden wohl noch das geringste Übel. Gerade aus heutiger Perspektive nehme ich den Verlust von Krauchenwies mit Gelassenheit wahr. Die Kinder hatten damit die Möglichkeit, ihre Heimat nicht verlassen zu müssen. Und für mich ergab sich damit letztlich die Gelegenheit, in mein Elternhaus zurückzukehren, auch wenn es noch einige Jahre dauern sollte.

Trotz der emotionalen Belastung, die unsere Scheidung für mich und die ganze Familie mit sich brachte, habe ich den Entschluss nie bereut. Die Scheidung war nicht nur der konsequente Schritt, sondern vor allem die Aussicht auf ein zufriedeneres und vielleicht sogar glücklicheres Leben. Aber bis dahin sollten noch einige Jahre ins Land gehen und mussten noch einige private und berufliche Herausforderungen gemeistert werden.

Abgabe und Wiedererlangung der Generalvollmacht

Wenige Jahre nach dem Tod meiner Mutter wollte mein Vater noch einmal aktiv ins Unternehmen einsteigen und ein letztes Mal das Zepter in die Hand nehmen. Das machte das Verhältnis zwischen uns beiden nicht leichter. Mein unternehmerisches Engagement für *Zollern* sowie meine Lobbyarbeit interpretierte er weniger als Zeichen meiner Verantwortung als Generalbevollmächtigter, sondern vielmehr als Vernachlässigung meines Postens. Ich dagegen ärgerte mich darüber, dass er meine Vorschläge und Entscheidungen für das Fürstenhaus ständig hinterfragte oder sie gar rückgängig machte, nur um beim Altgewohnten zu bleiben und die Kontrolle über alles zu bewahren. Teilweise wusste ich nicht mehr, was tun, und überlegte immer mal wieder, die Generalvollmacht an ihn zurückzugeben, um mich nach anderen Herausforderungen umzusehen. Das Gefühl, ausgebremst zu werden und nicht autonom in meinen Entscheidungen zu sein, zehrte an mir.

Einen wertvollen Gesprächspartner, der mir über manche Verzweiflung hinweghalf, fand ich in Herrn Dr. Ulrich Palm. Dr. Palm war ein gebildeter und erfahrener Mann, der von erster Stunde an zum *Zollern*-Beirat gehörte und eine äußerst besonnene Art hatte, mit Problemen umzugehen. Er lehrte mich, Konflikte menschlich zu lösen und zu erkennen, wie wichtig es dafür ist, seine Meinung zurückstellen und zuhören zu können. »Ich möchte Ihnen etwas mit auf den Weg geben!«, sagte er eines Tages, als der Groll auf meinen Vater besonders an mir nagte. »Ich kann Ihre Enttäuschung gut verstehen. Doch seien Sie sich über eines im Klaren: Wenn Sie eines Tages am Grab Ihres Vaters stehen, wird Ihnen jedes böse Wort, was Sie ihm gegenüber geäußert haben, leidtun.« Ein weiser Rat, den ich von diesem Zeitpunkt an zu meinem Vorsatz machte. An ihn denke ich auch, wenn ich zufrieden darauf zurückschaue, das Unausgesprochene zwischen mir und meinem Vater aus jenen Jahren doch noch friedlich und mit Bedacht geklärt zu haben, bevor ihn die Demenz ganz vereinnahmte.

Aber an der akut angespannten Situation zwischen meinem Vater und mir änderte sich erst einmal nichts. Die Frustration war auf beiden Seiten irgendwann so groß, dass wir uns darauf einigten, meine Generalvollmacht an Ruprecht Freiherr von Rothkirch abzugeben, dessen Zeitvertrag als Geschäftsführer bei *Zollern* gerade ausgelaufen war. Das war im Spätjahr 2000. Auch wenn Herr von Rothkirch ganz in meinem Sinne die entscheidenden Schritte zur Verschlankung und Erneuerung der Fürstlichen Hofkammer vornahm, muss ich gestehen, dass ich von meinem Vater tief enttäuscht war, dass er mir die Verantwortung als Generalbevollmächtigter offensichtlich nicht zutraute. Aber trotz der verletzten Ehre fühlte ich mich doch auch erleichtert. Nun herrschten wenigstens klare Verhältnisse.

Aber schon kurze Zeit darauf verschlechterte sich der Gesundheitszustand meines Vaters merklich. Geistig war er zwar nach wie vor fit, aber seine ungesunde Lebensweise als starker Raucher, der zudem gerne gut aß und trank, hatte über die Jahre ihre Spuren hinterlassen. Die fortschreitende Atherosklerose verursachte Durchblutungsstörungen, sodass das Tastgefühl der Füße nachließ und er nur noch am Stock gehen konnte. Auch seine Augen machten ihm mehr und mehr zu schaffen. Mein Vater litt unter einer unheilbaren Augenkrankheit, einer Degeneration seiner Makula, in deren Verlauf er nach und nach sein Augenlicht verlor und am Ende kaum noch jemanden erkannte. Damit schränkte sich sein Alltagsleben sukzessive ein. Zunächst musste er das Fliegen aufgeben und dann nacheinander das Jagen, das Skifahren, das Autofahren und das tägliche Zeitunglesen. Zu guter Letzt konnte er nur noch mit einem speziellen Gerät lesen, das einzelne Zeitungsartikel oder Unterlagen auf einen fernsehgroßen Bildschirm vergrößerte.

Zwar sollten diese gravierenden Einschnitte noch einige Zeit auf sich warten lassen, aber der sich verschlechternde Gesundheitszustand war wohl dennoch mit ausschlaggebend dafür, dass mein Vater mich eines Tages, für mich überraschend, fragte, ob ich die Generalvollmacht wieder übernehmen würde. Auf meine Frage, warum ich die Generalvollmacht nun wieder übernehmen solle, erklärte er mir, dass die Zusammenarbeit mit Herrn von Rothkirch nicht nach seinen Vorstellungen verlaufen wäre. Ich fragte ihn, ob er sich das wirklich gut überlegt habe, was er mit einem klaren Ja beantwortete.

Nach einer Bedenkzeit, die ich mir erbeten hatte, willigte ich schließlich ein. Um jedoch möglichen Autoritätskonflikten vorzubeugen, erklärte ich, dass ich dieses Mal meine beiden Brüder bei den Vertragsgesprächen dabei haben wollte. Hierauf ließ sich mein Vater direkt ein. Zudem verlangte ich freie Hand bei der Entwicklung der Verwaltung und eine klare Geschäftsordnung, die regelte, wer in Zukunft welche Entscheidungen treffen sollte. Er ließ sich ohne Wenn und Aber auf all meine Forderungen ein und sagte schließlich: »Wir machen das genau so, wie du dir das überlegt hast. Ich bin froh, dass du das so gut durchdacht hast!« So trat ich 2002 meinen Posten als Generalbevollmächtigter ein zweites Mal an. Ein bedeutender Schritt, der es mir ermöglichte, nun die Geschicke des Fürstenhauses tatsächlich nach meinen eigenen Vorstellungen und mit bestem Wissen und Gewissen zu gestalten. Als Erstes suchte ich mir einen Assistenten, der mich fortan in allen Belangen der Geschäftsleitung unterstützen sollte. Ich fand ihn in einem Absolventen der European Business School, der bereits einige Berufserfahrung gesammelt hatte. Die Zusammenarbeit mit ihm ist mir in guter Erinnerung geblieben, erwies er sich doch als guter Zuhörer, der kluge Nachfragen stellte, pfiffige Ideen einbrachte und mit dem ich all die Themen diskutieren und weiterspinnen konnte, die mich als Unternehmer bewegten.

Die große Forstreform 2004

Mit der erneuten Aufnahme der Generalvollmacht standen einige Neuerungen auf meiner Agenda, mit denen ich die Weichen für eine zukunftsfähige Entwicklung unseres Fürstenhauses stellen wollte. Eines der Hauptthemen, das mich damals umtrieb, war die angestrebte Forstreform, deren Umsetzung sich in den folgenden Monaten fast wie ein ausgeklügelter Staatsstreich gestalten sollte. Neben der Firma *Zollern* und dem Touristikbetrieb am Großen Arber gehörte unser Forst zu den Hauptumsatzträgern, und so war es mir ein großes Anliegen, die Forst-Bilanzen besonders im Blick zu haben. Damals folgte unser Forstbetrieb einer strikten Hierarchie: An der Spitze stand der Forstchef, der unter sich auf mittlerer Ebene drei Forstamtsleiter hatte, die den Holzverkauf verantworteten und jeweils mit eigener Büroleitung, Dienstwagen und Sekretären ausstaffiert waren. Diesen drei Forstamtsleitern waren auf der untersten Ebene wiederum zwölf Revierleiter unterstellt, die sich hauptsächlich um die Aufforstung und Baumfällung kümmerten. Ich bezweifelte, dass dies ein tragfähiges Geschäftsmodell war, denn gerade im mittleren Management hatten wir enorme Personal- und Verwaltungskosten zu verbuchen, die bei fallenden Holzpreisen den Gewinn gefährdeten. Durch meine Arbeit in verschiedenen Forstverbänden wie der *Baden-Württembergischen Forstkammer* hatte ich einige Betriebe kennengelernt, die ihre Strukturen bereits reformiert hatten, besonders durch den Abbau ihrer Hierarchien. So etwas stellte ich mir auch für unseren Betrieb vor, und ich entwarf ein entsprechendes Konzept, das ich dem damaligen Oberforstdirektor vorstellte. Dieser hingegen war nicht im Geringsten von dem Vorschlag zu überzeugen, die gesamte mittlere Managementebene der Forstamtsleiter und deren Mitarbeiter zu streichen. Er hatte wenig Vertrauen, dass die Revierleiter den Holzverkauf managen könnten. Und so bat ich ihn, selbst ein Einsparungskonzept auszuarbeiten. Das Strategiepapier, das er MISTRAL nannte – Mittelfristige Strategie Leitlinie –, war wie der namensgebende Wind aus meiner Sicht nichts als heiße Luft. Und so bot es auch keinen zukunftsträchtigen Finanzplan, der uns größere Einsparungen ermöglicht hätte.

»Will man den Teich trocken legen, darf man nicht die Frösche fragen«, besagt ein altes Sprichwort. Deshalb schickte ich meinen Assistenten los, um die Mitarbeiter auf der unteren Hierarchie-Ebene zu befragen. Das Ergebnis legte massive Defizite in der Führung offen: Nach den Aussagen der Revierleiter gab es kaum Kontakt zum Forstchef und den Leitern der drei Forstämter, ebenso wenig Informationen hinsichtlich ihrer Entscheidungen und statt selbstverantwortlichem

Arbeiten lediglich Befehle von oben. Nachdem ich mich mit unserem Forstberater ausgetauscht hatte, war für mich die Sache klar: Ich konnte nicht abwarten, bis die alteingesessenen Forstamtleiter in den Ruhestand gingen. Es brauchte eine radikalere Lösung. Mein Plan sah vor, das gesamte mittlere Management mit den drei Chefs der Forstämter inklusive ihren Büroleitern und Sekretären zu entlassen und es um ein zentrales Büro mit sechs Revierchefs und einem Leiter aus deren Mitte zu ersetzen. Denn die Zahlen sprachen für sich. Und so begann ich im Verborgenen, diesen zugegebenermaßen verwegenen Plan in die Tat umzusetzen.

Hierzu musste ich die alte Garde zunächst in Unwissenheit lassen und weihte deshalb nur die Revierchefs ein, die dem Forstchef sowieso kritisch gegenüberstanden. In den nächsten Monaten hielten wir einmal pro Woche konspirative Treffen in einem Hotel in der Nähe ab, um die neue Struktur der Forstverwaltung nach dem Tag X minutiös vorzubereiten. Parallel dazu ließ ich die recht komplizierten Arbeitsverträge derer überprüfen, die nicht mehr an Bord sein würden. Mir war durchaus bewusst, dass auf Grund der vertraglich geregelten Rentenansprüche hohe Abfindungen auf uns zukommen würden, aber die Einsparungen würden diese in wenigen Jahren amortisiert haben.

Als der Tag der Offenbarung näher rückte, war mir doch etwas mulmig zumute. Es würde nicht gerade angenehm werden, den Betroffenen ins Gesicht zu sagen, dass die Umstrukturierung ohne sie stattfinden würde und sie ihren Arbeitsplatz verlieren würden. Aber »there is no way out«, wie es im Englischen heißt, es gab kein Zurück mehr! Ähnlich wie beim Fallschirmspringen, wenn man mit dem Flugzeug die passende Höhe erreicht hat und dann dieser entscheidende Moment kommt, in dem man einfach springen muss. Letztlich fühlte sich der Weg richtig an, und bei allen Zweifeln trug mich die Zuversicht, dass die Reform bald die gewünschten Früchte tragen würde. Zuvor musste ich jedoch noch meinen Vater informieren. Das war freilich eine heikle Angelegenheit, war er doch in seiner fortschreitenden Demenz zuweilen unberechenbar geworden, und das sollte unseren Coup nicht gefährden. Also benachrichtigte ich ihn erst einen Tag, bevor »die Bombe platzen sollte«. Wie nicht anders zu erwarten, war er nicht gerade begeistert von dem Plan, gab aber schließlich seine Zustimmung: »Wenn du denkst, dass es richtig ist, dann mach es so!«

Am Montag, dem 4. Mai 2004, war es dann so weit. Die einen standen Gewehr bei Fuß, die anderen waren komplett ahnungslos. Wir hatten uns überlegt, die fünf unmittelbar Betroffenen – den Forstchef, die drei

Forstamtsleiter und den Büroleiter der Zentrale unter der Anwesenheit unseres Rechtsanwaltes und unseres Forstlichen Beirats zu einer Dienstbesprechung zu bitten. Zur gleichen Zeit fuhren an den Forstämtern die Möbelwagen vor, um die gesamte Büroausstattung einzupacken und den jeweiligen Büroleiter darüber zu informieren, dass das Büro geschlossen würde. Es war wie in einem Krimi! Als ich der Führungsriege eröffnete, dass die neue Unternehmensstruktur ohne sie stattfinden würde und sie hiermit freigestellt seien, wich die Farbe aus ihren Gesichtern. Nach einer kurzen Zeit des Schweigens überhäuften sie uns mit Fragen und Vorwürfen. Wie mit meinem Anwalt besprochen, ließ ich mich nicht auf Diskussionen ein, sondern zog mich nach meiner Ansprache zurück. Noch am selben Nachmittag berief ich eine außerordentliche Betriebsversammlung ein und informierte die übrigen Mitarbeiter über die Neuerungen. Der ein oder andere konnte sich ein unverhohlenes Grinsen nicht verkneifen. Denn nicht nur bei mir war der herrische Forstchef auf wenig Gegenliebe gestoßen.

Im Betrieb ging es nach dem 4. Mai in verhältnismäßig ruhigen Bahnen weiter. Zunächst musste ein neuer Leiter für den Forstbetrieb auserkoren werden. Mir war wichtig, dass die Mitarbeiter hinter dem neuen Chef stehen würden. Deshalb sollten die Revierleiter jemanden aus ihren Reihen vorschlagen. Die Wahl fiel auf Herrn Raimund Friderichs, der das Amt gern annahm und es bis heute innehat. Schon damals hatte er die meiste Erfahrung und als langjährigster Forstmitarbeiter einen guten Einblick in unseren Betrieb. Nun begann die eigentliche Arbeit. Unsere Holzkunden mussten über die Restrukturierung und den Wechsel ihrer Ansprechpartner informiert werden. Ich formulierte einen Brief, der an über 200 Kunden verschickt wurde. Auch das Team musste sich in die neuen Strukturen und Abläufe einfinden. Es gab keine Dienstwohnungen mehr, die Mitarbeiter mussten künftig ihre Wohnungen selbst bezahlen, erhielten jedoch ein höheres Gehalt als Ausgleich. Ich war froh, dass mein Assistent diesen Prozess begleitete. Im Großen und Ganzen verlief alles reibungslos und ich war mit dem Fortgehen zufrieden.

Mein Vater begann aber irgendwann doch, mir gegenüber zu zweifeln, ob wir mit der Reform wirklich die richtige Entscheidung getroffen hatten. Nach wie vor fühlte er sich für den Betrieb verantwortlich. Eines Tages konsultierte er seinen alten Schulfreund Bernhard Küpferle, der bis 1989 als Forstchef bei uns tätig gewesen war. Herr Küpferle bat mich um ein Vier-Augen-Gespräch, um sich eine fundierte Meinung bilden zu können. In diesem befragte er mich ausführlich zu meinen Beweggründen und verschaffte sich ein umfängliches Bild von der Gesamtsituation. Danach kam er zu der Überzeugung, dass ich mit der Reform alles richtig gemacht hätte. Von diesem Tag an war mein Vater zufrieden und es gab nie wieder irgendwelche Nachfragen zu diesem Thema. Dieser Zuspruch seitens Herrn Küpferles bedeutete mir viel, lag darin doch eine große Anerkennung für meine Leistungen, was gewiss auch mein Selbstverständnis als Entscheidungsträger unseres Familienunternehmens stärkte.

Wenn ich heute auf mein fast 40-jähriges Unternehmerleben zurückblicke, gehört die Forstreform sicherlich zu meinen mutigsten Entscheidungen. Sie war ein großes Wagnis und mir ist wohl bewusst, dass die Kündigungen für die einzelnen Protagonisten teilweise äußerst schmerzhaft waren. Aber für den Betrieb gesehen war es doch die richtige Entscheidung. Aus heutiger Sicht kann man sagen, dass sich die Reform auf ganzer Linie bezahlt gemacht hat. Schon bald trug sie die erhofften Früchte, nicht nur in Bezug auf die Einsparungen, sondern auch auf das Arbeitsklima im Betrieb. Die Motivation und damit das Engagement der Revierleiter wuchsen von heute auf morgen immens, denn nun sahen sie sich in der Situation, frei und selbstverantwortlich entscheiden und gestalten zu können. Damit gehört die Forstreform zu den bedeutsamsten Erfolgsgeschichten meines beruflichen Wirkens.

Neue strategische Ausrichtung und zusätzliche Geschäftsfelder

UNTERNEHMENSGRUPPE FÜRST VON HOHENZOLLERN Nach der geglückten Forstreform überlegte ich Ende des Jahres 2004 gemeinsam mit meinem Assistenten, wie wir das Familienunternehmen strategisch weiterentwickeln könnten. Einer der ersten Schritte sah vor, einen neuen Namen für die Verwaltung zu finden, erschien mir die bisherige Bezeichnung *Fürstlich Hohenzollernsche Hofkammer* doch sehr antiquiert. Mit der *Unternehmensgruppe Fürst von Hohenzollern* fand ich einen zeitgemäßen Namen, der zudem widerspiegelte, dass sich unser Fürstenhaus seit jeher in verschiedenen Wirtschaftsfeldern betätigt hatte: Forst, Immobilien, Metallverarbeitung, Elektrohandwerk, die Touristikbetriebe am Großen Arber sowie Finanzen und Beteiligungen.

DIE PRINZ VON HOHENZOLLERN CAPITAL GMBH & CO. KG Nicht nur der Name des Familienbetriebs sollte zukunftsfähig sein, sondern auch die Geschäftsfelder unseres Unternehmens. So führte ich mit meinem Assistenten ausführliche Gespräche darüber, in welche Bereiche das

Unternehmen künftig investieren sollte. In diesem Zuge nahmen wir die Start-up-Szene genauer unter die Lupe. Insbesondere der Bereich »Technik und Medizintechnik« erschien uns als Investitionsoption vielversprechend. Da die meisten Firmen im Raum Heidelberg ansässig waren, mieteten wir uns Ende 2004 ein Büro in der Stadt am Neckar und gründeten Anfang 2005 die Beteiligungsgesellschaft *Prinz von Hohenzollern Capital GmbH & Co. KG* (PvHC). Diese sollte fortan erfolgversprechende Start-ups an Land ziehen, finanzieren und begleiten. Freilich mit dem langfristigen Ziel, sie zu einem geeigneten Zeitpunkt gewinnbringend weiterzuverkaufen. Wir entschieden uns insgesamt für zehn Start-ups, deren Geschäftsmodelle uns überzeugten und die mit ihren Produkten jeweils kurz vor der Markteinführung standen. Darunter waren beispielsweise ein Gründungsteam, das ein implantierbares Hörgerät entwickelte, ein IT-ler, der eine externe Festplatte mit einer Speicherkapazität von einem Terabyte entwickelte, die nicht größer als ein Buch war – damals eine echte Sensation –, oder auch ein junges Gründerduo, das mit einem neuartigen elastischen und bruchsicheren Material für Surfboards den Markt aufmischen wollte.

Ich erinnere mich, wie mich ein Freund damals warnte: »Karl, du weißt schon, dass von zehn Start-ups in der Regel acht scheitern?!« Damals war ich optimistisch, aber am Ende des Tages sollte mein Freund Recht behalten. Nur zwei der zehn Start-ups waren so erfolgreich, dass wir sie einigermaßen gewinnbringend wieder verkaufen konnten. Die Surfboard produzierende Firma *Hydroflex* gibt es noch heute und sie stellt unter dem gleichnamigen Material inzwischen auch Skateboards her. Damals hatten wir noch die Idee, aus dem *Hydroflex*-Material für die Surfbretter auch E-Gitarren herzustellen. Es gelang uns, das amerikanische Unternehmen *Fender*, das weltweit zu den größten Konzernen der Musikinstrumentenindustrie zählt, von der Idee zu überzeugen. Wir sollten ihnen eine kleine Vor-Serie von 40 Stück herstellen lassen. Gesagt, getan. Die Verantwortlichen bei Fender waren sehr zufrieden mit dem Ergebnis und wollten eine weitere Serie von 100 Stück. Hierfür hätte ich allerdings Mitarbeiter einstellen müssen, und nachdem die Firma mir keine Garantie für die nachfolgenden Serienproduktionen geben konnte, ließen wir die Finger davon und es blieb bei den einmaligen 40 Stück. Eine dieser Gitarren habe ich noch zu Hause. Wie bei den Surfbrettern besteht die Oberfläche aus einer schönen Bienenwabenstruktur. Die Gitarre ist leicht und spielt sich dadurch fantastisch. Ihr Klang kann durchaus mit einer klassischen Gitarre mithalten. Umso bedauerlicher, dass es zu keiner Serienproduktion gekommen ist.

Dafür ging das implementierbare Hörgerät unter dem neuen Eigentümer, dem amerikanischen Hörgeräte-Hersteller *Cochlear*, in Serie. Die übrigen Start-ups waren weniger erfolgreich. Hier gelang uns lediglich der frühe Exit, allerdings nicht ohne Verluste hinzunehmen. In einem Fall wurden wir sogar betrogen, weil ein Investor das Patent für sich beanspruchte, woraufhin wir gezwungen waren, ihn zu verklagen.

Nach dieser ernüchternden Bilanz beschlossen wir, die Beteiligungsgesellschaft wieder aufzugeben. »Lieber ein Ende mit Schrecken als ein Schrecken ohne Ende«, dachte ich und wir lösten das Heidelberger Büro auf. Mein Assistent zog indessen zu einem anderen Unternehmen weiter. »Der Historiker ist immer klüger als der Feldherr«, besagt ein Sprichwort. Rückblickend war es wohl eine meiner größten Fehlentscheidungen, mich in den Bereich der Start-ups gewagt zu haben. Ich würde das in dieser Form sicherlich nicht wiederholen, es sei denn, ich verfügte über ein paar hundert Millionen Spielgeld wie so mancher Großunternehmer. Aber zum einen ist ein Unternehmer, der keine Fehler macht, kein Unternehmer. Und zum anderen möchte ich diese äußerst spannende Zeit in Heidelberg und die Geschäftsreisen in die USA nicht missen. Ebenso wenig wie die sensationelle E-Gitarre, die mir gewissermaßen als Lehrgeld geblieben ist.

Reise nach Brasilien

Mitte der neunziger Jahre hatten wir die Firma BHW/Braunschweiger Hüttenwerke, ein Unternehmen für Gleitlager, von dem US-amerikanischen Konzern Glyko erworben. Eines der Werke befand sich in Braunschweig, das andere in Cataguases, Brasilien, im Bundesstaat Minas Gerais, ungefähr drei Autostunden entfernt von Rio de Janeiro. Im April 2001 sollte dort eine Produktionshalle eingeweiht werden. Dr. Michael Holzbaur, der damalige Geschäftsführer der FHH, fragte mich, ob ich ihn zu diesem Anlass begleiten wollte. Da ich vorher noch nie in Brasilien gewesen war, sagte ich zu. Wir beschlossen, das Ereignis mit einer kleinen Rundreise zu verbinden.

In Rio wurden wir vom damaligen Geschäftsführer des Werkes in Cataguases, Ronaldo Fraga, willkommen geheißen. Geplant war, dass er mit uns eine mehrtägige Rundtour durch die Hauptstadt unternahm. Wie sich zeigen sollte, kannte er die Stadt wie seine Westentasche. Sachkundig führte er uns an den Aussichtspunkt Pão de Açúcar, von dem aus wir einen atemberaubenden Blick über die »Cidade Maravilhosa«, die »wunderbare Stadt« genossen, dann an die weltberühmten

Strände und schließlich durch die pulsierenden Viertel Rios wie Leblon, Santa Teresa und Ipanema.

Im Anschluss an den Trip ging es dann weiter nach Cataguases, dem Standort unserer Firma. Die im Südosten des Landes gelegene Stadt war einst ein prosperierender Wirtschaftsstandort gewesen. Im Zuge der Globalisierung hatte die Stadt ihren Ruhm einbüßen müssen. Immer mehr Firmen hatten sich aus der Stadt zurückgezogen und die Armut war ihr deutlich anzusehen.

Beeindruckt hat mich nachhaltig, als mir Ronaldo Fraga erzählte, dass seine Sekretärin aus einer der zahlreichen Favelas der Region stammte. Die Dame, die für ihre Arbeit sogar eigens einen Sprachkurs in Deutsch besucht hatte, kam jeden Morgen pünktlich und wie aus dem Ei gepellt ins Büro. Am Abend wechselte sie dann ihre feinen Schuhe gegen Stiefel, mit denen sie sich auf den unwegsamen Rückmarsch über Schotter und Matschwege in ihre Favela machte. Ihre ganze Großfamilie unterhielt sie von dem Einkommen, das sie in der Firma verdiente.

Der Besuch einer Betreuungseinrichtung für Straßenkinder, die Ormeo Junqueira Botelho-Kulturstiftung, bestätigte den Eindruck von existierender Armut einmal mehr. Die in einer leeren Fabrikhalle etablierte Einrichtung war für obdachlose Kinder vorgesehen, die hier gemeinsam musizieren und durch einen geregelten Tagesablauf auf das Arbeitsleben vorbereitet werden sollen. Gegründet hatte die Stiftung die Familie Botelho, eine in der Stadt sehr angesehene Industriellenfamilie, die wir kennenlernen durften und die ich nicht zuletzt für ihre engagierte karitative Arbeit sehr bewundere.

Diese Familie war es auch, die uns einen Hubschrauber auslieh, mit dem wir das Land im Anschluss an die Eröffnungsfeier unserer Produktionshalle bereisen durften. So offenbarte sich mir die Vielfältigkeit und Schönheit des Landes aus der Vogelperspektive. Minas Gerais, der Bundesstaat, in dem Cataguases liegt, gehört zur Mata Atlântica, einem der artenreichsten Ökosysteme der Erde, das den Atlantischen Regenwald umfasst. Die Landschaft ist geprägt von dichten Wäldern, Flüssen mit weißen Sandstränden und Wasserfällen, die wir aus der Luft bewunderten. Auch Rio de Janeiro gehörte zu unseren Reisezielen.

Auf dem Weg dorthin tauchten aus dem Dickicht des Urwalds immer wieder auenartige Flächen auf. Diese Flächen waren mit Gebäuden bebaut, die den Eindruck erweckten, aus Zeit und Ort gefallen zu sein: barocke Kirchen und Schlösser mit reich verzierten Fassaden, die an malerische oberbayerische Ortschaften erinnerten, oder neoklassizistische Paläste, die mich glauben ließen, ich befände mich in Potsdam und nicht vor den Toren von Petropolis.

Besuch aus Rumänien

Im Spätjahr 2006 kündigte sich mein Cousin Paul Lambrino aus Rumänien bei mir an. Paul Lambrino, der sich Prinz Paul von Rumänien und dann auch Prinz von Hohenzollern nannte, ist ein Enkel von König Carol II. von Rumänien* und Sohn von Carol Lambrino und Joanna Marie Valentina »Zizi« Lambrino, deren Ehe annuliert wurde, womit Paul Lambrino keine Ansprüche auf die rumänische Thronfolge hatte. Ich sah dem Besuch skeptisch entgegen, war es doch mit dem Verhältnis zu unserer Verwandtschaft aus Rumänien nicht zum Besten gestellt. Um das zu erklären, möchte ich ein wenig ausholen:

Die Beziehung zwischen dem rumänischen Fürstenhaus und dem Haus Hohenzollern-Sigmaringen geht auf das 19. Jahrhundert zurück. Im Jahr 1866 wurde Karl von Hohenzollern-Sigmaringen, der Sohn von Karl Anton von Hohenzollern-Sigmaringen und Josephine von Baden*, von einer rumänischen Adelsversammlung zum neuen Fürsten von Rumänien gewählt. Karl nahm den rumänischen Thron an und führte das Land in eine Zeit des Wohlstands und der Modernisierung. Er wurde später als Carol I. zum König gekrönt und gründete die rumänische Hauptstadt Bukarest neu. Karl starb 1914 und wurde von seinem Neffen Ferdinand abgelöst, der während des Ersten Weltkriegs eine entscheidende Rolle bei der Unabhängigkeit Rumäniens spielte. Nach dem Zweiten Weltkrieg wurde in Rumänien eine kommunistische Regierung unter Führung von Gheorghe Gheorghiu-Dej installiert, die die Monarchie abschaffte und eine Volksrepublik ausrief. König Michael I.* wurde gezwungen abzudanken und verließ das Land.

Soweit ich denken kann, hatte unsere Familie keine besonders innige Beziehung zum rumänischen Zweig. Schon in meiner Kindheit und Jugend hörte ich Geschichten von den Auseinandersetzungen meines Großvaters zu Carol II., dem Vater von König Michael, um die Rückgabe des Hohenzollern-Titels. Über das Streitthema gibt es einen langen Briefwechsel, den man bei uns im Archiv einsehen kann. Erst im Jahr 2002 hatte es eine offene Kontroverse zwischen meinem Vater und Onkel Michael gegeben. Michael war damals mit seiner Frau Anna von Bourbon-Parma*, seiner Tochter Margareta von Rumänien und deren Ehemann Radu Duda zu uns nach Hause gekommen und hatte darum gebeten, den Titel »Prinz von Hohenzollern« annehmen zu dürfen. Mein Vater hatte damals verhalten ablehnend reagiert, nicht zuletzt unter Verweis darauf, dass das rechtlich fragwürdig sei. Schließlich könne man Adelstitel seit 1918 nicht mehr einfach vergeben. Aber ein klares »Nein« wollte er seinem Cousin dann doch nicht unterbreiten. Diese Flanke hatten unsere rumänischen Verwandten dann offensichtlich genutzt, denn irgendwann bekamen wir mit, dass Radu Duda, der Schwiegersohn Onkel Michaels, unter dem Titel »Prinz von Hohenzollern-Veringen« Vorträge in Deutschland hielt. Als ich das erfuhr, schritt ich ein. Ich beauftragte einen Rechtsanwalt und gemeinsam erarbeiteten wir, dass er den Namen allein daher nicht verwenden dürfe, weil wir uns ja einige Jahre zuvor das Namensrecht auf »Prinz von Hohenzollern« gesichert hatten. In einem Prozess bekam er dann das Recht abgesprochen, sich »Prinz von Hohenzollern« zu nennen. Daraufhin war König Michael so erbost, dass er offiziell verkündete, alle Verbindungen zum Haus Hohenzollern abzubrechen.

Um so erstaunter war ich, als mein Cousin Paul Lambrino im Spätjahr 2006 bei mir vor der Tür stand, im Gefolge ein aus der Zeit gefallener uniformierter Adjutant, der zur Begrüßung förmlich salutierte. Auf meine Frage, was er von mir wollte, erwiderte Paul Lambrino eindringlich: »Wir sind ja Cousins, da muss man sich doch helfen!« Ich schaute ihn fragend an. Daraufhin bat er mich um Unterstützung in einem Rechtsstreit. Er zog eine wertvolle alte Bibel aus seinem Gepäck, die er mir zum Verkauf anbot. Ich lehnte dankend ab und verwies ihn auf eines der großen Auktionshäuser, in dem er stattdessen sein Glück versuchen solle. Auch seinem Wunsch, zusammen mit seinem uniformierten Begleiter für drei Tage bei uns im Schloss zu bleiben, erteilte ich eine Absage. Rückblickend bin ich besonders froh, dass ich mich nicht von ihm einwickeln ließ, denn später erfuhr ich, dass er wegen verschiedener Delikte wie Geldwäsche, Korruption, Veruntreuung und Bestechung verurteilt wurde. Der Schaden, den er zusammen mit seinen Mitangeklagten verursacht hat, soll bei mindestens 135 Millionen Euro liegen.

300-Jahr-Feier Zollern

Im Jahr 2008 stand die 300-Jahr-Feier unserer Firma *Zollern* auf dem Programm, die zudem auch den Geschäftsführerwechsel von meinem alten Studienfreund Michael Holzbaur zu unserem jetzigen Geschäftsführer Klaus Erkes einläutete. Für diesen Anlass wollte ich etwas ganz Besonderes planen und unser Partner Adolf Merckle gab mir freie Hand für die inhaltliche Gestaltung. Ich engagierte im Vorfeld die Eventmanagerin, die auch die *Baden-Baden Boogie Nights* mitorganisiert hatte. Mit ihr zusammen gestaltete ich das Programm für den Festakt. Für die mehr als 800 geladenen Gäste bauten wir auf einer Freifläche des Zollern-Werksgeländes ein riesiges Zelt auf, mit einer großen Bühne für die Festreden von Ludwig Merckle und mir sowie für das musikalische Abendprogramm.

Rede anlässlich der 300-Jahr-Feier der Zollern-Werke Laucherthal, 2008

Zudem hatten wir ein Nebenzelt aufgestellt, in dem zu später Stunde ein DJ den Gästen einheizte.

Mein persönliches Highlight war der Auftritt der *Big Band Bad Saulgau* unter der Leitung von Hans-Georg Rimmele am Abend des Festaktes, bei dem ich für einige Stücke als Solist dabei sein durfte.

Die Band hatte ich nicht zuletzt deshalb engagiert, um meinem Vater als bekennendem Big-Band-Liebhaber eine Freude zu bereiten. Umso bedauerlicher war es, dass er bei dem Fest und dem Konzert nicht dabei sein konnte. Zunächst hatten wir damit gerechnet, dass er, wenn schon nicht für den gesamten Festakt, dann doch wenigstens für eine kurze Rede erscheinen könnte. Aber seine Demenz schritt damals in besonders großen Schritten voran. Inzwischen saß er die meiste Zeit im Rollstuhl und war zu Hause auf eine Rundumbetreuung angewiesen. Daher erschien es mir ihm gegenüber respektvoller, ihn nicht vor Hunderten von Gästen auftreten zu lassen.

Die »Hamburger Nächte«

Als das Jahr 2008 sich dem Ende zuneigte, war ich sehr erschöpft. Es gab vieles, um das ich mich kümmern musste. Die Scheidung, Sorgen um die Kinder in der Schule und im Studium sowie der Gesundheitszustand meines Vaters, der sich weiter verschlechterte – das alles war nicht spurlos an mir vorübergegangen. Die Einladung meines hanseatischen Freundes Ralf Koopmann zu den »Hamburger Nächten« in Zürs kam in diesem Moment wie gerufen.

Die »Hamburger Nächte« waren eine Institution, die mein Freund Ralf Koopmann Ende der achtziger Jahre ins Leben gerufen hatte. Es hatte als Festwochenende für und mit Freunden in Hamburg begonnen. Jeden Abend wurde in verschiedenen Locations miteinander gegessen und getrunken, tagsüber fanden gemeinsame Unternehmungen statt und zum Abschluss traf man sich zu einem Katerfrühstück am Sonntagmorgen, bevor die Leute wieder nach Hause fuhren. Aus diesen »Hamburger Nächten« entstanden zwei Jahre später die »Hamburger Nächte in Zürs«. Die Gruppe sah es als schöne Abwechslung an, in der Sauren-Gurken-Zeit im Januar für eine Woche zum Skifahren und Feiern zusammenzukommen. Jahr für Jahr sendete mir Ralf Koopmann eine Einladung und Mitte der neunziger Jahre fuhren Alexandra und ich zum ersten Mal dorthin. Neben uns waren noch ungefähr 60 weitere Menschen von der Partie, von denen ich viele persönlich kannte. Tagsüber fuhr man Ski, abends wurde gut gegessen und danach ordentlich gefeiert. Ralf hatte zu den Paaren auch viele Junggesellen und Junggesellinnen eingeladen. Es wurde ausgelassen geflirtet und nicht wenige Liebesbeziehungen fanden in diesen Tagen ihren Anfang. Alexandra, die von ihrem Naturell eher zurückhaltend ist, fand an den »Hamburger Nächten« wenig Gefallen, weshalb wir die Einladungen in den Folgejahren ablehnten.

Aber nun war ich allein und als mir Ralf im Jahr 2009 die Einladung schickte, hatte ich das Gefühl, dass das jetzt genau das Richtige für mich sein könnte. Denn nach all den Anstrengungen der vergangenen Monate sehnte ich mich nach einem Tapetenwechsel. Dass ich in dieser Woche meine zukünftige Frau kennenlernen sollte, hätte ich in dem Moment nicht im Traum gedacht. Und ebenso wenig, welch schreckliche Nachricht mich auf dem Weg nach Zürs ereilen sollte.

Der Freitod Adolf Merckles

Ich war bereits gen Vorarlberg unterwegs, als mich meine alte Freundin Alexandra zu Castell-Rüdenhausen im Auto anrief, die damals als Redakteurin bei der *BILD*-Zeitung arbeitete. »Karl«, sagte sie, »in Blaubeuren hat es einen Unfall gegeben. Ein Mann hat sich vor den Zug geworfen und es gibt Gerüchte, dass es sich dabei um Adolf Merckle handelt.« Was für ein Schock! Mein Seniorpartner bei Zollern soll Suizid begangen haben? Ich war fassungslos. Sie versprach mir, mich auf dem Laufenden zu halten, und zwei Stunden später hatte ich die Gewissheit: Adolf Merckle hatte sich das Leben genommen.

Um zu verstehen, wie es überhaupt zu dieser Tragödie gekommen war, möchte ich auf das Jahr 2008 zurückgehen, in dem bereits die düsteren Wolken der Finanzkrise zu erkennen waren. Die Investmentbank *Lehman Brothers* hatte Insolvenz angemeldet und wir alle wussten, dass das nur den Anfang der Krise bedeuten würde. Auch für Adolf Merckle war es ein schwieriges Geschäftsjahr. Sein Bestreben war es immer gewesen, ein Imperium aufzubauen, über das er vollständige Kontrolle hatte. Entsprechend wollte er nicht nur in seinem Unternehmen *Ratiopharm* alleiniger Anteilseigner bleiben, sondern strebte die hundert Prozent auch bei seinen weiteren Firmenbeteiligungen an. Aber die Finanzkrise machte seinen Plänen einen gewaltigen Strich durch die Rechnung. Statt dass die Banken ihm nun Geld anboten, forderten sie hohe Summen für Kreditrückzahlungen. Für den Menschen Adolf Merckle, so wie ich ihn kannte, war das eine völlig neue und äußerst schwierige Situation. Hatte er doch bis dahin stets die Erfahrung gemacht, dass alles, was er einfädelte, auch gelang und sein Vermögen nährte. Man kann in einen Menschen nicht hineinschauen, aber ich vermute, dass er unter diesem Druck wohl keinen anderen Ausweg für sich sah, als an diesem Januarabend kurz vor dem Heiligen Dreikönigstag 2009 zu den Bahngleisen zu gehen, um vor den nahenden Zug zu springen.

Bekanntschaft mit Katharina

Selbstverständlich wollte ich Adolf Merckle meine letzte Ehre erweisen, gleichzeitig wollte ich mir die Aussicht auf ein paar schöne Tage in Zürs trotz dieser Tragödie nicht nehmen lassen. So entschied ich, im Anschluss an die Beisetzung ins *Hotel Lorünser* in Zürs aufzubrechen. Dort erwartete mich eine ausgelassene Stimmung, die mir wie eine Gegenwelt zu den Ereignissen der Tage zuvor erschien. Aber es fiel mir leicht und ich hatte Freude daran, mich auf diese Welt einzulassen.

EINE MAGISCHE BEGEGNUNG Mein Freund Georg Thaler, ein Bekannter aus meinen New Yorker Zeiten, gehörte zu den ersten, die mich herzlich begrüßten und der mich direkt einer Reihe Menschen vorstellte, die ich noch nicht kannte. Darunter eine hübsche blonde Frau. »Karl, das ist Katharina de Zomer«, sagte er. Wie es der Zufall wollte, saßen wir beim Abendessen zusammen und unterhielten uns angeregt miteinander. Am nächsten Abend wechselten die Tischnachbarn.

In einer insgesamt ausgelassenen Stimmung im Saal führten wir am Tisch wieder gute Gespräche. In einem Moment drehte ich mich um, weil ich einem anderen aus der Gruppe etwas zurufen wollte. Dabei erspähte ich Katharina und unsere Blicke trafen sich. Sie lächelte und winkte mir zu. Und was soll ich sagen, in dem Moment ist etwas in mir passiert. Zu späterer Stunde trafen wir uns an der Bar. Der Barkeeper hatte meine CD aufgelegt, weil wir mit den *Jivemates* schon öfter im *Hotel Lorünser* aufgetreten waren. »Das ist meine CD«, sagte ich nicht ohne Stolz und erzählte ihr von meiner Leidenschaft zum Jazz. Sie wiederum erzählte mir viele Anekdoten aus ihrem Leben. Mit jeder Geschichte, die wir miteinander teilten, fühlte ich mich ihr ein Stück näher. Als wir spät an diesem Abend auseinandergingen, hatten wir uns nicht nur für den nächsten Tag zum Skifahren verabredet, sondern wussten, dass etwas anders war als zuvor. Auch wenn ich das in diesem Moment wahrscheinlich noch nicht zugegeben hätte – wir hatten uns in einander verliebt.

Die nächsten Tage und Abende verbrachten wir gemeinsam. Wir hatten einen Riesenspaß beim Skifahren, Tanzen und Feiern und teilten intensive Gespräche miteinander. So fiel es mir nicht gerade leicht, am Freitag vorzeitig abzureisen, um am nächsten Tag rechtzeitig bei einem Soundcheck in Ludwigsburg zu sein. Wir waren mit den *Jivemates* am Sonntag auf dem Jazz-Festival *Dixieland Jubilee* geladen und das Konzert sollte live aufgenommen werden, was einer äußerst dezidierten Vorbereitung bedurfte. Als ich an diesem kalten Wintermorgen aus Zürs losfuhr, trug ich nicht nur die gemeinsamen Momente der letzten vergangenen Tage im Herzen, sondern auch eine Visitenkarte von Katharina mit ihrer Telefonnummer in der Tasche.

Mir war klar, dass unsere Begegnung alles andere als ein unbedeutender Flirt gewesen war, und so rief ich Katharina kurz nach meiner Abreise an, um mich mit ihr für ein Wochenende in Hamburg zu verabreden. Ich war zu dieser Zeit nicht nur beruflich stark eingespannt, auch mein Privatleben verlief nicht gerade unbeschwert. Mein Sohn Alexander machte mir große Sorgen, mein Vater brauchte angesichts seiner fortschreitenden Demenz viel Unterstützung und die Situation mit Alexandra war nach wie vor angespannt. Angesichts dieser Alltagssorgen war die Aussicht auf ein Wiedersehen mit Katharina eine echte Frohlockung.

Wir verbrachten ein wundervolles erstes gemeinsames Wochenende in Hamburg, auf das in den kommenden Frühlings- und Sommermonaten viele weitere folgen sollten. Nicht nur ich hatte beruflich wie privat vieles, was meine Zeit in Anspruch nahm. Auch Katharina war mit ihrer gut laufenden Fotografenagentur in Hamburg stark eingespannt. Ich genoss es, nun eine Frau an meiner Seite zu haben, die als Unternehmerin großes Verständnis für mein berufliches Engagement aufbrachte. Und trotz unserer Verpflichtungen wollten wir uns so oft wie möglich treffen. So besuchten wir uns wechselseitig in Sigmaringen und Hamburg und unternahmen auch andernorts schöne Dinge miteinander. Unter anderem zeigte mir Katharina ihre Lieblingsplätze in Paris, wo sie an der Sorbonne Geschichtswissenschaft studiert und zwölf Jahre gelebt hatte, oder wir verbrachten eine wunderbare Woche in Saint-Tropez.

Auch das Feiern kam in diesem Jahr nicht zu kurz. In besonderer Erinnerung ist mir der 70. Geburtstag von Ralf Koopmann. Ralf freute sich riesig für uns, als ich ihm erzählte, dass Katharina und ich bereits seit neun Monaten ein Paar seien. »Hast du das gar nicht mitbekommen?«, fragte ich ihn verwundert. Er schüttelte den Kopf und sagte lächelnd: »Wie schön, dass ihr beiden zusammengefunden habt!« Das bedeutete mir viel, war er doch als Initiator der »Hamburger Nächte« in Zürs auch ein Teil unserer Liebesgeschichte.

EIN GROSSES FEST AUF DER HOHENTWIEL Nach all den Jahren der Anspannung hatte ich in diesem Jahr die Lebenslust zurückgewonnen. Nachdem weder mein 50. noch mein 55. Geburtstag im größeren Rahmen begangen wurde, verspürte ich nun, mit Nina an meiner Seite, wieder echte Feierlaune. Ich wollte mein neues Leben mit einem besonderen Fest begehen. Dafür schien mir das Dampfschiff *Hohentwiel* geeignet, auf das ich bereits einige Male zuvor eingeladen worden war. Ein ehemaliger Schiffskapitän hatte das 1943 zu seiner Jungfernfahrt ausgelaufene Passagierschiff Anfang der achtziger Jahre vor dem Abwracken bewahrt. Dafür hatte er den Verein *Internationales Bodensee-Schifffahrtsmuseum e. V.* gegründet und den Schaufelraddampfer mit Hilfe von Spenden und freiwilligen Helfern restaurieren lassen. »Dieses Schiff mit seinem imposanten Schornstein, seinen weißen Sonnensegeln, stylischen Deckchairs, blank polierten Teakholz-Bänken und schönen Salons wäre doch der perfekte Feierort«, dachte ich bei mir. Kurze Zeit später hatte ich einen der begehrten Termine ergattert und die *Hohentwiel* reserviert. An die hundert Gäste lud ich dazu ein, die an einem schönen Tag im Mai 2009 zum Bodensee kamen. An Deck spielte eine Band, die ich für diesen Anlass engagiert hatte, in den Salons wurde diniert, während wir in die Abendsonne hinaus auf dem Bodensee fuhren. Zurück im Hafen feierten wir anschließend bis in die Morgenstunden. Es war herrlich! Insgesamt denke ich gern an den ersten gemeinsamen Sommer mit seinem Zauber des Neuen zurück. So viele schöne Unternehmungen, romantische Stunden, so viele außergewöhnliche Momente an malerischen Orten und ausgelassene Festlichkeiten.

ERSTE ANNÄHERUNGEN ZWISCHEN KATHARINA UND MEINER FAMILIE Während Katharinas Mutter damals noch eisenhart sagte: »Solange der Mann nicht geschieden ist, möchte ich ihn nicht kennenlernen«, und sich meine beiden jüngeren Töchter seit meiner Trennung von ihrer Mutter mir gegenüber sowieso sehr distanziert zeigten, war Philippa das erste meiner Kinder, das ich Katharina vorstellte. Ich erinnere mich, wie aufgeregt beide waren, als wir uns in Wien trafen, wo Philippa zu der Zeit Medienkommunikation studierte. Sie wollte die neue Frau an meiner Seite unbedingt kennenlernen, und bis heute haben die beiden ein besonders gutes Verhältnis. So freuten wir uns, als Philippa vorschlug, im September des Jahres 2009 gemeinsam zum traditionellen »Kirtag« nach Attersee zu fahren. Der Kirtag ist eine urige Veranstaltung mit Bierzelt, Buden und Fahrgeschäften, ähnlich dem Oktoberfest, nur dass es mit nur ein paar Hundert Besuchern sehr viel beschaulicher ist. Wir amüsierten uns prächtig und unternahmen im Anschluss eine Tour um den benachbarten Mondsee mit seinen türkisfarbenen Stränden und dem traumhaften Ausblick auf die Drachenwand und die Salzkammergut-Bergkette.

Nach anfänglichen Berührungsängsten fand auch eine behutsame Annäherung zwischen meinen anderen Kindern und Katharina statt. Das brauchte etwas, aber inzwischen ist das Verhältnis zwischen allen zu meiner Freude recht gut, und selbst Begegnungen zwischen Katharina und Alexandra sind freundlich und von gegenseitigem Respekt geprägt.

REISE NACH KANADA Ein Highlight unserer ersten Jahre war zweifellos die Reise von Katharina und mir nach Kanada. Ich verspürte den Wunsch, Katharina das Land zu zeigen, das meinem Vater zeit seines Lebens so viel bedeutet und auch mich stark geprägt hatte. So war es ein besonderes Erlebnis für mich, mit Nina diesen Erinnerungsort zu bereisen. Mit einem Mietwagen fuhren wir von Vancouver aus zu unserem Waldbesitz nach Victoria auf Vancouver Island. Für meinen Vater, Naturliebhaber und Fotograf der er war, war die Insel mit ihrer reizvollen Landschaft und der vielfältigen Flora und Fauna ein jährliches Refugium gewesen. Insgesamt denke ich gern an unser erstes gemeinsames Jahr mit seinem Zauber des Neuen zurück: so viele schöne Unternehmungen, romantische Stunden, so viele außergewöhnliche Momente an malerischen Orten und ausgelassene Festlichkeiten. Die

Zeit des Neuanfangs mit Katharina, in der sie in die Lebensbereiche meines Lebens eintauchte und ich in die ihrigen, zählt zweifellos zu den schönsten Jahren in meinem Leben.

Eine besondere Ehre - die Verleihung des Bundesverdienstkreuzes

Im September 2009 wurde mir eine ganz besondere Ehre zuteil. Der Betriebsratsvorsitzende unserer Firma Zollern, Reinhold Weiss, war im vorherigen Sommer an mich herangetreten und hatte mich befragt, ob er mich für das Bundesverdienstkreuz vorschlagen dürfe. Offensichtlich war er der Auffassung, dass ich mich als Unternehmer und mit meinem sozialen Engagement besonders verdient gemacht hatte. »Natürlich bin ich damit einverstanden«, sagte ich freudig, war dies doch für mich nicht nur eine Würdigung meiner Verdienste und Erfolge, sondern auch ein Zeichen der Wertschätzung und des Vertrauens seitens des Betriebsrates in mich als Gesellschafter der Firma Zollern. In unserem Familienunternehmen pflegten wir stets ein gutes Verhältnis zum Betriebsrat. Ich bin der Ansicht, dass ein Unternehmen nur dann erfolgreich ist, wenn die Geschäftsleitung und auch die Gesellschafter Hand in Hand mit dem Betriebsrat zusammenarbeiten. Dahinter steht die tiefe Überzeugung, dass man als Unternehmer eine besondere Verantwortung für seine Angestellten trägt. Diese Auffassung hat mir mein Vater gewissermaßen mit in die Wiege gelegt. Loyalität zählte ja zu den größten Tugenden meines Vaters, und er hatte stets großen Wert darauf gelegt, sich gegenüber seinen Mitarbeitern auch durch krisenhafte Zeiten hindurch verlässlich zu zeigen.

Die Zeremonie zur Verleihung des Bundesverdienstkreuzes fand in der *Villa Reitzenstein* in Stuttgart statt, dem Amtssitz des Baden-Württembergischen Ministerpräsidenten. Das im französischen Barockstil errichtete Anwesen mit seinen prächtigen Gärten und der herrlichen Aussicht auf die Neckarstadt bot einen wundervollen Rahmen für den besonderen Anlass. Es war mir gestattet, insgesamt 20 Gäste zum Festakt einzuladen, so waren an diesem milden Tag im Spätsommer neben Katharina und meinen Kindern auch einige meiner engsten Freunde aus der Umgebung sowie mein Cousin, Fürst Andreas zu Leiningen*, mit seiner Frau dabei. Selbstverständlich hatte ich auch unseren Betriebsratsvorsitzenden Herrn Weiss sowie einige Zollern-Mitarbeiter eingeladen.

Dieser Moment, als der damalige Kultusminister Heribert Rech in seiner Rede meine Verdienste würdigte, gehört sicherlich zu den erhabensten Momenten meines Lebens, und es erfüllt mich mit Stolz und Freude, dass ich die hohe Auszeichnung in Empfang nehmen durfte. Erfolg hat

Verleihung des Bundesverdienstkreuzes am Bande, Villa Reitzenstein in Stuttgart, 2009

bekanntlich immer mehrere Väter. So war es mir ein inniges Anliegen, mich in meiner Dankesrede all jenen erkenntlich zu zeigen, die mich auf meinem Erfolgsweg begleitet hatten, allen voran meinen Eltern. Natürlich dankte ich auch unserem Betriebsratsvorsitzenden Reinhold Weiss, der mich schließlich überhaupt vorgeschlagen hatte. Ich hatte stets großen Respekt für seinen streitbaren Geist, seine Integrität und den Elan, mit dem er sich für die Interessen der Mitarbeiter einsetzte. Er ist schon viele Jahre im Ruhestand, aber wir stehen immer noch in Kontakt und sein Interesse für den Betrieb Zollern ist nie erloschen.

Nach der Verleihung gingen wir in eines meiner Lieblingsrestaurants in Stuttgart, um diesen besonderen Tag gemeinsam ausklingen zu lassen. In dem urschwäbischen Lokal in der Markthalle saßen wir viele Stunden ausgelassen beisammen. Ein Höhepunkt war, als Helmut Rau, der in der Runde nicht fehlen sollte, einige ungarische Stücke auf seiner Geige, die er sich kurz entschlossen von seinem Fahrer ins Restaurant bringen ließ, zum Besten gab. Diese musikalische Darbietung war ein schöner Abschluss und machte diesen Tag um ein Weiteres unvergesslich.

Der Heiratsantrag

Im Januar 2010 konnte nach langem Tauziehen endlich die Scheidung vollzogen werden und somit stand dem gemeinsamen Leben mit Katharina nichts mehr im Wege. Wie bereits erwähnt, behielten wir unsere Lebensmittelpunkte in Sigmaringen und Hamburg zunächst bei, nicht zuletzt, da Katharina damals noch ihre Fotografenagentur in Hamburg führte und auch ich beruflich überaus eingespannt war. Eigentlich hatten wir uns darauf verständigt, unsere Wochenendbeziehung noch einige Zeit fortzuführen. Doch mit den ersten Frühlingsboten kam in mir der Wunsch auf, einen Schritt weiter zu gehen, hatte ich doch die Gewissheit, mit Katharina den Rest meines Lebens verbringen zu wollen. Ein gemeinsames Skiwochenende im März, das wir in Zürs verbringen wollten, schien mir der passende Rahmen zu sein, um meinen Entschluss in die Tat umzusetzen und Katharina einen Heiratsantrag zu machen, hatte unsere Geschichte ja hier ihren Anfang genommen. Ich hatte das *Hotel Lorünser* gebeten, mir einen Blumenstrauß zu organisieren und mich zu informieren, sobald ich ihn an der Rezeption abholen könnte. Als ich jedoch gemeinsam mit Katharina unser Zimmer betrat, stand der Strauß dort schon parat. »Karl, schau mal«, bemerkte Katharina ebenso verzückt wie verwundert, »die haben uns so schöne Blumen aufs Zimmer gebracht, das machen die doch sonst nicht ...!« Nun musste ich die Gelegenheit nutzen und fragte sie, noch mit Mantel und Schal bekleidet, ob sie meine Frau werden wolle. Sie sah mich überrascht an, um mir im nächsten Augenblick mit einem verschmitzten Lächeln und einem klaren »Ja!« zu antworten.

Nun war es höchste Zeit, meine künftige Schwiegermutter kennenzulernen. Bisher hatte sie sich einer Begegnung erfolgreich verweigert. Aber mit der Scheidung stand unserem Kennenlernen nichts mehr im Wege. So luden wir sie für ein Wochenende nach Sigmaringen ein und verbrachten dort ein vergnügliches Wochenende zu dritt.

Mit der Hochzeit hatten wir zunächst keine große Eile. Uns war daran gelegen, erst einmal die Zeit zu zweit im Stillen auszukosten. Aber weil wir Lust auf ein gemeinsames Fest hatten, luden wir zu Katharinas Geburtstag am 16. Juli zu einem Sommerfest auf Schloss Umkirch ein.

Schlechter Gesundheitszustand meines Vaters

Der Krankheitsverlauf meines Vaters war ein schleichender Prozess. Von der Diagnose der Atherosklerose – mit der damit einhergehenden Verkalkung der Halsschlagader und der daraus folgenden Unterversorgung des Gehirns – bis zu den ersten Symptomen der Demenz vergingen Jahre. In dieser Zeit tröstete er sich selbst immer wieder mit den Worten: »Wenn ich gehen muss, dann gehe ich zu meiner Matita. Dann ist alles gut.«

Mit fortschreitender Erkrankung war mein Vater immer mehr auf die Hilfe anderer angewiesen. Zu Beginn hatte die Unterstützung seines Fahrers Erwin Abt noch ausgereicht. Er war uns von der Markgräfin von Baden, einer guten Freundin meines Vaters, empfohlen worden. Mit Erwin Abt hatte mein Vater einen äußerst gewissenhaften, verlässlichen Mann an seiner Seite, der ihn über viele Jahre hinweg chauffierte und in sämtlichen Alltagsbelangen unterstützte. Ein Segen für meinen Vater war, dass er seine täglichen Routinen beibehalten konnte. Jeden Morgen kam seine Sekretärin vorbei, um ihm die Post oder die Zeitung vorzulesen. Und trotz der Tatsache, dass er irgendwann auf den Rollstuhl angewiesen war, schwamm er jeden Morgen seine Bahnen, so wie er das immer getan hatte, wenn auch in den letzten Jahren mit einer Schwimmhilfe. Ich denke, dank dieser Routinen hat er bis zum Ende ein im Grunde zufriedenes Leben geführt.

Aber die Demenz schritt immer mehr voran. Schon nach kurzer Zeit verlor mein Vater Dinge aus seinem Gedächtnis, die man ihm unmittelbar zuvor erzählt hatte. So vergaß er zum Beispiel, uns vom Tod unseres Onkels Meinhard zu unterrichten, über den ihn dessen Frau telefonisch in Kenntnis gesetzt hatte. Meine Brüder und ich glänzten daher bei der Beisetzung mit Abwesenheit, woraufhin sich meinte Tante erbost beschwerte. Zum Glück ließ sich die Situation schnell klären. Aber die Demenz machte sich für uns Angehörige immer mehr bemerkbar. Bei einem meiner fast täglichen Besuche fragte mich Vater, wo denn seine Matita sei. Ich versuchte ihm zu erklären, dass sie bereits vor vielen Jahren von uns gegangen war. Daraufhin wurde er wütend und bezichtigte mich des Lügens. In seiner Wirklichkeit war seine Frau noch am Leben. Zunächst versuchte ich die Situation zu klären, aber dann merkte ich, dass es keinen Sinn hatte und ließ ihn in seinem Glauben. Immer mehr tauchte er in seine eigene Welt ein, ein Zustand, an den meine Brüder und ich uns erst langsam gewöhnten. Wir gingen dazu über, ihn in seiner Gedankenwelt zu belassen. Auf seine Fragen, wo unsere Mutter sei, erklärten wir ihm dann, dass sie zu Besuch bei ihrem Bruder sei, der ja auch schon verstorben war. Das stimmte ihn meistens zufrieden. Uns Söhnen war es das Wichtigste, dass er trotz aller körperlichen und geistigen Einschränkungen zufrieden war, auch wenn das zuweilen bedeutete, ihm bei unseren täglichen Besuchen dieselbe Geschichte zehnmal zu erzählen oder eben etwas zu erzählen, das nicht unserer Wahrheit entsprach. Zwar gewöhnten wir uns an diesen Zustand, aber dennoch versetzte es uns immer mal wieder einen Stich, wenn wir realisierten, dass wieder eine neue Stufe des Abbaus erreicht war. Auch die Medizin wusste keinen Rat. Die Medikamente, die man ihm verabreichte, konnten die Krankheit nur aufzuhalten, nicht aber eindämmen.

Im Frühsommer 2010 verschlechterte sich der gesundheitliche Zustand meines Vaters für uns alle spürbar. Inzwischen kümmerten sich zwei Pfleger Tag und Nacht um ihn.

Als ich eines Tages von einem Besuch bei ihm nach Hause fuhr, machte ich mir bewusst, dass, wollte ich meinen Vater bei der Hochzeit haben, Eile geboten war. Darauf rief ich direkt bei Katharina an und teilte ihr meine Sorge mit. Nach kurzem Abwägen entschieden wir, die Hochzeit, mit der wir uns ja eigentlich noch Zeit lassen wollten, vorzuziehen und mit dem geplanten Geburtstagsfest von Katharina verschmelzen zu lassen, um meinen Vater bei der Feier bei uns zu wissen.

Hochzeitsfest

So stiegen wir in die Vorbereitungen des Festes ein. Katharina hatte dafür eine professionelle Hochzeitsplanerin engagiert, die sie aus ihrer Zeit in Paris kannte.

Am Vorabend des eigentlichen Hochzeitsfestes luden wir unsere Familien und engste Freunde in ein schönes Gartenrestaurant im Glottertal ein. Auf diese Weise hatten unsere Familien die Gelegenheit, sich knapp vor der Hochzeit noch miteinander bekannt zu machen.

TRAUUNG IM SCHLOSS UMKIRCH Die Trauung war auf elf Uhr terminiert. Aus Sorge vor den neugierigen Blicken und Kameras der Boulevard-Presse hatten wir den Bürgermeister gebeten, die Vermählung im Schloss Umkirch durchzuführen. Zwar konnten wir die Presse nicht ganz aus dem Geschehen heraushalten, sodass sich bereits einige Journalisten vor den Toren des Schlosses tummelten, aber es sollte ihnen nicht gelingen, bis zu uns vorzudringen.

Im Gartensaal des Schlosses gaben wir uns das Ja-Wort. Damit tauschte Nina ihren Mädchennamen »de Zomer« gegen den Namen »Prinzessin von Hohenzollern«. Trauzeugen waren zwei alte Freundinnen, Alexandra Gräfin zu Castell-Rüdenhausen und Agnes Moschkon, und auf Katharinas Seite Wilhelm-Karl Prinz von Preußen und Georg Graf von Wedel, die zufälligerweise auch Freunde mir waren. Da ich ja bereits geschieden war, kam eine kirchliche Trauung nicht in Frage, doch trotz der Kritik aus konservativ katholischen Kreisen fanden wir mit Karl-Heinz Berger einen Pfarrer, der sich bereit erklärte, uns im Anschluss an die standesamtliche Trauung im Rahmen einer Messe im Schlosspark von Umkirch zu segnen.

Trotz der hochsommerlichen Jahreszeit war die Wetterlage unbeständig und so hatten wir schon am Morgen gebangt, ob das Wetter halten würde. Bislang hatte die Sonne wunderbar geschienen, aber nach dem

Segnungsgottesdienst brauten sich dunkle Gewitterwolken zusammen und kurz vor dem Essen begann es wie aus Kübeln zu schütten. In Windeseile wurden Tische und Mobiliar von der Terrasse abgeräumt. Entgegen unserer eigentlichen Pläne nahmen wir das Mittagessen im Esszimmer des Schlosses ein. Als wir beim Dessert angelangt waren, prasselte der Regen immer noch munter weiter, und wir sahen unser Fest am Abend bereits ins Wasser fallen. Es war schwer vorstellbar, dass es sich zum Abend hin aufklaren würde, so wie es der Wettbericht vorhergesagt hatte.

HOCHZEITSFEST IM MEDITERRANEN AMBIENTE Nach dem Essen hatten es Nina und ich für das Beste empfunden, uns eine Ruhepause zu gönnen und alles Weitere auf uns zukommen zu lassen. Als ich gegen fünf Uhr meine Augen öffnete, sah ich, wie das Licht von draußen in feinen, hellen Strahlen durch die Fensterläden fiel, und hörte den Soundcheck der Band, die wir für den Abend zur musikalischen Unterhaltung ausgesucht hatten. Noch ein wenig benommen trat ich vor die Tür ins Freie und stand mit einem Mal im strahlenden Sonnenschein. Die Folien wurden heruntergezogen, man sah den Dampf von den Tischen und Stühlen emporsteigen. Bis die Gäste eintrafen, war alles wieder getrocknet. Die Kulisse war zauberhaft: Anstelle eines Zeltes hatte meine Frau lange Stoffbahnen ausgesucht, die sich als luftiges Dach über die ausgestreckte Tafel spannten, an den Seiten offen waren und wie ein langgezogener Baldachin anmuteten. Die Tanzfläche war wie eine Lounge gestaltet. Das alles fügte sich ganz wundervoll in die Architektur von Schloss Umkirch mit seiner Orangerie und dem südländisch anmutenden Belvedere-Anbau ein.

Als Katharina und ich unsere neuen Gäste begrüßten, stellte sich heraus, dass die allermeisten bereits von der Änderung des Feierzwecks Wind bekommen hatten. Mit aufrichtigen Glückwünschen gratulierten sie uns zur Hochzeit. Für Nina und mich war es beglückend zu erleben, wie sich alle mit uns freuten.

Wir feierten, bis die Polizei in den frühen Morgenstunden eintraf und uns aufforderte, die Musik leiser zu stellen. Das tat unserer Laune keinen Abbruch, und nachdem die Polizei sich freundlich verabschiedet hatte, feierten wir munter weiter. Es war ein wunderbares Fest, das wir beide nie vergessen werden.

Hochzeitsreise I. – ein kurzes Vergnügen

Die romantische Woche noch lebendig vor Augen, die wir in den ersten Monaten unserer Beziehung an der malerischen Côte d'Azur verbracht

Im Park von Umkirch, 2010

hatten, hatten wir für unsere anschließende Hochzeitsreise ein herrliches Hotel, das *Chateau de Messardières*, in Saint-Tropez gebucht. Wir waren gerade am Stuttgarter Flughafen in die Maschine nach Nizza gestiegen, als mein Handy klingelte. Mein Bruder Albrecht, der bereits seit 2004 in das Jagdschlösschen in Josefslust direkt neben meinen Vater gezogen war, um regelmäßig nach dem Rechten zu sehen, war am Apparat. »Tut mir leid, dass ich dich störe, aber unserem Vater geht es sehr schlecht. Es ist davon auszugehen, dass er die Nacht nicht überlebt!«

Dass der Tag kommen würde, war mir zwar lange bewusst, aber Albrechts Nachricht traf mich in dem Moment dennoch wie ein schmerzhafter Stich ins Herz und kam in dieser Situation natürlich alles andere als gelegen. Unser Gepäck war bereits eingecheckt und das Flugzeug im Begriff zu starten. So sahen wir keine andere Möglichkeit, als nach Nizza zu fliegen, um von dort mit der nächsten Maschine wieder zurück nach Stuttgart zu reisen. Leider konnten wir in Nizza nicht einmal in der Maschine sitzen bleiben, sondern mussten erst das übliche Prozedere durchlaufen: Auschecken, auf das Gepäck warten, ein neues Ticket kaufen, um dann die Koffer erneut aufgeben zu können. Das alles dauerte eine gefühlte Ewigkeit, sodass wir erst am Abend in Stuttgart eintrafen, wo bereits mein Fahrer auf mich wartete. Ich rief sofort meinen Bruder an, um mich zu erkundigen, wie es unserem Vater gehe, und konnte kaum fassen, was mir Albrecht berichtete: »Karl, du wirst es nicht glauben, aber es ist ein Wunder geschehen! Papi ist aufgewacht, als sei nichts gewesen. Und ich hatte schon den Pfarrer zur letzten Ölung gerufen …!« Unser Vater war plötzlich wieder bei vollem Bewusstsein und fragte etwas verdutzt: »Weshalb seid ihr denn alle hier?« »Weil wir dachten, du stirbst, Papi«, erklärte Albrecht. »Na, so schnell geht das nicht ...!« Dann fragte er, warum der Pfarrer da sei. »Der hat dir gerade die letzte Ölung gegeben«, erklärte Albrecht. Daraufhin murmelte mein Vater in der für ihn typischen lakonischen Art: »Das kann ja nie schaden!« Es grenzte an ein Wunder. Bereits zwei Tage später saß er wie gewöhnlich in seinem Rollstuhl im Wohnzimmer.

Hochzeitsreise II. – ein schicksalhaftes Ende

Katharina und ich beschlossen, unsere geplatzte Hochzeitsreise erst im Spätsommer nachzuholen. Die überfüllten Restaurants und Massen an Touristen während der Hauptsaison boten keine verlockende Aussicht auf einen zweisamen Urlaub an der Côte d'Azur. So flogen wir Anfang September nach Südfrankreich. Ich weiß noch, wie ich auf dem Hinflug zu Katharina sagte: »Hoffentlich bekomme ich dieses Mal nicht wieder einen Anruf wegen meines Vaters!« Wir verbrachten zwei wunderschöne und entspannte Wochen in Saint-Tropez. Mit geliehenen Motorrollern fuhren wir in die Stadt oder an den Strand – unser Hund Poppy in einer Tasche immer dabei. Am Tag unserer Abreise klingelte dann mein Telefon. Am Apparat war der Pfleger meines Vaters. Es würde ihm sehr schlecht gehen und der Arzt hätte gesagt, es ginge nun tatsächlich dem Ende zu. Eigentlich wollten wir uns erst am Nachmittag gemeinsam zum Flughafen begeben. Aber nach dieser Nachricht packte ich hastig meine Sachen zusammen und nahm den nächsten Flieger nach Stuttgart, während Katharina später nach Hamburg aufbrach.

Abends kam ich in Josefslust an. Als ich ans Bett meines Vaters trat, war er schon nicht mehr bei Bewusstsein und hatte die Augen geschlossen. Der Arzt sagte, es könne Stunden oder gar Tage dauern. »In jedem Fall ist es jetzt Zeit, ihn gehen zu lassen«, erklärte er.

Tod und Beerdigung meines Vaters

Mein Bruder Albrecht und ich saßen an seinem Bett und die Krankenschwester, die sonst die Nachtwache übernahm, überprüfte regelmäßig seinen Puls, der irgendwann immer schwächer und langsamer wurde. Gegen drei Uhr morgens war sein Puls nicht mehr zu spüren. Mein Vater hatte seinen letzten Atemzug genommen. Es war der 16. September 2010. Für mich war es das erste Mal, jemanden sterben zu sehen. Es war tief bewegend und hatte etwas ganz Friedliches inne. Albrecht und ich saßen bis zum Tagesanbruch an seinem Bett und hielten Totenwache. Als Sonnenlicht in den Raum fiel, öffneten wir die Fenster. Es war ein schöner Septembermorgen. Trotz der Trauer hatte ich die tröstende Gewissheit, dass unser Vater in Frieden gegangen war. In den letzten Jahren sagte er immer wieder: »Ich möchte jetzt zu meiner Frau gehen. Wenn der Herr mich holen will, dann soll er das tun.« Bei all dem Schmerz spürte ich in mir doch eine tiefe Dankbarkeit dafür, dass mir so viel Zeit mit meinem Vater geschenkt worden war. Sechsundachtzig Jahre war mein Vater geworden und 58 Jahre davon brachten wir gemeinsam auf der Erde zu.

Mir war durchaus bewusst, was wir in den nächsten Tagen alles zu organisieren hatten, und nachdem ich mich für einige Stunden ausgeruht hatte, benachrichtigte ich das Personal und ließ die Fahne auf dem Schloss in Sigmaringen auf Halbmast setzen. Bereits im Frühjahr hatte ich damit begonnen, Vorkehrungen für das Ableben meines Vaters zu treffen – den Text für die Traueranzeige, die Liste der Trauergäste, die Musik- und Blumenauswahl, Sitzordnung und Programmpunkte – all diese Aufgaben hatte ich in einem »Notfallplan«, wie ich es nannte, zusammengetragen und an die entsprechenden Mitarbeiter verteilt. Das stellte sich als wertvolle Vorbereitung heraus, denn nun wusste jeder, was zu tun war, und setzte sich selbstständig in Bewegung, ohne dass ich alle einzeln benachrichtigen oder große Erklärungen finden musste.

Mein Bruder Ferdinand war inzwischen aus Berlin angereist und Katharina war aus Hamburg zurückgekehrt, sodass wir uns im engsten Kreis der Familie in aller Ruhe von ihm verabschieden konnten. Abends hielten wir gemeinsam Andacht am Sterbebett.

Mein Vater hatte den Wunsch, einbalsamiert zu werden, schon geäußert, bevor die Demenz seinen Geist verkleidete. Ebenso wichtig war es ihm, keinen offenen Sarg zu haben, so wie das bei seinem Vater der Fall war. So wurde er in der Schlosskirche in Sigmaringen, mit der Fahne unseres Fürstengeschlechts versehen, aufgebahrt. Vor der Beisetzung wurde die Kirche für die Öffentlichkeit geöffnet, damit sich auch die Bevölkerung in Ruhe von meinem Vater verabschieden konnte. Es war überwältigend, wie viele Vereine sich sofort bereit erklärten, in diesen drei Tagen die Totenwache am Sarg zu halten. Mitglieder der Werksfeuerwehr von *Zollern* waren dabei, ebenso unsere Förster sowie Mitglieder des Traditionsverbands Hohenzollern-Kürassiere, die in Uniform gekleidet neben dem Sarg standen. Die letzte Totenwache hielten die Vertreter des Malteser Ritterordens, in dem sich mein Vater zeit seines Lebens engagiert hatte und dem er von 1972 bis 1992 als Präsident vorstand. Sie verließen die Kirche erst, als am Tag der Beisetzung alle Trauergäste für den Gottesdienst Platz genommen hatten. Hunderte von Menschen waren gekommen, um meinem Vater die letzte Ehre zu erweisen. Damit auch die Bevölkerung zumindest mittelbar am Trauergottesdienst teilnehmen konnte, hatten wir eine Leinwand mit Lautsprechern vor der Kirche aufgestellt. Es muss ein Pulk von Menschen gewesen sein, aber von all dem bekam ich nicht viel mit. Wie üblich waren wir durch den Hintereingang in die Kirche gegangen, um vom vorderen Chorgestühl aus dem Trauergottesdienst beizuwohnen. Die Kirche war bis zu den letzten Reihen gefüllt. Das Kirchenorchester spielte, der Chor sang. Das alles war tief ergreifend. Ganz besonders berührte mich, als Hans-Georg Rimmele, der Klarinettist, Saxophonist und langjährige musikalische Leiter der Big Band Bad Saulgau, gemeinsam mit zwei weiteren Musikern einige Stücke spielte. Ich glaube, mein Vater, großer Jazzfan, der er war, hätte sich darüber sehr gefreut.

Nach dem Gottesdienst trugen unsere Förster, begleitet von den Klängen des Bläserkorps und der Werkskapelle von *Zollern*, den Sarg zur Beisetzung in den Innenhof. Das letzte Sterbegebet wurde gesprochen und mein Vater schließlich in unserer Familiengruft beigesetzt. Ich selbst hatte die Texte für die Sterbegebete ausgewählt. Darunter sind auch jene so trefflichen wie tröstlichen Zeilen aus dem Buch *Der Prophet* von Khalil Gibran, der zu meinen Lieblingsschriftstellern gehört:

»Lass mich schlafen,
bedecke nicht meine Brust mit Weinen und Seufzen,
sprich nicht voller Kummer von meinem Weggehen,
sondern schließe deine Augen,
und du wirst mich unter euch sehen,
jetzt und immer.«

Im Anschluss an die Beisetzung luden wir zu einem Empfang ins Schloss ein. Hier nahmen meine Brüder und ich unzählige Kondolenzbekundungen entgegen. Die ganze Situation erschien mir fast unwirklich. All diese in Schwarz gekleideten Menschen, die mit uns um meinen Vater trauerten, wo wir doch gerade erst zwei Monate zuvor in so fröhlicher Stimmung gemeinsam die Hochzeit von Katharina und mir gefeiert hatten. Aber das Leben hatte mir ja schon einmal drastisch vor Augen geführt, wie dicht Freud und Leid beieinander liegen können.

NACH DER TRAUER KOMMT DIE ERINNERUNG »Wenn die Trauer geht, kommen die Erinnerungen«, besagt ein Sprichwort. Und so bleiben mir bis heute unzählige kleine und große Momente im Gedächtnis, die ich mit meinem Vater verbinde und die mich in meiner Persönlichkeit geprägt haben: Mein Vater, wie er mir den Krankenhausaufenthalt mit

Autoprospekten versüßt. Wie er mir geduldig das Radfahren und das Schwimmen beibringt. Wie er mich aus seiner Sammlung Platten auswählen lässt, die wir anschließend zusammen hören. Wie er in seinem Lehnstuhl sitzt und über Kopfhörer seine Jazzmusik genießt. Wie er uns sanktioniert, mit klarer Haltung und ohne dabei laut zu werden, wenn wir nicht pünktlich zu Hause waren oder er unsere Notlügen aufdeckte. Ich erinnere die Freude, die er ausstrahlte, wenn er auf Jagd ging oder wenn er uns stolz die Dias und Super-8-Filme seiner Reisen in die Nationalparks und zu den Wasserfällen vorführte, die er als großer Naturliebhaber besucht hatte.

Ich erlebte meinen Vater zeit seines Lebens als einen integren, werteorientierten Menschen. Seinen klaren Überzeugungen und moralischen Maßstäben blieb er auch in Krisenzeiten treu. Für ihn hatte die Verantwortung seiner Familie und seinen Mitarbeitern gegenüber immer Priorität. Es imponiert mir bis heute, wie er in den siebziger Jahren unsere Firma *Zollern* nur mit großem Verzicht und Durchhaltevermögen vor der Insolvenz und damit seine Mitarbeiter vor der Arbeitslosigkeit hatte bewahren können. Viele seiner ausgesprochenen und unausgesprochenen Lebensweisheiten sind mir in Fleisch und Blut übergegangen. So zum Beispiel seine Maxime, offene Konflikte nicht »mit ins Bett zu nehmen«, sondern tunlichst noch vor dem Schlafengehen zu klären. Oder sein bedingungsloser Appell an die Wahrheit. In besonderer Erinnerung geblieben ist mir auch seine kritische Haltung gegenüber den von ihm so genannten »Schreibmaschinengiganten«. Ich erinnere mich, wie ich als Junge das Wort zum ersten Mal hörte und ich mir einen Riesen hinter einer Schreibmaschine vorstellte. Und wie mir mein Vater später einmal erklärte, was er damit meinte: »Das sind Leute, die schreiben einem bitterböse Briefe, und wenn man dann um ein Gespräch bittet, werden sie so klein mit Hut!«, und ließ dabei zwischen Zeigefinger und Daumen nur eine winzige Lücke entstehen. Für meinen Vater waren die persönliche Beziehung und der direkte Austausch von elementarer Bedeutung. Das pflegte er sein Leben lang mit allen Menschen, mit denen er in Beziehung stand.

Zu den geschäftlichen Methoden, die ich von meinem Vater übernommen habe, zählt auch die von ihm so genannte »Gummiwandtaktik«: »Will man sein Ziel erreichen, ist man gut beraten, bei Gegenwind nicht gleich auf Konfrontation zu gehen, sondern einen Schritt zurückzuweichen und auf die nächste günstige Gelegenheit zu warten«, erklärte er uns. Dies kam mir im Laufe meines weiteren Lebens immer wieder in den Sinn, insbesondere bei langfristigen und komplexen Projekten. Hier braucht es nicht nur einen langen Atem und die Fähigkeit, sich trotz äußerer Widerstände nicht entmutigen zu lassen, sondern ebenso die Fähigkeit zu erkennen, wann es Zeit ist, vom ursprünglichen Weg abzulassen, weil er in die Sackgasse führt, und dementsprechend eine neue Fährte zu verfolgen. Diese Weisheit erwies sich in meinem Leben vielfach als förderlich. Ob im Umgang mit dem Denkmalamt beim Umbau unseres Hauses in Krauchenwies oder während der zähen Verhandlungen mit dem neuen Pächter des Marstallgebäudes – vielfach machte ich die Erfahrung, dass gute Lösungen eben ihre Zeit brauchen und dass man sich auf dem Weg zum Ziel beweglich zeigen muss. Neben den vielen guten Eigenschaften sehe ich aber sehr wohl auch die Schattenseiten meines Vaters: das insistierende Negieren der Krankheit meiner Mutter, seine Neigung, Problemen aus dem Weg zu gehen, und seinen etwas gutgläubigen und unkritischen Blick auf Menschen und Institutionen. Das Verhältnis zu meinem Vater war beileibe nicht unbelastet. Das mag an unseren grundverschiedenen Temperamenten gelegen haben, aber entscheidender waren wohl unsere unterschiedlichen Herangehensweisen an die Dinge. Das betrifft natürlich allen voran die Ausgestaltung des Fürstenamtes und die Haltung gegenüber dieser Rolle. Die Neuerungen, die ich vorschlug oder durchführte, wurden von ihm eigentlich immer erst einmal mit Argwohn betrachtet. Während mein Vater die fürstliche Nachfolge in meinen Augen als reine Verpflichtung empfand, sah ich in dieser Verantwortung eine Chance der Weiterentwicklung, für mich persönlich als auch für unser Familienunternehmen.

Mit großer Dankbarkeit erfüllt mich indes, dass wir unsere Differenzen in den Jahren der Krankheit meines Vaters weitestgehend aus dem Weg räumen konnten. In den unzähligen, intensiven Gesprächen haben wir viel Unausgesprochenes geklärt. Und auch die zunehmende Wertschätzung meines Vaters gegenüber meiner Vorgehensweise und meiner Person als Ganzes in seinen letzten Lebensjahren macht den Groll, den ich phasenweise gegen ihn hegte, wieder wett. Unsere Beziehung wurde inniger und versöhnlich. Und so hatten die Krankheitsjahre meines Vaters allem Leid zum Trotz auch ihr Gutes.

GEDANKEN ÜBER DIE EIGENE ENDLICHKEIT Mit dem Tod der eigenen Eltern entsteht ein Bewusstsein für die eigene Endlichkeit. In den ersten Jahren nach dem Tod meines Vaters war dieses Gefühl noch weniger präsent. Aber an meinem 60. Geburtstag, zwei Jahre nach seinem Tod, tauchte plötzlich dieser Gedanke auf, der nächste in der Reihe zu sein. Unbenommen der Tatsache, dass noch einer meiner Onkel und zwei der Schwestern meiner Mutter lebten, fragte ich mich, wie viele Jahre ich wohl noch haben werde. »Heute ist der erste Tag vom Rest deines Lebens«, besagt ein Sprichwort. Das habe ich mir in der Auseinandersetzung mit der eigenen Sterblichkeit zu Herzen genommen. Jeder Tag ist eine Chance, neue Dinge kennenzulernen, neue Erkenntnisse zu gewinnen und Beziehungen zu gestalten. Mit diesem Bewusstsein gehe ich fortan in den Tag und bemühe mich, das Beste aus jedem Moment herauszuholen. Man weiß schließlich nie, wie oft man die Frühlingsblüte noch erleben darf, den erdigen Duft des Waldes nach einem Regenschauer oder das Knistern des Kaminfeuers in der kalten Jahreszeit. So hat diese Erkenntnis der eigenen Sterblichkeit mein Leben noch einmal gehaltvoller und reicher werden lassen.

2010-2022 Chef des Hauses Hohenzollern • Josefslust

Nicht der Titel verleiht dem Mann Glanz, sondern der Mann dem Titel.

Niccolò Machiavelli

VOM ERBPRINZEN ZUM FÜRSTEN Nach dem Ableben meines Vaters war ich also offiziell der Fürst von Hohenzollern. In heutigen Zeiten ist die Amtsübernahme nicht mit einem Ritual oder irgendwelchen Feierlichkeiten verbunden, sodass sich äußerlich für mich wenig änderte. Auch namentlich änderte sich nichts. Zumindest nicht formal. In meinem Pass war und blieb ich Karl Friedrich Prinz von Hohenzollern, denn seit der Abschaffung der Adelsprivilegien im Jahr 1918 gehörte die Bezeichnung »Fürst« nicht länger zum Bestandteil des Namens und wird damit auch nicht im Melderegister eingetragen. Der Letzte aus unserer Familie, der sich offiziell Fürst nennen durfte, war mein Urgroßvater Wilhelm*, der den Fürstentitel bis zu seinem Tod 1927 innehatte. In meinem traditionellen Selbstverständnis hingegen sowie in der Wahrnehmung der Öffentlichkeit wurde ich vom Erbprinzen zum Fürsten. Und das ist es, was meiner Meinung nach zählt. Die Menschen in meiner Umgebung sprachen mich ab sofort mit »Fürst« an, und ich nahm das gern an, denn es fühlte sich für mich stimmig an.

Es brauchte eine Zeit, bis ich mich daran gewöhnte, dass mein Vater nun nicht mehr Teil meines alltäglichen Lebens war. Mit seinem Ableben verschwanden auch die gemeinsamen Rituale wie die täglichen Gespräche, die ich mit ihm geführt und die unsere Beziehung in den letzten Jahren so geprägt hatten.

MEIN NEUER PLATZ IM HAUS HOHENZOLLERN Nach der Bestattung meines Vaters folgten Wochen, in denen Stapel an Kondolenzbriefen beantwortet werden mussten und es vieles zu organisieren gab. Als ich dann das erste Mal nach dem Ableben das Büro meines Vaters betrat, fiel mir das unerwartet schwer. Ich nahm an seinem Schreibtisch in der Ecke des Zimmers Platz und hielt für einen Moment inne. Hier hatte mein Vater immer fleißig seine Post erledigt. In der Adventszeit zum Beispiel Dutzende von Weihnachtsbriefen mit der breiten Feder seines *Mont-Blanc*-Füllers geschrieben, mit dem schweren Hohenzoller'schen Wappen geprägt und mit seinem Adressstempel versehen. Vom Schreibtisch aus blickte ich mich langsam im Zimmer um. Mein Blick fiel auf das Bücherregal, das mit dem *Genealogischen Handbuch des Adels* und einem Konversationslexikon bestückt war. Letzteres selten benutzt, denn mein Vater war selbst ein wandelndes Lexikon. Bis heute ist mir kaum ein Mensch untergekommen, der so viel Sachwissen, allen voran historische Daten und Fakten, im Kopf hatte wie mein Vater.

Wie ich so da saß, verspürte ich eine große Schwere in mir. Noch einmal kamen die Erinnerungen an unsere Auseinandersetzung hoch, allen voran an die Anfangszeit meiner Generalvollmacht: Der zehrende Anspruch meines Vaters, ihm jederzeit zur Verfügung stehen zu müssen, meine Anstrengungen, dem im Sinne einer Beziehung auf Augenhöhe entgegenzutreten. Das schwierige Ringen um die Durchsetzung von Entscheidungen zum Wohle unseres Hauses. Und nicht zuletzt meine Enttäuschungen über das fehlende väterliche Vertrauen. Einmal mehr war ich froh, dass wir die Unstimmigkeiten in den Jahren der Krankheit bereinigt hatten.

AUFBRUCHSTIMMUNG Und noch ein Gefühl nahm in dem Moment, am Schreibtisch meines Vaters sitzend, Besitz von mir: Ich spürte eine neue Dimension von Verantwortung in mir aufsteigen. Auch wenn ich faktisch seit mehr als acht Jahren die Geschicke des Hauses geleitet hatte, wurde mir nun voll bewusst, dass ich das alleinige Oberhaupt unseres Hauses war und als solches alle anstehenden Entscheidungen allein zu tragen und zu verantworten hatte. Dass es einen Unterschied macht, nun nicht mehr der Sohn und Stellvertreter, sondern der Fürst und damit das Oberhaupt der Familie zu sein. Das fühlte sich nicht schwer, sondern gut und richtig für mich an. Eine regelrechte Aufbruchsstimmung kam in mir hoch. Und diese sollte sich auch räumlich widerspiegeln. Ich beschloss, das Zimmer meines Vaters von unserem Innenarchitekten komplett neu gestalten zu lassen. Ein Neuanfang auf allen Ebenen!

Die örtliche Zusammenlegung unserer Verwaltung

Eine der ersten größeren Amtshandlungen als Fürst war die örtliche Zusammenlegung unserer Verwaltung in das ehemalige Hofkassengebäude, das sich gegenüber von Schloss Sigmaringen befindet und von uns viele Jahre als Mietshaus unterhalten wurde. Schon länger hatte ich den Plan gehegt, die Verwaltung aus dem Schloss herauszunehmen und in das Gebäude umzuziehen. Denn einerseits gefiel mir die Situation nicht, direkt vis-à-vis des Schlosses Wohnungen zu haben, und andererseits erachtete ich es als deutlich praktischer, die Verwaltung in einem überschaubaren Gebäude versammelt und nicht über Etagen und Flügel hinweg im Schloss verstreut zu haben. Im Todesjahr meines Vaters starb auch der letzte fremde Mieter der Hofkasse. Meine Tante Maria Antonia*, genannt Mimi, die Schwester meines Vaters, die ebenfalls über Jahre hinweg dort gewohnt hatte, siedelten wir in eines der Appartements im Seitenflügel des Schlosses ein. Unter der Federführung meines Bruders Ferdinand, der inzwischen niedergelassener Architekt in Berlin war, wurde dann die ehemalige Hofkasse entkernt. Im Anschluss brachten wir die gesamte Verwaltung dort unter. Nun waren die Wege der Mitarbeiter untereinander kürzer und die Zusammenarbeit gestaltete sich deutlich einfacher als zuvor.

Von der Geschäftsfrau zur Fürstin

Die Nachfolge meines Vaters anzutreten, brachte auch Veränderungen für meine Ehefrau mit sich. Als wir heirateten, führte sie noch ihre Fotografenagentur in Hamburg. Ursprünglich stammt Katharina aus Holzminden im südlichen Niedersachen. Als ihr Vater in den Ruhestand ging – er hatte viele Jahre als Syndikus der Firma *Dragoco* gearbeitet – zog er mit seiner Familie nach Passau.

Nach dem Abitur hatte Nina Geschichtswissenschaften in Paris an der Sorbonne studiert und lebte insgesamt zwölf Jahre in der französischen Hauptstadt. Aus dieser Zeit hatte sie gute Kontakte in die Modebranche. Und nachdem die langjährige Beziehung mit ihrem damaligen Verlobten auseinandergegangen war, kam sie nach München. In dieser Zeit war sie noch einmal verlobt, aber auch diese Beziehung hielt nicht an. Als einige ihrer Fotografenfreunde sie fragten, ob sie mit ihren guten Kontakten in die Modebranche Aufträge für sie einfädeln könnte, erkannte sie darin in ihrer Geschäftstüchtigkeit das unternehmerische Potenzial und startete ihr eigenes Business, das sie schließlich nach Hamburg führte. Die Agentur, die sich auf die Vermittlung von Fotografen für die Werbebranche spezialisiert hatte, wuchs stetig und nahm Katharina zeitlich so in Anspruch, dass sie den Gedanken an eine Ehe und Kinder für sich ad acta gelegt hatte. Stattdessen fand sie große Erfüllung in ihrem Job, der sie um die ganze Welt führte. Südafrika, Paris, Südfrankreich, New York – an all diesen Orten war sie streckenweise zu Hause. »Es war eine abenteuerliche Zeit, die ich niemals missen möchte!«, sagte sie einmal zu mir.

Aber nachdem ich nun Fürst war, stand für sie schnell fest, dass sie sich an meiner Seite stärker in unser Familienunternehmen einbringen wollte: »Wenn ich die Agentur behalte«, gab sie zu bedenken, »dann bin ich die Hälfte meiner Zeit in Hamburg oder in der Weltgeschichte unterwegs.« So entschloss sie sich, ihre Agentur aufzugeben und ganz zu mir ins Schloss nach Sigmaringen zu ziehen. Ich empfand das als mutigen Schritt und bin sehr froh darüber, dass sie ihn nie bereut hat. Natürlich war es eine große Umstellung von der Gründerin und Geschäftsführerin einer international operierenden Agentur in die Rolle der Fürstin in Sigmaringen hineinzuwachsen. Wir führten damals viele Gespräche über die Erwartungen, die an sie als Fürstin herangetragen wurden. Katharina informierte sich über unsere Familiengeschichte und sprach mit meinen Brüdern und anderen Verwandten darüber, was es bedeutet, die Frau an der Seite des Oberhauptes unseres Fürstenhauses zu sein. Was unsere Beziehung weiter stabilisierte, war die glückliche Fügung, dass wir viele gemeinsame Freunde hatten, die wir jeweils unabhängig voneinander kennengelernt hatten. All dies mag dazu beigetragen haben, dass Katharina sich gut in ihre Rolle als Fürstin und Frau an meiner Seite einlebte.

DIE UMFRIEDUNG DES SCHLOSSES Eine der ersten Ideen, die Katharina mit einbrachte, war das Schloss mit einem Zaun zu versehen. Bislang war die Bevölkerung direkt vor unseren Fenstern herumspaziert. Nicht selten kam es vor, dass jemand direkt vor unserer Haustür nächtigte oder in den Büschen seine Geschäfte erledigte. Auf Katharinas Initiative zogen wir einen Zaun rund ums Schloss und setzten ein altes Parktor in den Eingang. Zunächst sorgte das für etwas Aufruhr in der Presse, aber die Leute gewöhnten sich schnell an den Zustand, und ich fragte mich rückblickend, warum wir nicht schon früher auf die Idee gekommen waren. Bis heute bringt Katharina ihre Ideen in unser Familienunternehmen ein und engagiert sich für das Haus Hohenzollern, wofür ich sehr dankbar bin.

Ein neue Heimat für Katharina und mich

SIGMARINGEN – MEINE HEIMAT Schon vor meiner Ehe mit Katharina machten wir uns Gedanken darüber, wo wir unseren Lebensmittelpunkt hinverlagern wollten. Einige Optionen standen im Raum. Aber je mehr ich darüber nachdachte, um so klarer wurde mir, dass ich nach Sigmaringen gehöre. Sigmaringen ist eine bodenständige, traditionsreiche Stadt, landschaftlich reizvoll auf der Schwäbischen Alb gelegen. Und es ist meine Heimat! Hier bin ich zur Schule gegangen, hier habe ich meine ersten Freundschaften geschlossen, die ersten Fahrversuche unternommen und die ersten Mädchen geküsst. Überall ist in Sigmaringen die Verbindung zum Fürstenhaus Hohenzollern sichtbar und spürbar. Beginnend mit dem Schloss als Wahrzeichen der Stadt, das von überall sichtbar auf dem Fels über der Stadt thront. Darunter die ehemalige Reithalle, die heute verschiedene Gastronomiebetriebe, Geschäfte, Wohnungen und Büros beherbergt. Im Anschluss daran das vormalige Prinzenpalais, heute Sitz des Staatsarchivs. Der dortigen Karlstraße folgend schließen sich auf dieser ehemaligen Residenzstraße der Prinzessinenpalais und die früheren Regierungsgebäude an, in denen heute unter anderem Amtsgericht und Verwaltungsgericht untergebracht sind, sowie das Gebäude des ehemaligen Archivs unseres Hauses. Die Karlstraße endet mit der Hedinger Kirche, der Gruftkirche unserer Familie, die heute noch in unserem Besitz ist.

Der Einfluss, den meine Vorfahren auf die Stadt hatten, offenbart sich nicht zuletzt an den Platz- und Straßenbenennungen: Angefangen beim Karl-Anton-Platz vor dem Schloss über den Karlsplatz vor der ehemaligen Reithalle, bis zum Leopoldplatz vor dem ehemaligen Gebäude der Hohenzollerischen Regierung, heute Sitz der Hohenzollerischen Landesbank Kreissparkasse Sigmaringen. Dazu Straßen wie die Fürst-Wilhelm-Straße, die Karlstraße, die Fürst-Friedrich-Straße, die Fürstin-Margarete-Straße sowie die Fürst-Friedrich-Wilhelm-Allee neben dem Prinzenpark.

Bei all dem Zugehörigkeitsgefühl zur Stadt Sigmaringen möchte ich es keineswegs missen, zwischendurch in anderen Orten heimisch gewesen zu sein. Besonders die Aufenthalte in Sankt Gallen, Fribourg und in New York habe ich genossen und sie haben mich stark geprägt. Aber nach Sigmaringen zu kommen, fühlt sich immer an, wie nach Hause kommen.

JOSEFSLUST ALS UNSER NEUES/ALTES ZUHAUSE Zu meiner Freude fiel es nicht allzu schwer, Katharina davon zu überzeugen, sich mit mir zusammen in Sigmaringen niederzulassen. Die Frage war nur, wo. Nach dem Tod meines Vaters stand das Elternhaus in Josefslust leer. Ich hatte einen Großteil meiner Kindheit und Jugend dort verbracht und liebäugelte nun mit dem Gedanken, nach Josefslust zurückzuziehen. Für mich bot Josefslust inmitten des Waldes und des Naturparks eine attraktivere Lebens- und Wohnqualität als unser Schloss in der Stadt.

So schlug ich Albrecht eines Tages im Winter 2010 vor, gemeinsam mit Katharina einen Kaminabend in Josefslust zu verbringen. Wir wollten erfahren, wie es sich anfühlt, ohne meinen Vater im Haus zu sein. Die Hauswirtschafterin meines Vaters, die nach seinem Tod bei uns im Schloss arbeitete, kochte für uns und wir verbrachten einen schönen gemeinsamen Abend dort. Im Anschluss erbat sich Nina etwas Be-

Im Treppenhaus des Schlosses Sigmaringen, 2010

Nach der Herbstjagd im Badischen Salon, 2015

denkzeit, aber nachdem wir im Frühjahr 2011 ein ganzes Wochenende in Josefslust verbracht hatten, war sie überzeugt, und wir entschieden uns, in das Haus meiner Kindheit umzuziehen.

Als wir meinen Brüdern von unseren Plänen erzählten, kamen einige Befindlichkeiten und Ansprüche zu Tage, die nicht leicht in Einklang zu bringen waren, schließlich war es auch ihr Elternhaus, und der Gedanke, dass ich mit Katharina dort einziehen würde und wir vorhatten, baulich einiges zu verändern, sorgte für Meinungsdifferenzen. Ferdinand hatte als Architekt andere Vorstellungen darüber, was man am Haus verändern sollte und was nicht. Und Albrecht wohnte seit dem Jahr 2004 direkt gegenüber im Jagdschlösschen, von wo aus er unseren Vater im Alltag unterstützen konnte, und er war es gewohnt, ein- und auszugehen, wie es ihm beliebte, was wiederum meine Frau störte. Aber nach einigen Gesprächen wurden wir uns einig – und das Projekt konnte beginnen.

Wohl bei jedem Umbau gibt es Störungen und Ungeplantes. So auch in unserem Fall. Aber nachdem Dach, Heizung und Fenster erneuert, Wände erfolgreich verlegt waren und die großzügige Terrasse schließlich lag, konnten wir im Frühjahr 2013 in unser neues Zuhause einziehen. Bis heute bin ich glücklich darüber, in Josefslust zu leben, verbinde ich doch damit viele schöne Kindheits- und Jugenderinnerungen. Außerdem genieße ich es, dass Albrecht direkt gegenüber im Jagdschlösschen wohnt und wir uns oft besuchen und austauschen können.

KATHARINAS MUTTER ZIEHT INS SCHLOSS Nach dem Tod ihres Mannes war Katharinas Mutter Renate, von uns *Maman* genannt, zurück in ihre Heimat nach Würzburg gezogen. Schon kurz nachdem Katharina und ich geheiratet hatten, fragten wir sie, ob sie nicht zu uns nach Sigmaringen kommen wolle. »Niemals!«, rief sie damals in der ihr eigenen Vehemenz aus. »Mein Leben ist doch hier!« So blieb sie zunächst in Würzburg wohnen, von wo aus sie viele kleinere und größere Reisen unternahm. Dabei ließ sie es sich trotz ihres fortgeschrittenen Alters nicht nehmen, selbst am Steuer ihres Autos zu sitzen, auch wenn sie sich mit verlässlicher Regelmäßigkeit verfuhr. Eines Tages wollte sie uns von der Schweiz aus besuchen. Wir erwarteten sie eigentlich zum Mittagessen, aber sie ließ auf sich warten. Als sie schließlich gegen Abend bei uns ankam, fragte ich sie, wie sie denn gefahren sei. Darauf erwiderte sie: »Na, wie immer: Von Montreux aus bin ich Richtung Genf gefahren und von dort über Lausanne nach Bern.« Da stutzte ich und fragte sie, weshalb sie nicht die Autobahn nach Fribourg genommen habe. »Seit wann gibt es denn eine Autobahn nach Fribourg?«, fragte sie verwundert. »So ungefähr seit 30 Jahren«, antwortete ich mit einem Grinsen im Gesicht. Aber stur, wie sie war, interessierten sie derartige Neuerungen nicht. Immer öfter verfuhr sie sich und das waren für uns die ersten Anzeichen einer für das Alter keineswegs untypischen Zerstreutheit. Als das Hausmeisterehepaar, das ihr in ihrem Würzburger Alltag über viele Jahre hinweg zur Seite gestanden hatte, in Rente ging, fragten wir sie noch einmal, ob sie nicht zu uns kommen wolle. Auch wenn der Protest dieses Mal schon etwas milder ausfiel, ließ sie sich zunächst nicht erweichen. Aber einige Monate später willigte sie dann doch ein. So richteten wir eine Wohnung im Schloss in Sigmaringen für *Maman* her und organisierten den Umzug. Auf diese Weise hatten wir mit ihr noch ein paar schöne Jahre. Ihrem Alter entsprechend wurde sie mit der Zeit immer hilfsbedürftiger. Eine Osteoporose ließ sie wackelig auf den Beinen werden. Aber sie weigerte sich strikt gegen jede Form von Gehhilfen. Immer wieder verkündete sie mit Nachdruck: »Zwei Dinge kommen mir niemals ins Haus. Das erste ist ein Rollator und das zweite ist ein Rollstuhl!«

Diese Maxime zog sie tatsächlich eisern bis zum Schluss durch, noch nicht mal einen Stock nahm sie zu Hilfe, selbst nachdem sie sich bei einem Sturz das Steißbein gebrochen hatte und danach nur noch schwer aus dem Bett aufstehen konnte. Es war ihr äußerst wichtig, in Würde zu altern. Ein Jahr vor ihrem Tod mit 88 baute sie sichtlich ab. Sie aß nicht mehr richtig und irgendwann verließ sie das Bett nicht mehr. Wenn wir sie besuchten, fiel sie bei den Gesprächen immer wieder in einen Dämmerschlaf. In der Nacht des 10. Oktober 2018 schlief sie im Alter von

Rede im Ahnensaal des Schlosses zum Auftakt der 950-Jahr-Feier, 2011

89 Jahren friedlich ein und wachte nicht wieder auf. Meine Frau sagt immer, sie sei wie eine Indianerin gestorben. Es erschien uns passend, dass wir für ihre letzte Ruhestätte nicht das Schweizer Urnengrab ihres Mannes in Saint Romain bei Anzère wählten, sondern einen unserer Ruheforste. Wir wählten eine schöne ältere Eiche im Hechinger Forst als ihre Ruhestätte aus. Es ist ein friedlicher, wunderschöner Ort, zu dem wir regelmäßig fahren, und ich denke, meine Schwiegermutter wäre damit sehr einverstanden gewesen.

950-jähriges Bestehen des Fürstenhauses Hohenzollern

Im Jahr 2011 stand das 950-jährige Jubiläum des Hauses Hohenzollern an. Als Kind hatte ich die 900-Jahr-Feier miterlebt. Ich war damals elf Jahre alt und durfte zusammen mit meinen Eltern an den Feierlichkeiten teilnehmen. Als nun das 950-jährige Jubiläum anstand, fragte ich Katharina, ob sie sich vorstellen könne, das Jubiläumsjahr mit zu organisieren. Über ihre spontane Zustimmung freute ich mich sehr. So spannen wir zum Ende des Jahres 2010 die ersten Ideen für ein stimmiges Konzept. Statt eines einzigen Festwochenendes organisierten wir über das ganze Jahr verstreut verschiedene Veranstaltungen. Da es natürlich auch der 950-jährige Geburtstag des preußischen Zweiges war, holte ich neben Onkel Hansi, dem Bruder meines Vaters, auch Prinz Georg Friedrich von Preußen* mit ins Boot. Gemeinsam entschieden wir uns, dass die Hauptveranstaltung hier auf Schloss Sigmaringen sowie zwei weitere auf der Burg Hohenzollern und in Berlin stattfinden sollten.

Den Auftakt bildete ein beeindruckendes Konzert in Berlin in der Oper am Gendarmenmarkt, das mein Vetter Georg Friedrich organisiert hatte. Im Anschluss daran hielt der damalige Bundespräsident Christian Wulff eine Festrede.

Im Sommer fand in Sigmaringen ein ganzes Festwochenende statt, zu dem ich nicht nur die Chefs der ehemals regierenden Fürstenhäuser und deren Familien eingeladen hatte, sondern auch politische Würdenträger der Stadt und des Landes, wie den damaligen Baden-Württembergischen Ministerpräsidenten Stefan Mappus. Nachmittags gab es einen Festvortrag zur Geschichte des Hauses, den Onkel Hansi als Kunsthistoriker vorbereitet hatte, und zum Abschluss des offiziellen Teils spielte draußen im Schlosshof das Heeresmusikkorps aus Ulm eine Serenade für uns. Das hatte sich der damalige General der Bundeswehr, die zu dieser Zeit noch in Sigmaringen stationiert war, nicht nehmen lassen.

HISTORISCHES DINNER IM SCHLOSS Zum Abendessen, zu dem nur ausgewählte Gäste geladen waren, hatte sich meine Frau etwas ganz Besonderes einfallen lassen. Im Vorfeld hatten wir einige Recherchen zu früheren Festlichkeiten der Hohenzollern angestellt. Dabei stießen wir auf eine 13-gängige Menükarte von 1884 anlässlich der goldenen Hochzeit meines Vorfahren Fürst Karl Anton. Durch einen glücklichen Umstand fanden wir einen Koch aus der Gegend, der es verstand, die Speisen so zuzubereiten, wie es für die Zeit typisch war. Am Festtag selbst war eine lange Tafel aufgebaut, an der wir mit den insgesamt 140 Gästen saßen. 70 Servicedamen kamen zeitgleich in den Saal, um uns die Speisen aus längst vergangenen Zeiten zu servieren. Es war ein unvergesslicher Abend.

Am nächsten Tag trafen wir uns im kleinen Kreis unserer Familie zu einer Sonntagsmesse in der Kirche von Haigerloch, die früher einmal in unserem Familienbesitz gewesen war. Im Anschluss an die Sonntagsmesse zogen wir weiter auf die Burg Hohenzollern, wo der Historiker Michael Wolffsohn einen exzellenten Vortrag über unser Fürstenhaus hielt. Er gehört definitiv zu den besten, die ich je über unser Haus gehort habe. Den krönenden Abschluss des Festwochenendes bildete eine Darbietung der *Konzertgesellschaft München e.V.*, der mein Onkel Hansi zu diesem Zeitpunkt vorstand.

DIE AUSSTELLUNG »KLEIDUNG. MACHT. GESCHICHTE.« Ein weiteres Highlight des Jubiläumsjahres ist sicherlich die Sonderausstellung in unserem fürstlichen Museum im Schloss Sigmaringen. Die Idee dazu

Ausstellungseröffnung »Kleidung. Macht. Geschichte.«, von links: Ruprecht Graf zu Castell Rüdenhausen, ich, Katharina und Alexander, 26. Mai 2011

kam von meiner Frau, die die Ausstellung gemeinsam mit unserer Historikerin und Kuratorin Annette Hähnel konzipierte und gestaltete. Anhand von Memorabilien, Büchern und der Rheinbund-Akte, die mein Vorfahr Fürst Karl Anton einst mit Napoleon geschlossen hatte, sowie einigen Porträts aus unterschiedlichen Epochen konnte man in die Familiengeschichte der Hohenzollern eintauchen. Imposantes Herzstück waren acht lebensgroße Puppen, für die die Studenten der Sigmaringer Modefachschule auf der Grundlage der Porträts eigens Kleider genäht hatten. Begleitet wurde das Ganze von verschiedenen Kunstprojekten. Dafür hatte sich Albrecht auf die Suche nach Künstlern begeben, die sich mit ihren Arbeiten in Fotografie und Malerei mit dem Thema *Hohenzollern* auseinandergesetzt hatten. Insgesamt war es eine rundum gelungene Ausstellung, die das Jubiläumsjahr zu etwas ganz Besonderem machte.

DIE DOKUMENTATION »950 JAHRE HOHENZOLLERN« Besonders erwähnt werden darf hier noch die Dokumentation über unser Geschlecht von Julia Melchior, Adels-Expertin bei der ARD. Mit ihrem Filmteam begleitete sie uns durch das gesamte Jubiläumsjahr und kam zu allen Veranstaltungen in Berlin und Sigmaringen sowie zu den Vorträgen, die das Stadtarchiv organisiert hatte. Herausgekommen ist eine fast einstündige Fernsehdokumentation, die im Jahr 2012 ausgestrahlt wurde und die für mich ein schönes Erinnerungsstück an dieses besondere Jahr unseres Fürstenhauses bleibt.

Die Narren sind los

2012 stand das 100-jährige Jubiläum der Narrenzunft *Vetter Guser* in Sigmaringen an, das mit einem großen Narrentreffen einherging, für das ich die Schirmherrschaft übernommen hatte. Rund 1.000 Vertreter aus 42 Narrenzünften der Schwäbisch-Alemannischen Narrenvereinigung kamen, um zu gratulieren und gemeinsam die Fasnet zu feiern. In Ermangelung von Hotels und Pensionen in Sigmaringen waren die meisten von ihnen in der Sigmaringer Stadthalle in einer Art Matratzenlager untergebracht worden. Wie man sich vorstellen kann, war an diesem Wochenende die absolute Hölle los. Es begann mit dem sogenannten Zunftmeisterempfang, gefolgt von einer Abendveranstaltung in der Stadthalle und mündete am Sonntag im großen Jubiläumsumzug als besonderem Highlight. Drei Stunden zogen die Närrinnen und Narren in den typisch alemannischen Kostümen und Masken durch die gesamte Innenstadt, samt Reitern, Musikkapelle und knallenden Peitschen. Zu dem fröhlichen, bunten Spektakel war auch Ministerpräsident Winfried Kretschmann als Ehrengast geladen, der gemeinsam mit seiner Frau sowie mit Katharina und mir den Narrenumzug in einer Kutsche anführte. Es war ein sonniger Februartag ohne eine einzige Wolke am Himmel und klirrend kalt mit eisigen Temperaturen von 18 Grad unter Null. Ich hatte eine dunkelblaue Livree-Uniform aus der Zeit von Fürst Karl Anton an, mit Goldknöpfen und einer Samthose. Trotz der vielen Kleiderschichten unter der Kostümierung froren wir wie die Schneider, sodass wir uns entschieden, dem närrischen Treiben nicht wie geplant auf der schattigen Tribüne weiter zu folgen, sondern auf dem kleinen Balkon im Schloss vor meinem Büro. Dort schien zumindest die Sonne und drinnen warteten heiße Bouillon und warmer Kaffee auf uns. Das Jubiläum war für Sigmaringen ein ganz besonderes Ereignis.

SIGMARINGER BRÄUTELN Kurz darauf wurde ich anlässlich meiner Hochzeit mit Katharina gebräutelt. Das »Bräuteln« ist ein historischer Brauch der Semmeringer Fasnet am Faschingsdienstag, der seit fast 300 Jahren bei uns in Sigmaringen und in den Nachbargemeinden gepflegt wird. Dabei werden die frisch verheirateten Männer sowie Jubilare der silbernen und goldenen Hochzeit von den sogenannten Bräutlingsgesellen auf einer Stange um den Rathausbrunnen getragen. Früher wurden aus einem Korb heraus verschiedene Gaben in die Menge der umstehenden Zuschauer geworfen, heute werden Würstchen und Bonbons an die Kinder verteilt. Begleitet wird das Ganze mit Musik von der Stadtkapelle und vom Fanfarenzug sowie von zwei Kommentatoren, die vom Balkon des Rathauses herunter aus dem Leben der Bräutlinge erzählen. Eine schöne Tradition! Ich bin in meinem Leben schon dreifach

Bräuteln in Sigmaringen, 2012

gebräutelt worden. Das erste Mal im Jahr 1975, als ich für meinen Vaters einsprang, der in jenem Jahr silberne Hochzeit feierte und sich weigerte, auf die Stange zu steigen. Das zweite Mal war 1986 im Jahr meiner ersten Hochzeit und das dritte Bräuteln anlässlich meiner zweiten Hochzeit. Wenn ich 2035 noch fit sein sollte, werde ich es mir nicht nehmen lassen, zu meiner silbernen Hochzeit mit Katharina ein letztes Mal auf die Stange zu steigen.

Jubiläum in Huis Bergh

Im Sommer 2012 reiste ich mit meinem Bruder Albrecht in die Niederlande. Wir waren zur Teilnahme an einem Festakt nach Huis Bergh eingeladen. Durch eine eheliche Verbindung unseres Hauses mit dem Hause Bergh war 1712 die Nebenlinie Hohenzollern-Bergh entstanden, die jedoch schon 1781 im Mannesstamm ausstarb. Schloss Bergh und der dazugehörige niederländische Besitz waren dabei an das Haus Hohenzollern-Sigmaringen gefallen. Im Jahre 1912 hatte der niederländische Fabrikant und Kunstsammler Jan Herman van Heek das Schloss von meinem Urgroßvater Fürst Wilhelm von Hohenzollern* erworben. Gut dreißig Jahre später, im Jahr 1946, übertrug van Heek sein Eigentum schließlich einer Stiftung. Diese Stiftung *Huis Bergh* organisierte nun anlässlich des 100. Jubiläums der Übertragung unseres Hauses an die Familie van Heek einen Festakt. Hierzu hatte uns der Stiftungsvorsitzende Mijnheer van Hasselt im Vorjahr persönlich eingeladen, als er uns zusammen mit seinen Kollegen in Sigmaringen einen Besuch abgestattet hatte. Auf Schloss Bergh wurden Albrecht und ich fürstlich empfangen. Ich übernachtete im Schloss und wir feierten zusammen mit unseren Gastgebern und vielen Gästen ein fröhliches Jubiläum, bei dem auch die beiden letzten überlebenden Söhne von Jan Herman van Heek anwesend waren. Für mich war es besonders interessant, nach vielen Jahren zum ersten Mal Schloss Bergh zu sehen, das vor langer Zeit einmal unserer Familie gehört hatte.

Exkurs: **Flugzeuge und Flugscheine**

Schon als Kind faszinierten mich wie beschrieben neben Autos und Motorrädern Flugzeuge in besonderer Weise. Ich las Bücher über das Fliegen und bastelte Flugzeuge, zunächst aus Papier und Pappe, später auch echte Modelle mit Fernsteuerung. Gefühlt kannte ich sämtliche Flugzeugtypen, sei es aus dem *Flugzeug-Quartett* oder aus Typenkatalogen, die ich von meinem Vater ergatterte. Denn auch er war ein großer Flugzeugfan. Schon Anfang der sechziger Jahre hatte mein Vater den Flugschein gemacht, worüber er meine ängstliche Mutter erst in Kenntnis setzte, als er die Lizenz in der Tasche hatte. Daraufhin erwarb er sein erstes Flugzeug, ein leichter französischer Viersitzer mit dem klangvollen Namen *Jodel*. Als Albrecht und ich das erste Mal darin fliegen durften, war das für uns beide ein erhebendes Gefühl. Danach kam eine *Cessna 182* und dann eine zweimotorige *Piper Aztec*, die bereits mit einem angestellten Piloten auch für geschäftliche Flüge genutzt wurde.
Mitte der sechziger Jahre hatte sich meinem Vater die Gelegenheit geboten, sein Flugzeug am ehemaligen Militärflugplatz Mengen-Hohentengen bei Sigmaringen abzustellen, der als Militärstützpunkt sukzessive an Bedeutung verlor. Zur Stärkung der als verkehrsmäßig schwach eingestuften Infrastruktur gründete der Landkreis damals zusammen mit einigen Wirtschaftsunternehmen und Bankinstituten der Region und unter der Federführung meines Vaters den *Flugplatz Mengen- Hohentengen GmbH*. Mein Vater hatte sowohl privat als auch später als Gesellschafter der Firma Zollern Anteile übernommen und war damit Hauptanteilseigner. So war der Flughafen in unserer Familie sehr präsent und schon als Kind begleitete ich meinen Vater immer wieder gern dorthin.
Als Jugendlicher hatte ich mir vorgenommen, nach dem Führerschein sobald wie möglich den Pilotenschein zu machen. Aber irgendwie ist der Traum erst einmal beiseite gerückt. Anfang der neunziger Jahre war es dann so weit. Da hatte die Firma *Robinson* einen kostengüns-

tigen zweisitzigen Hubschrauber herausgebracht, der auch die Helikopter-Schulung erheblich günstiger machte. Es siedelte sich eine Flugschule mit einem *Robinson*-Helikopter auf unserem Flugplatz in Mengen an und ich begann, Stunden zu nehmen. Mangels Zeit verlief die Ausbildung jedoch bald im Sande, außerdem gab auch die Flugschule mangels Nachfrage schnell wieder auf.
Inzwischen hatte unsere Firma die *Zollern-Flugdienste* gegründet, die neben den Flügen für die Firma auch Flüge für andere anbot. Nach einer *Piper Navajo* besaßen wir eine *Piper Cheyenne*, ein zweimotoriges Turbo-Prop-Flugzeug mit Druckkabine, mit der man auch wetterunabhängig weitere Strecken zurücklegen konnte. Dieses Flugzeug hatten wir 24 Jahre. Mein Vater hatte sich inzwischen eine einmotorige *Piper Arrow IV* gekauft, eine Maschine, die ihn auf Grund einer eingebauten Turboaufladung und eines Einziehfahrwerks ziemlich forderte. Seitdem flog er grundsätzlich mit Safety-Pilot.
2007 entschieden wir uns im Unternehmen für eine *Pilatus PC 12*, ein einmotoriges Flugzeug mit Propellerturbine für bis zu acht Passagiere, das auch auf relativ kurzen Pisten starten und landen kann. Dieses Flugzeug ersetzten wir nach zehn Jahren durch einen Jet vom Typ *Embraer Phenom 300*. Für diesen beschafften wir uns mit der Firma *Donau Air Service* einen Betreiber. So werden wir für jede verkaufte Flugstunde bezahlt und müssen uns um nichts weiter mehr kümmern.
Im Sommer 2011 sah ich des Öfteren Tragschrauber über Umkirch fliegen. Ich hatte mich schon länger mit diesem Ultraleicht-Fluggerät beschäftigt, da es Flugspaß ohne den Aufwand einer normalen PPL-Lizenz versprach. Ich machte einen Probeflug und war so begeistert, dass ich mich sofort für die Ausbildung anmeldete. Nach bestandener Ultraleicht-Lizenz für den Tragschrauber verspürte ich jedoch den Wunsch, meinen alten Traum zu verwirklichen und Helikopter zu fliegen. Animiert wurde ich dazu auch von meiner Frau, die bereits ihre Ausbildung begonnen hatte und mir davon vorschwärmte.
So machte ich mich an die Ausbildung, die ungleich schwerer und umfangreicher ist als die für die Ultraleicht-Lizenz. Auf Grund verschiedener Umstände dauerte es dann doch über zwei Jahre, bis ich den Flugschein in der Tasche hatte.
Bis heute bedauere ich es aber nicht, mich dieser Herausforderung gestellt zu haben. Im Gegenteil: Das Gefühl, am Steuer eines Flugzeugs zu sitzen, ist unbeschreiblich und erhebend. Jeder Start fühlt sich an wie der Beginn eines Abenteuers, bei dem die Grenzen der Erde hinter einem gelassen werden und man in die Weite des Himmels eintaucht. Die Welt erscheint plötzlich klein und überschaubar,

Mit meiner Fluglehrerin Martina Schenkluhn nach bestandener Prüfung über Hamburg

während meine Perspektive sich über Horizonte hinaus ausdehnt. In diesen Augenblicken verschwimmen Sorgen und Alltagshektik, und ich fühle mich eins mit der schier unendlichen Freiheit, die mich über den Wolken umfängt. Es ist eine Erfahrung, die mein Herz jedes Mal aufs Neue erfüllt und mich daran erinnert, dass das Leben unendlich viele Möglichkeiten bereithält, solange ich den Mut habe, mich ihnen entgegenzustellen.

Der 60. Geburtstag – Meine persönliche Jahrhundertparty

Im April 2012 stand mein 60. Geburtstag an. Am Tag selbst fand ein offizieller Empfang im Schloss statt mit Gästen aus der Stadt, den Behörden und Mitarbeitern unserer Firmen. Am Abend gab es noch ein festliches Abendessen im Kreis der Familie. So weit waren die Feierlichkeiten gemäß Protokoll und von keiner größeren Bedeutung. Aber Katharina überraschte mich mit einem außergewöhnlichen Geburtstagsgeschenk: Sie plante für den Sommer eine *Black and-White-Party* nach Vorbild Truman Capotes.

Capotes Maskenball im New Yorker *Plaza Hotel* Mitte der sechziger Jahre gilt als die Feier des Jahrhunderts. Capote war zu dieser Zeit auf dem Zenit seines Erfolges, sein Roman *Frühstück bei Tiffany* mit Audrey Hepburn in der Hauptrolle war gerade verfilmt worden und sein jüngstes Buch *Kaltblütig* von der Presse hoch gelobt. Nachvollziehbar, dass Capote hier der Sinn nach einer großen Feier stand. Monatelang hatte er, so

Black-and-White-Ball anlässlich meines
60. Geburtstages, 2012

liest man, über der Ausgestaltung gebrütet. Das Ergebnis war ein Maskenball, in dem die Männer in Smoking und die Damen in Weiß erschienen. Jeder mit Rang und Namen war dabei. Die Masken, so die strenge Auflage, durften erst um Mitternacht abgenommen werden. Es wurde ein wildes, glamouröses Fest, das viel Stoff für Klatsch lieferte. Von dieser Geschichte inspiriert, wollte meine Frau also eine *Black-and-White-Party* für mich ausrichten.

Da sie mich nicht völlig im Ungewissen lassen wollte, weihte sie mich scheibchenweise in ihre Pläne ein. »Wie es wirklich aussehen wird, wirst du ja dann bei der Party sehen«, beschwichtigte sie mich, wenn ich zugegebenermaßen etwas neugierig nachfragte. Damals war es schon en vogue, Einladungen nicht mehr per Post, sondern per Mail zu verschicken. Auch dafür hatte sich meine Frau etwas Besonderes einfallen lassen. Per E-Mail wurde ein Link verschickt, der zu einem mit Musik unterlegten Schwarz-Weiß-Video führte, das Filmaufnahmen vom Schloss zeigte, gespickt mit Fotos der Originalparty von Truman Capote. Das Ergebnis war beeindruckend.

Auch die Vorbereitungen auf das Fest führte Katharina mit viel Liebe zum Detail durch, wobei sie von ihrer Freundin Alexandra, ihres Zeichens Eventmanagerin, tatkräftig unterstützt wurde. Das gesamte Interieur wurde im Geiste von Capotes »Jahrhundertparty« ausgewählt. Auf der Terrasse des Schlosses wurde eine Lounge errichtet. Für große und schwere Möbel wurde ein Kran angemietet, der das Equipment nach oben schaffte.

Eingeladen waren alle meine Freunde. Selbst aus Norwegen, Schweden und Kanada waren Gäste angereist. Es gab ein fulminantes Dinner und dank der achtköpfigen Soulband, die Katharina organisiert hatte, und dem Discjockey, der den 200 Gästen ordentlich einheizte, wurde bis um fünf in der Früh gefeiert. Es war ein unvergessliches Fest. Noch heute schwelgen wir in Erinnerungen daran und erfreuen uns an dem Film, durch den wir diese wunderbare Feier immer mal wieder aufleben lassen können.

Abschied von Freunden

Im Sommer meines runden Geburtstags hatte ich drei Ehepaare auf das Segelschiff *Titziana* meines guten Freundes Conrado Dornier eingeladen. Wir starteten von Neapel aus zu einem Segeltörn, der uns nach Capri und Positano an der Amalfiküste führte. Bei gutem Wind verlebten wir eine herrliche Zeit. Wenn ich die Bilder davon anschaue, stimmt mich diese Reise indes etwas traurig, weil zwei der sechs Freunde, die damals mit dabei waren, nicht mehr unter uns sind. Prinzessin Franziska zu Fürstenberg, die Frau meines Freundes Prinz Max zu Fürstenberg, und Georg Graf von Wedel sind beide nur ein paar Jahre später mit gerade mal 56 und 58 Jahren an Krebs gestorben.

Besonders die charmante Tischrede, die Georg anlässlich unserer Hochzeit hielt, wird mir wohl für immer in guter Erinnerung bleiben. Für unsere Geschichte hatte Georg eine nicht unwichtige Rolle gespielt. Denn als ich Katharina kennenlernte, war ich ja noch nicht geschieden, und das hatte bei Katharina und ganz besonders bei ihrer Mutter Zweifel ausgelöst, ob ich es denn wirklich ernst meinen würde. Da Katharina wusste, dass Georg und ich uns gut kannten, hatte sie ihn geradeheraus angesprochen. Dass ich Nina heute meine Frau nennen darf, verdanke ich sicherlich auch diesem Gespräch, denn wie sie mir später erzählte, hatte er ein ausgesprochen gutes Wort für mich eingelegt: »Da kriegst du einen guten Mann. Wenn du dich jetzt noch ein bisschen geduldest, wird alles gut.« Und das wurde es ja dann auch. Ich weiß noch, wie ich von seinem Tod im Jahr 2014 erfahren habe. Wie sich traurigerweise zeigen sollte, waren Franziska und Georg nur die ersten einer Reihe von Freunden, die ich in den kommenden Jahren verlieren sollte.

Zu ihnen zählt auch »Mischka« Ralph Lagemann aus Hamburg, von dem hier schon öfter die Rede war. Als Mischka mir im September 2015 erzählte, dass er Leukämie hat und sich nun in Behandlung begeben würde, rechnete ich nicht damit, dass ich ihn nur wenige

Monate später an den Krebs verlieren würde. Er bekam noch eine Knochenmarkspende seines Bruders, doch es gab immer wieder Komplikationen, sodass er irgendwann das Krankenhaus nicht mehr verlassen konnte. Wenige Monate später verstarb er, gerade mal 58-jährig. Das war für Frau und Kinder ein herber Schlag und auch ich trauerte sehr um meinen Freund Mischka, mit dem mich viele schöne Erinnerungen verbinden.

Wenn ich mir heute unseren Hochzeitsfilm anschaue, dann entdecke ich immer wieder Freunde und Verwandte, die inzwischen verstorben sind – und naturgemäß werden es immer mehr. Viele meiner Freunde sind im Alter um die 60 verstorben. Das erschüttert mich einerseits und macht mich andererseits dankbar für die eigene Gesundheit. Sie ist alles andere als eine Selbstverständlichkeit und das sollte man sich immer wieder klarmachen.

Exkurs: **Musik in meinem Leben**

So lange ich denken kann, hat Musik in meinem Leben eine gewichtige Rolle eingenommen. Von meiner frühen Leidenschaft für Musik der unterschiedlichsten Genres und den verschiedenen Bands zu Jugend-, Bundeswehr- und Ausbildungszeiten war bereits die Rede. War ich als Familienvater und Unternehmer in den neunziger Jahren stark eingespannt, blieb die Musik doch immer ein wichtiger Teil meines Lebens. Ich ging auf Konzerte, übte regelmäßig Gitarre und Saxophon und bildete mich auch sonst musikalisch weiter. Wenn mich Leute fragten, wie ich es schaffte, bei all den an mich gestellten Aufgaben auch noch Musik zu machen, dann antwortete ich nur: »Ich nehme mir einfach die Zeit.«

DIE GRÜNDUNG DER JAZZ EXPRESS BAND Als junger Familienvater spielte ich kurzzeitig in der *Pfullendorfer Tanzband*, was mir Spaß bereitete, mich aber zeitlich durch die häufigen Auftritte zu sehr in Beschlag nahm. Daraufhin gründete ich mit einigen Musikerkollegen die *Donau Valley Jazzband*, später mit ehemaligen Absolventen der Berner *Swiss Jazz School* den *Jazz Express*.
Unser Repertoire bestand in erster Linie aus Swing und Bebop. Ein Highlight unseres Zusammenspiels war die Aufnahme unserer CD im Tonstudio von Christian Baumgärtner, mit dem ich bis zum heutigen Tag in musikalischer und freundschaftlicher Verbindung stehe. Der *Jazz Express* hatte vielerorts Auftritte, sowohl auf Festivals als auch in Jazzclubs. Besonders hervorzuheben ist hier das Jazzfestival

im schweizerischen Ascona. Hier lernte ich neben deutschen Bands wie der *Barrelhouse Jazzband* auch viele Musiker aus den USA kennen, darunter Größen wie Scott Hamilton und Sam Butera, der früher bei Louis Prima Saxophon gespielt hatte. Aber auch zu europäischen Topmusikern wie Charly Antolini oder Oscar Klein schloss ich hier Bekanntschaft. Über Jahre hinweg hatte ich mit dem *Jazz Express* eine tolle Zeit. Allerdings gestaltete sich das gemeinsame Proben als schwierig, da sowohl der Pianist als auch der Drummer aus der Schweiz kamen. Noch schwieriger wurde es, als der Gitarrist und der Bassist nach Abschluss ihres Studiums beschlossen, auf Grund begrenzter Möglichkeiten in Sigmaringen und Friedrichshafen nach Berlin zu gehen. Mit ihnen zog auch unser Schweizer Schlagzeuger dorthin, was nach zehn Jahren das Ende der Band bedeutete.

CHARLY AND THE JIVEMATES Im Jahr 1999 ging ich musikalisch neue Wege. Ich gründete eine Band, deren Repertoire in Richtung Unterhaltungsmusik der vierziger und fünfziger Jahre gehen sollte. Das Programm von *Charly and the Jivemates* beinhaltete Songs von *Louis Jordan* über *Ray Charles* bis zu *Louis Prima* und später auch Eigenkompositionen. Dabei waren unter anderem Norbert Rettenmaier, mein Musikerkollege seit langer Zeit, und der Pianist Frieder Berlin, der aus Bad Saulgau stammte und früher bei der *Schwaaz Veres Jazz Gang* gespielt hatte.
Ein Highlight war für mich die Aufnahme unserer ersten CD im Jahr 2003. Dafür hatten wir das Studio *Bauer* ausgewählt, eines der besten Tonstudios in Süddeutschland. Es war eine völlig neue Erfahrung für mich, denn bislang war ich es gewohnt, dass wir wie bei einer Probe gemeinsam in die Kabine gingen und die Songs einige Male durchspielten. Dieses Mal allerdings wurden die Lieder nach Instrumenten getrennt Stück für Stück produziert. Die Rhythmusgruppe begann als Erstes, danach kamen wir anderen dran und spielten und sangen übereinander. Das war gewöhnungsbedürftig, aber zum Schluss waren wir alle mächtig stolz auf dieses Werk.
Ein Engagement mit *Charly and the Jivemates* ist mir in besonderer Erinnerung geblieben: Ein mit mir befreundeter Zahnarzt hatte zur Eröffnung seiner neuen Klinik meine Band für einen Auftritt in einem Sigmaringer Restaurant engagiert. Einer seiner prominentesten Patienten war Peter Kraus, der an diesem Abend als Gast anwesend war. Wir hofften natürlich, dass er vielleicht ein paar Stücke mit uns singen würde, auf Anfrage wurde uns aber mitgeteilt, Peter Kraus dürfe auf Anweisung seines Managements ausschließlich mit seiner eigenen Band auftreten. Im ersten Set schaute er aber schon

Charly and the Jivemates, Foto für das Cover unserer ersten CD *Jive And Candies* vor dem alten Lokschuppen auf dem Gelände der Hohenzollerischen Landesbahn in Sigmaringen, 2003

die ganze Zeit zu uns rüber und wir spielten dann auch ein paar Rock'n'Roll-Hits, um ihn richtig zu reizen. Im zweiten Set hielt er es nicht mehr aus, stand auf, kam zu uns und sagte, er müsse jetzt unbedingt bei uns einsteigen. Wir spielten dann mehrere Stücke mit ihm, unter anderem ein paar seiner Hits. Die Stimmung an diesem Abend war unglaublich!
Die zweite CD Jump For Joy nahmen wir im Jahr 2008 auf. In der Folge traten wir auf Festivals, Events und in den verschiedensten Jazzclubs in Deutschland auf. Lange Zeit spielte ich Gitarre und Saxophon, später kam Werner Acker als Gitarrist dazu. Natürlich waren wir auch immer mal wieder im Jazzverein Bad Saulgau zu Gast. Mit der Zeit wurde es indes immer schwieriger, Auftrittsmöglichkeiten für die Band zu bekommen. Das lag zum einen an den immer beschränkter werdenden Optionen für Jazzbands, zum anderen an der ohnehin geringeren Nachfrage nach Livebands. Dazu kam, dass wir in all den Jahren in so ziemlich allen Clubs gespielt hatten und das oftmals mehrfach. Viele Konzerte gaben wir im Rahmen des Programms des Jazzvereins zum Beispiel in der Hopfendarre in Fulgenstadt, auch zusammen mit dem Gerhard Wenzel Trio und Karl-Dieter »Carlo« Ganzenmüller während sonntäglicher Frühschoppen.

DIE BADEN-BADEN BOOGIE NIGHTS Ins Jahr 2005 fällt ein Ereignis musikalischer Art, aus dem sich eine langjährige Tradition ent-

Mit Albert Koch beim Shake-the-Lake-Festival, 2009

wickeln sollte. Mein Studienfreund Peter Alexander Lehnhoff, kurz Pit genannt, Unternehmer und leidenschaftlicher Boogie-Woogie-Fan, kam damals voller Begeisterung vom *Shake-the-Lake-Festival* am Wolfgangsee in Österreich zurück. Diese Boogie-Woogie-Konzerttage waren einst von den im Salzkammergut beheimateten Pianisten Clemens Vogler, Markus Brandl und Richard Loidl ins Leben gerufen worden und fanden damals schon zum zehnten Mal statt. »So etwas möchte ich in Baden-Baden auch machen!«, sagte Pit zu mir. Gemeinsam mit einer Eventmanagerin und einer künstlerischen Leitung organisierte er kurze Zeit später als Hauptsponsor die ersten *Baden-Baden Boogie Nights*. Pit hatte mich gebeten, bei der Session am ersten Abend mitzuspielen, was ich gerne annahm. Zunächst hatte ich das Gefühl, dass die anderen Musiker es nicht sonderlich begrüßten, dass plötzlich noch ein Saxophonist auftauchte. Aber das Gefühl schwand mit jedem Song, den wir spielten, ein bisschen mehr. Schon nach wenigen Stunden waren wir richtig miteinander eingespielt und hörten erst wieder auf zu spielen, als die Dämmerung bevorstand. Ähnlich an den beiden darauffolgenden Tagen. Ein solches Festival, bei dem ich als Freelance-Musiker mit auf der Bühne stand, hatte ich bisher noch nicht erlebt.

An ein Konzert anlässlich der *Baden-Baden Boogie Nights* 2008 erinnere ich mich besonders gut: Zusammen mit der Rhythmusgrup-

Auftritt Shake-the-Lake-Festival, 2009

pe war ich als Saxophonist für das Konzert mit den *Special Guests* Ray Dorset und Tony Sheridan eingesetzt, um diese zu begleiten. Ray Dorset war bekannt als Leader und Gitarrist von *Mungo Jerry*. Der Gitarrist Tony Sheridan war in den frühen neunzehnhundertsechziger Jahren einer der Begründer der Beatmusik. Er trat 1960 mit seiner Gruppe in Hamburg auf und blieb dann als Solosänger dort. Begleitet wurde er von verschiedenen Bands, von denen die bekannteste die *Beatles* waren. Mit dem Titel *My Bonnie* war die Band Ende 1961 in der deutschen Hitparade und begründete so den Erfolg der *Beatles* mit. Der Soundcheck fand am Nachmittag in lockerer und entspannter Atmosphäre statt. Ray Dorset machte lustige Sprüche und spielte ansonsten eine solide Bluesgitarre. Tony Sheridan wirkte im Vergleich ernsthafter und erklärte auf ruhige Art, in welchen Tonarten er die jeweiligen Stücke spielen wollte. Dabei bemerkte ich, dass seine Gitarre ziemlich verstimmt war. Ich überlegte kurz, ob ich es ihm sagen sollte. Erst zögerte ich, aus Sorge, er könnte das als übergriffig empfinden. Aber dann gab ich mir einen Ruck und sprach ihn an. Erst schaute er mich verwundert an, dann strahlte er und bedankte sich mehrfach bei mir. Das ist eine der wichtigsten Erfahrungen, die ich auf der Bühne gemacht habe: Meistens sind die großartigen Musiker bescheiden und ohne Starallüren. Ähnliches erlebte ich übrigens einige Jahre später mit dem US-amerikanischen Musiker Ernie Watts, einem der renommiertesten Saxophonisten in den Staaten, der sich als Begleiter von Weltstars wie Miles Davis und den *Rolling Stones* einen Namen ge-

Auftritt der *Royal Groovin'* auf der Burg Hohenzollern, 2017

macht hatte. 2014 tourte er mit seinem deutschen Quartett durch Deutschland. Eines der Konzerte fand im *Jazzclub Balingen* statt. Kurz zuvor bat mich der Veranstalter, am Ende ein paar Stücke mit Ernie Watts zu spielen. Ich hatte großen Respekt davor, mit dieser musikalischen Größe zusammen auf der Bühne zu stehen, und teilte dies dem Veranstalter mit. Der aber versuchte meine Bedenken zu zerstreuen, indem er Ernie Watts und mich vor dem Konzert bei einem gemeinsamen Abendessen zusammenbrachte. In unserem Gespräch wiederholte ich dem Weltstar gegenüber meine Bedenken. Der erwiderte darauf hin nur: »Don't worry, you do your thing and I do my thing!« Damit war das Thema erledigt. In der Tat gelang es mir wie so oft auf der Bühne, alles um mich herum auszublenden, und unser Gig wurde für mich zu einem wunderbaren und bereichernden Erlebnis.

Auch wenn das Festival in Baden-Baden auf Grund des hohen personellen und finanziellen Aufwands nach sechs Jahren eingestellt wurde, sind mir neben den wunderbaren Erinnerungen auch wertvolle Freundschaften zu teilnehmenden Musikern geblieben, allen voran zu einigen österreichischen Pianisten. Diese luden mich daraufhin jedes Jahr zum *Shake-the-Lake-Festival* an den Wolfgangsee ein und so wurde ich für viele Jahre zum festen Bestandteil dieser bekannten Boogie-Woogie-Konzerttage. Es war eine fantastische Zeit, in der ich viele spannende Musiker kennenlernen und mit ihnen auftreten durfte. 2008 hatte ich sogar die Gelegenheit, mit unserer Band *Charly and the Jivemates* ein ganzes Konzert dort zu spielen. Das war einfach großartig! Aus *Shake-the-Lake* entstand später das *Shake-the-Ship*-Festival in Bregenz am Bodensee, bei dem sich das Eventschiff *MS Sonnenkönigin*, eine Art schwimmender Konzertsaal, der sich über vier Etagen erstreckt, zur Boogie-Woogie-Bühne verwandelt. Ich freute mich darüber, viele Musiker wiederzutreffen, mit denen ich in der Vergangenheit bereits gespielt hatte.

GRÜNDUNG VON ROYAL GROOVIN' Bis hierhin hatte sich meine eigene musikalische Laufbahn ausschließlich im Bereich des Jazz abgespielt. Irgendwann wurde mir klar, dass ich mit meiner Band auch die Musik spielen wollte, die mich über den Jazz hinaus begeisterte. 2013 setzte ich meine Idee um, eine Band zusammenzustellen, die auch andere Stilrichtungen wie Soul, Funk und auch Pop in sich vereinen sollte. »Jazz is Soul, is Rock, is Pop, is Soul, is Jazz«, sollte der Leitspruch dieser Band sein. Bei meinem Vorhaben unterstützte mich in erster Linie Christian Baumgärtner, der eine Reihe von Profimusikern kannte, mit denen man dieses Projekt angehen konnte. Schnell hatte er eine Handvoll begabter Musiker beisammen. So entstand die Band *Royal Groovin'*. Ich sehe die Band als meinen musikalischen Heimathafen an und bin dankbar für all die Auftritte und die daraus erwachsenen Verbindungen, allen voran die zu Christian Baumgärtner. Mit den Royal Groovin' gaben wir einige besonders schöne Konzerte. Hierzu zählt zweifellos der Auftritt im Juni 2021 aus Anlass der Hochzeit meiner Tochter Flaminia, auf den ich zu einem späteren Zeitpunkt noch einmal zu sprechen komme. Auch auf der Burg Hohenzollern fanden einige unvergessliche Konzerte statt. Allein die Kulisse der Burg sorgt für eine besondere Stimmung.

AKTIVITÄTEN FÜR DEN JAZZVEREIN BAD SAULGAU Auch für den *Jazzverein Bad Saulgau* gaben wir einige erinnerungswürdige Konzerte. Hervorzuheben ist das, was wir anlässlich der *Jazzopen* Stuttgart gaben, in deren Beirat ich inzwischen berufen worden war.
Von vielen älteren Musikern höre ich, dass man rechtzeitig aufhören sollte, Musik zu machen. Ich denke, dass dies nicht für alle Instrumente gleichermaßen gilt. So ist es sicherlich im Alter schwieriger, ein Blasinstrument zu spielen als Gitarre oder Klavier. Vor allem aber kommt es meines Erachtens auf die Einstellung an. Was mich betrifft, möchte ich, solange ich geistig und körperlich in der Lage bin,

Musik machen. Geht das Saxophon nicht mehr, bleibt immer noch die Gitarre. *Sonny Rollins* spielte, bis er 85 war und es ihm kräftemäßig nicht mehr möglich war. Das ist mein Vorbild. Ebenso lange werde ich mich für die Musik allgemein und den *Jazzverein Bad Saulgau* im Besonderen engagieren.

Blühende Welten

Für das Jahr 2013 hatte die Stadt Sigmaringen den Zuschlag für die Baden-Württembergische Landesgartenschau bekommen. Für eine Stadt ist das ein bedeutsames Prestigeprojekt, weil es nicht nur den Tourismus fördert, sondern weil durch die enormen Zuschüsse auch viele tolle Konzepte realisiert werden können. So kamen wir auf die Idee, im *Fürstlichen Museum* von Schloss Sigmaringen eine Ausstellung zu kuratieren, welche die Aquarelle meiner Vorfahrin Antonia, Fürstin von Hohenzollern, mit den zeitgenössischen Arbeiten des in München geborenen Künstlers Stefan Szczesny kontrastieren sollte. Antonia von Hohenzollern* war die Ehefrau meines Ur-Urgroßvaters Fürst Leopold von Hohenzollern* und eine leidenschaftliche Malerin, die sich vor allem für Blumen und Blüten als Motive begeisterte. Sie verstand sich als Künstlerin, malte entsprechend ihres Standes jedoch nicht aus kommerziellen Gründen. Dadurch waren ihre Werke alle im Familienbesitz geblieben. Sie waren in Schubladen und Mappen im Schloss aufbewahrt und noch nie der Öffentlichkeit gezeigt worden.

Wir fanden, diese Aquarelle passten hervorragend zu den großformatigen bunten Blumenbildern von Stefan Szczesny, der in den achtziger Jahren zu der sogenannten Künstlergruppe *Neue Wilde* gehört hatte und später durch seine bemalten Surfbretter bekannt wurde. Wir hatten die Bekanntschaft mit Stefan einige Jahre zuvor in Saint-Tropez, dem Wohnort des Künstlers, geschlossen und ihm zwei seiner Kunstwerke abgekauft. Auf unser Vorhaben, seine Arbeiten denen meiner Vorfahrin gegenüberzustellen, reagierte Stefan mit spontaner Begeisterung.

So eröffneten wir im Mai 2013 im *Fürstlichen Museum* von Schloss Sigmaringen zeitgleich zum Start der Landesgartenschau die Ausstellung *Blühende Welten*. Es war ein farbenfrohes Event und ein großer Erfolg. So groß, dass wir die Ausstellung bis Dezember verlängerten. Mit einem Kombiticket konnten die Touristen nicht nur die Landesgartenschau, sondern auch das Schloss und die Ausstellung besuchen. Auf diese Weise knackten wir in jenem Jahr zum ersten Mal die 100.000 Besuchergrenze und konnten damit um die 20.000 Schlossbesucher mehr verzeichnen als in einer normalen Saison.

Ferien in den Hamptons

Schon lange wollte ich Katharina in die Hamptons führen, hatte der Ort doch eine besondere Bedeutung für mich. Während meiner Zeit in New York Ende der achtziger Jahre war mir die Region ans Herz gewachsen. Mitte der neunziger Jahre hatte ich meinen Herzenswunsch erfüllt und dort für die Familie ein Haus gekauft, in dem wir die Sommerurlaube mit der jungen Familie verbrachten. So verband ich viele schöne Erinnerungen mit den Hamptons. Darüber hinaus hatten sich dort inzwischen zahlreiche Freunde niedergelassen, manche dauerhaft, die anderen temporär.

Zunächst war Katharina wenig geneigt, mit mir in die Hamptons zu fahren, vermutlich nicht zuletzt, weil der Ort für sie emotional durch mein Familienleben besetzt war. Das änderte sich, als wir im Januar 2015 bei den »Hamburger Nächten« in Zürs unseren gemeinsamen Freund Rainer Schönbach trafen, den Katharina aus Hamburg und ich aus meiner Zeit in New York kannte. Wir saßen abends an der Bar und Rainer fragte, wann wir denn mal gemeinsam in die Hamptons kommen würden. Als Katharina ihre Bedenken äußerte, lud er uns kurzerhand für den Juni in sein Haus ein: »Dann könnt ihr vorher noch einen Abstecher nach New York machen und du kannst sehen, Nina, wie es dir dort gefällt!« Gesagt, getan. Im Juni, noch bevor die Saison in den Hamptons startete, flogen wir nach New York und fuhren von dort aus für einige Tage in das Haus von Rainer und seiner Frau Bettina in Southampton. Ich freute mich, meiner Frau endlich meine Lieblingsplätze und die wunderschöne Gegend zeigen zu können und zu erleben, wie gut es Katharina gefiel. Zum Ende unseres Aufenthaltes war sie es, die vorschlug, im nächsten Jahr wieder im Osten von Long Island ein Haus zu mieten.

So verbrachten wir den Sommer 2016 wieder in den Hamptons und auch die darauffolgenden Sommer, bis uns Corona einen Strich durch die Rechnung machte und wir 2020 das erste Mal nicht in die USA reisen durften. Wie so viele andere Touristen und deutsche Mitarbeiter amerikanischer Firmen war es uns nicht gestattet, weil wir nicht unter die »National Interest Exemption« fielen, also nicht von nationalem Interesse waren. Erst im Winter 2021 sollte es uns wieder vergönnt sein, nach Amerika einzureisen.

Tod von Onkel Hansi

In dem Jahr, in dem ich das erste Mal mit Katharina den Sommer in den Hamptons verbrachte, mussten wir im Frühjahr noch einen großen Verlust verkraften. Am Morgen des 2. März 2016 erreichte mich der Anruf, dass Onkel Hansi in der Nacht verstorben sei. »Er hatte eine Gallenkolik und darauf versagte sein Herz«, erklärte sein Sohn mir am Telefon. Auch wenn Prinz Johann Georg, unser Onkel Hansi, das stolze Alter von 84 Jahren erreicht hatte und relativ gesund durchs Leben marschiert war, stimmte mich die Nachricht sehr traurig. Denn von Kindesbeinen an war ich ihm näher verbunden als den anderen Geschwistern meines Vaters. Onkel Hansi war ein äußerst lustiger, interessanter und sehr gebildeter schöngeistiger Mann. Nachdem er Kunstgeschichte studiert und in diesem Fach auch promoviert hatte, war er in den bayerischen Staatsdienst übergetreten und hatte als Museumschef für viele Jahre die *Alte Pinakothek* in München geleitet, später dann das *Nationalmuseum*. Zum Ende seiner beruflichen Laufbahn wirkte er als Generaldirektor der *Bayerischen Staatsgemäldesammlung* und danach Leiter der *Hypo-Kulturstiftung*. Anlässlich seines Todes ging mir unsere gemeinsame Geschichte noch einmal durch den Kopf. In erster Linie kamen mir die Bilder der großen Hochzeit mit Prinzessin Birgitta von Schweden hoch, die für unsere Familie und für mich persönlich, 9-jähriger Bube, der ich war, ein bedeutendes Ereignis gewesen war. Auch erinnerte ich mich an verschiedene gemeinsame Jagden. Seit ich denken kann, war Onkel Hansi ein leidenschaftlicher Jäger gewesen und diesem Hobby war er bis kurz vor seinem Tod noch nachgegangen. In naher Erinnerung war mir sein 80. Geburtstag. Aus diesem Anlass hatten wir im Ahnensaal des Schlosses ein *Diner Dansant* für ihn veranstaltet, bei dem die Gäste, darunter viele seiner Generation, bis um 4 Uhr morgens ausgelassen miteinander tanzten und feierten.

Zeit seines Lebens hatte sich Onkel Hansi für klassische Musik begeistert. Aus dieser Leidenschaft heraus hatte er 1986 gemeinsam mit dem Konzertveranstalter Helmut Pauli die *Konzertgesellschaft München e. V.* ins Leben gerufen. Der gemeinnützige Verein mit rund 400 Mitgliedern kümmert sich um die Förderung junger Talente und um die Veranstaltung von Konzerten. Einige Jahre vor seinem Tod hatte mich Onkel Hansi gefragt, ob ich seine Nachfolge als Präsident der Konzertgesellschaft übernehmen wollte. Er habe den Plan, mit 85 Jahren aufzuhören. »Ich würde mich freuen, wenn du das übernimmst.«, sagte er. Ich reagierte verhalten. Denn zum einen lebte ich ja nicht wie er in München. Zum anderen mag ich zwar die klassische Musik, aber zu Hause war ich im Jazz. Darüber hinaus begleitete ich bereits viele Ämter und Positionen und der Präsidentschaftsposten erschien mir sehr zeitaufwendig, zumal der Verein im Sommer auch Kultur- und Konzertreisen organisierte. Statt ihm die Nachfolge zuzusagen, machte ich Onkel Hansi den Vorschlag, stattdessen ins Kuratorium zu gehen, um die Konzertgesellschaft mit meinem Netzwerk bei der Sponsorensuche zu unterstützen. Aber als nun nach

Beisetzung meines Onkels Prinz Johann Georg von Hohenzollern im Schloss, von links: Katharina, König Carl Gustav, Königin Silvia von Schweden und ich, 2016

dem Tod meines Onkels der Vorstand auf mich zukam, und mich zur Präsidentschaft überreden wollte, fühlte ich mich genötigt einzuwilligen, den Posten kommissarisch zu übernehmen, bis sich jemand anderes finden würde. Wie so oft, wurde aus der Ausnahme ein Regelfall, so dass ich die Präsidentschaft noch immer innehabe.

Katharinas 60. Geburtstag

Im Jahr 2019 stand Katharinas 60. Geburtstag an. Sie hatte diesem Ereignis mit gemischten Gefühlen entgegengeblickt. Nach der großen 60-Jahr-Feier, die Katharina für mich organisiert hatte, stand uns beiden nicht der Sinn nach einem großen Fest. Letztlich kam Katharina die Idee, unsere geplante Sommerreise in die Hamptons zum Anlass zu nehmen, um ihren Geburtstag in New York zu feiern. »Wir laden alle unsere dortigen Freunde ein, und wer von der Familie kommen möchte, ist ebenso herzlich willkommen!«, schlug sie vor. Und so setzten wir das auch um. Wir hatten uns das Hotel *Lowell* ausgesucht, ein schönes Hotel an der Upper East Side, das ich schon aus meiner Zeit in New York kannte und dessen Direktor ein Deutscher aus Tübingen ist. Es wurde ein schickes Abendessen in einer Runde aus vielleicht 35 Gästen. Ich hatte ein Jazz-Trio organisiert und ließ es mir nicht nehmen, für meine Frau einige Songs mit dem Ensemble zu spielen, darunter den Song von Cole Porter *I've got you under my skin*, den ich ihr schon einmal zuvor spontan in einer Bar in Paris gesungen hatte. Es war ein wunderschöner, festlich-fröhlicher Abend, von dem Katharina bis heute schwärmt.

Exkurs: **Begegnungen mit großen Persönlichkeiten**

Im Laufe meines Lebens hatte ich das Glück, viele spannende Persönlichkeiten kennenzulernen, vornehmlich aus den Bereichen Politik und Unternehmertum. Von diesen möchte ich hier gerne einige nennen.

JOACHIM GAUCK Eine besondere Freude war es mir, einmal Joachim Gauck, den damaligen Bundesbeauftragten für die Stasi-Unterlagen an der Spitze der oft nach ihm benannten »Gauck-Behörde«, kennenzulernen. Als Sektionssprecher oblag es mir, Referenten für Veranstaltungen des Wirtschaftsrates zu finden, die unter anderem in unserem Schloss in Sigmaringen stattfanden. Ich lud ihn ein und er hielt einen außerordentlich interessanten Vortrag über die Aufgaben seines Amtes. Im Anschluss gab ich ihm auf seinen Wunsch hin spontan eine private Führung durch unser Schloss, und wir kamen dabei über die Geschicke der Hohenzollern und allgemeine politisch-historische Themen ins Gespräch. Als er viele Jahre später als Bundespräsident anlässlich eines Bundeswehrjubiläums erneut in Sigmaringen war, hatte ich noch einmal die Gelegenheit, mich mit ihm auszutauschen. Er war ein sehr aufmerksamer, zugewandter Gesprächspartner, der sich trotz des eng getakteten Protokolls viel Zeit nahm. Seine tief moralisch geprägte Auffassung von der Orientierung an Grundwerten hat mich sehr beeindruckt.

ANGELA MERKEL Neben Gauck lernte ich noch eine ganze Menge anderer deutscher Politiker und Politikerinnen kennen. Unter anderem Angela Merkel, der ich durch meine Tätigkeit im Wirtschaftsrat begegnete und die ich in regelmäßigen Abständen wieder treffen sollte. Auch wenn ich teilweise mit ihren politischen Entscheidungen wie dem Atomausstieg und der Abschaffung der allgemeinen Wehrpflicht nicht einverstanden war, zolle ich Frau Merkel meinen vollen Respekt. Ich lernte sie als verständnisvolle Zuhörerin und humorvolle Gesprächspartnerin schätzen. Ich bewunderte ihre Klarheit, wenn sie einem erläuterte, weshalb sie nicht jedem Begehren nachgeben könne, selbst wenn es ihrer persönlichen Meinung nach sogar nachvollziehbar und sinnvoll sei. »Für gewisse

Dinge gibt es eben keine politische Mehrheit im Bundestag. Das kriegen Sie einfach nicht durch«, erklärte sie für mich äußerst nachvollziehbar.

HELMUT KOHL Auch mit Merkels Vorgänger Helmut Kohl verbrachte ich einmal einen Abend bei einem runden Geburtstag meines Patenonkels Fürst zu Leiningen. Die Familie Leiningen ist ein ursprünglich kurpfälzisches Adelshaus mit Besitztümern in Baden-Württemberg, Hessen und Bayern. Helmut Kohl war ja zunächst rheinland-pfälzischer Ministerpräsident. Aus dieser Zeit kannten sich die beiden gut und trafen sich immer mal wieder, auch später, als Kohl bereits Bundeskanzler war. Helmut Kohl sollte ich auch noch einmal bei einem Kamingespräch des Grundbesitzerverbandes begegnen. Ich habe ihn als wenig zugänglich und von seiner Meinung sehr überzeugt erlebt. Ganz anders übrigens Gerhard Schröder, den ich einmal auf der Messe in Hannover traf und der sich äußerst nahbar zeigte.
Neben den Kanzlern hatte ich noch mit einer langen Reihe Landespolitikern zu tun, so mit eigentlich allen Ministerpräsidenten Baden-Württembergs, angefangen von Hans Karl Filbinger über Lothar Späth, Erwin Teufel, Günter H. Oettinger, Stefan Mappus bis hin zu Winfried Kretschmann.

GEORGE H. W. BUSH Eine besondere Ehre war es mir, in meinem Leben gleich zwei US-amerikanische Präsidenten kennenzulernen. Die erste Begegnung fand mit George H. W. Bush, dem Älteren, statt. Es war eine Veranstaltung in Deutschland in der Firma Dornier, zu der George Bush als Redner eingeladen war. Ich saß neben seiner Frau Barbara, mit der ich ein sehr nettes Gespräch führte. Bush selbst hat mich durch seinen besonnenen und gleichzeitig mitreißenden Vortragsstil begeistert.

RONALD REAGAN Noch eindrücklicher war für mich allerdings die Begegnung mit seinem Amtsvorgänger Ronald Reagan. Ich war geschäftlich in den USA unterwegs, das muss in den späten achtziger Jahren gewesen sein. Ein Geschäftspartner der *Zollern GmbH* war in Washington zu einer Abendveranstaltung eines Wirtschaftsverbandes eingeladen, wo Reagan als Dinner Speaker auftreten sollte. Und dankenswerterweise fragte er mich, ob ich ihn begleiten wolle. Der Auftritt Reagans hat mich tief beeindruckt. Er hielt eine druckreife Rede, ohne nur einmal auf einen Zettel zu schauen. Und auch in der anschließenden Diskussion zeigte er sich als angenehmer Zeitgenosse. Ein freundlicher, höflicher Mann!

Im Laufe der Jahre wurde ich immer wieder in verschiedene Unternehmensbeiräte berufen. So beispielsweise in den der Südwestbank in Stuttgart, bei der ich meine Ausbildung absolviert hatte, sowie in die Beiräte der Versicherungskonzerne *Gothaer* und *Gerling*. Nachdem wir bei *Gerling* ausgestiegen waren, engagierte ich mich in der Gothaer Versicherung im Beirat. Dort hatte ich Gelegenheit, vielen interessanten Menschen zu begegnen.

DER BENEDIKTINERABT NOTKER WOLF Einer davon ist Notker Wolf. Er war nach seinem Abitur ins Kloster Sankt Ottilien eingetreten und lebte somit schon viele Jahre in der Region um Sigmaringen. Sicher mag es ungewöhnlich erscheinen, dass ein Abt im Beirat einer Versicherung sitzt. Aber zum einen sind alle deutschen Benediktiner bei der *Gothaer* lebensversichert. Und zum anderen war Notker Wolf schon immer ein wirtschaftspolitisch interessierter und engagierter Abt, der durch seine Bücher zum Thema »Leadership und Unternehmensethos« großes Ansehen genoss. Ich fand ihn von Anfang an sehr sympathisch. Ein äußerst kluger und humorvoller Mann mit einem herrlich bayerischen Humor. Er hatte stets amüsante Geschichten zu erzählen und wir haben viel miteinander gelacht. Zudem teilten wir die Leidenschaft für Musik, wenn auch sein Musikgeschmack ein etwas anderer war als meiner. Mit einem Faible für Bands wie *AC/DC* und *Metallica*, die er neben anderem Hard-Rock immer mal wieder auf seiner eigenen Rockgitarre zum Besten gab, sorgte er bei seinem Umfeld für Staunen. Eines Tages hatte ich Notker Wolf eingeladen, als Gastprediger die Messe zu Ehren des heiligen Fidelis, des Schutzpatrons von Sigmaringen, zu halten. Der heilige Fidelis – bürgerlich Markus Roy – war ein promovierter Philosoph und Jurist, der Ende des 16. Jahrhunderts und Anfang des 17. Jahrhunderts lebte. Vor seinem Eintritt in den Kapuzinerorden hatte er sich als »Advokat der Armen« einen Namen gemacht. Offensichtlich hatte ihn die Frustration über die Missverhältnisse in Politik und Wirtschaft dazu bewegt, dem Kapuzinerorden beizutreten. Nach seiner Priesterweihe in Münster wurde er als Seelsorger und Klosterleiter an verschiedenen Orten eingesetzt. Mit Beginn des Dreißigjährigen Krieges schloss er sich dann als Missionar für den katholischen Glauben österreichischen Truppen an, die im heutigen Graubünden gegen calvinistische Kirchenreformer vorgingen. Während einer Predigt in Seewis musste er frühzeitig fliehen, weil bewaffnete Reformer die Kirche gestürmt hatten. Auf dem Heimweg nach Grüsch wurde er dann von einer Gruppe aufständischer Bauern aufgehalten und starb durch ihre Hand, nachdem er sich zu seinem katholischen Glauben bekannt hatte.

Jedes Jahr feiern wir ihm zu Ehren den Fidelistag. Nach der Messe führt die Prozession seine Reliquie durch die Altstadt und endet wieder in der Kirche. Danach findet ein Empfang im Schloss statt. Das ist immer ein besonderer Tag für mich. Notker Wolf hat ihn in diesem Jahr durch seine Predigt zu einem ganz besonderen gemacht. Später wurde Notker Wolf zum Abtprimas gewählt, also zum obersten Repräsentanten der Benediktiner, und zog nach Rom. Seit dem haben wir bedauerlicherweise kaum noch Kontakt. Bei einem Empfang hatte ich ihn einmal meinem Bruder Albrecht vorgestellt. Dieser Bekanntschaft ist es zu verdanken, dass Albrecht sich im Jahr 2001 mit Nathalie* von Notker Wolf in Rom trauen ließ. Albrecht fand die Vorstellung, in der ewigen Stadt zu heiraten, offenbar sehr romantisch. Ein guter Freund meines Bruders, Prinz Hugo zu Windisch-Graetz, arbeitete ehrenamtlich für den Vatikan und hatte Albrecht für die Festlichkeiten einen wunderschönen Palazzo und für das Abendessen ein Restaurant empfohlen, von wo aus man über die Dächer Roms blicken konnte. Es war eine zauberhafte Hochzeit, mitten im heißen römischen Sommer.

KING CHARLES III. Im Jahr 2001 war ich bei King Charles III., der damals noch Prinz war, im Highgrove House eingeladen. Anlass war ein Abendessen, das er für den damaligen König von Rumänien, der ja ein Verwandter von mir war, veranstaltete. In besonderer Erinnerung ist mir die Gartenanlage des Landsitzes. Vor dem Herrenhaus erstreckt sich ein wunderschöner Ziergarten mit kunstvoll beschnittenen Hecken, Wildblumenwiesen und einem Waldgarten, ein Bereich mit Wurzelstöcken uralter Bäume in eigentümlichen Formen. Während des Abends führten wir interessante Gespräche, in denen ich Charles' Frau Camilla als charmant und humorvoll erlebte und Charles als sehr reflektiert und überaus zuvorkommend. Besonders beeindruckte mich, als Charles uns erzählte, dass er die Gartenanlage zu guten Teilen selbst pflegt. Zumindest war es damals so. Ob er jetzt, wo er König ist, diese Zeit auch noch hat, ist fraglich.

KÖNIGIN ELISABETH Vier Jahre später hatte ich die Gelegenheit, Königin Elisabeth zu treffen. Der Anlass war der 70. Geburtstag des Chefdirigenten Michael Tilson Thomas des London Philharmonic Orchestra, zu dem die Queen eingeladen hatte. Nach einem sehr schönen Konzert, bei dem die Gastgeberin selbst anwesend war, fuhr man in den Buckingham Palace. Hier begrüßte die Königin jeden Einzelnen der insgesamt sicherlich einhundert anwesenden Gäste mit einem persönlichen Wort. Sie zeigte sich erstaunt darüber, dass wir für so einen Anlass die Reise aus Deutschland auf uns genommen hatten, und dankte uns dafür. Die Begegnung mit der energiegeladenen, stilvollen Königin imponierte mir sehr.

DER KABARETTIST EMIL STEINBERGER Last but not least möchte ich noch die Begegnung mit einer weniger bekannten Persönlichkeit erwähnen, die mich aber dennoch sehr gefreut hat. Es ist dies Emil Steinberger, Schweizer Kabarettist, Schriftsteller, Regisseur und Schauspieler.

Als Studenten hatten wir seinen Film Der Schweizermacher mit großer Belustigung gesehen und seine Platten rauf und runter gehört und uns dabei schiefgelacht. Irgendwann wurde es ruhig um ihn und ich verlor ihn aus den Augen. Eines Tages saß ich nach einem Match in meinem Tennisclub in Southampton an der Bar. Irgendwann gesellte sich ein Freund zu uns, der in Begleitung eines mir unbekannten Mannes kam. Dieser stellte sich dann als Emil Steinberger vor. Ich konnte es kaum fassen und erzählte Emil von meiner damaligen Begeisterung seiner Person, oder besser seiner Kunst, gegenüber und wie sehr er uns zum Lachen gebracht hatte. Emil berichtete davon, dass er seine so erfolgreiche Figur irgendwann begraben musste, weil sie sich totgelaufen hätte. Auf meine Frage, was er stattdessen machen würde, erklärte er: »Ich spiele jetzt klassisches Theater am New Yorker Schauspielhaus.« Damit habe er sich einen großen Traum erfüllt. Darauf stießen wir an und verbrachten einen äußerst vergnüglichen Abend.

UNTERNEHMERGRÖSSE ROLAND MACK In den vergangenen Jahren lernte ich noch zwei große deutsche Unternehmerpersönlichkeiten kennen. Im Jahr 2018 ergab sich eine spannende Begegnung mit dem Unternehmer Roland Mack, dem Eigentümer des Europa-Parks in Rust. Nach seinem Maschinenbaustudium war er in das Unternehmen *MACK Rides* seines Vaters eingestiegen, das heute in der achten Generation Fahrgeschäfte für Freizeitparks konstruiert und produziert. Gemeinsam mit seinem Vater hatte er bereits in den siebziger Jahren die Idee zum Europa-Park, der sich mittlerweile zum größten Vergnügungspark in Deutschland entwickelt hat. Wir lernten uns über meinen Ex-Schwager kennen, Christian Freiherr von Elverfeldt*, der mit der Schwester meiner Ex-Frau verheiratet ist. Christians Familie hat einen kleinen Forstbesitz und ein Schlösschen in der Nähe von Waldkirch, drei Autobahnausfahrten von Freiburg entfernt. Als seine Eltern aus dem Schloss auszogen, entschied er sich, mit seiner Familie dorthin zu ziehen, und suchte einen Job in der Nähe, der es ihm erlaubte, sich um den Familienbesitz zu kümmern. Seine Frau war damals in dem Damen-Rotary-Club *Inner-Wheel*-Paktiv, in dem sich auch Roland Macks Frau engagierte. Und so kam es dazu, dass Christian ein Vorstellungsgespräch für die Geschäftsleitung bei *MACK Rides* bekam und sofort genommen wurde. Eines Tages rief er mich an und sagte: »Herr Mack möchte sich unbedingt einmal mit Leuten austauschen, die in der Region bekannt sind, und es wäre schön, wenn du auch dabei wärst.« Also schlug ich vor, das Treffen bei uns in Umkirch zu veranstalten, und lud zu einer Gesprächsrunde mit Damen ein, zu der auch mein Freiburger Freund Matern von Marschall kam, der bis 2021 Bundestagsabgeordneter für die CDU war. Dieser Runde folgte eine Einladung von Roland Mack in den Europa-Park. Noch heute bin ich mit Roland Mack in regem Austausch und treffe mich regelmäßig mit ihm. Ich bewundere, mit welchem Engagement er das Familienunternehmen vorangetrieben hat – von der kleinen Produktionsstätte für Fahrwagen und Postkutschen hin zu einem der führenden Unternehmen im Bereich Freizeitparkattraktionen. Mittlerweile ist neben seinem Bruder Jürgen auch sein Sohn Michael als Gesellschafter in das Familienunternehmen eingestiegen, sodass die Kontinuität des Familienunternehmens sichergestellt ist.

WOLFGANG GRUPP, DER »KÖNIG VON BURLADINGEN« Ein ganz anderer, aber nicht minder spannender Unternehmertyp, dem ich kurz darauf begegnete, war Wolfgang Grupp, Unternehmensleiter der Firma Trigema. 2019 war ich zum 100-jährigen Jubiläumsfest der Firma Trigema geladen. Der Firmenchef, der auf Grund seines patriarchalischen Auftritts auch der »König von Burladingen« genannt wird, hat sich in der Region und weit darüber hinaus einen Namen gemacht. Dem großen Happening, zu dem die gesamte Belegschaft mitsamt Angehörigen geladen war, ging am Nachmittag ein Empfang für private Gäste voraus, darunter Winfried Kretschmann, ausgewählte Vertreter der Industrie, Freunde und Familie. Im Anschluss zogen wir weiter in ein riesiges Bierzelt, in dem sich weit mehr als 1.000 Menschen tummelten. Hier jagte eine Ansprache die nächste. Der Höhepunkt des Nachmittags bestand in der Verleihung des Bundesverdienstkreuzes an Wolfgang Grupp. Als es gegen 19 Uhr Abendessen gab, war die Stimmung bereits äußerst gesellig. Aber sie wurde noch einmal entscheidend getoppt, als Wolfgang Grupp den Anwesenden den Überraschungsgast ankündigte: Um sich bei seinen treuen Mitarbeitern zu bedanken, hatte er Helene Fischer engagiert. Noch bevor die bekannte Schlagersängerin ihren ersten Song spielte, kochte die Stimmung im Zelt. Auch wenn die Musik von Frau Fischer nicht unbedingt meine ist, beeindruckte mich ihre Bühnenshow, die ich als professionell und sehr authentisch empfand.

Sorgen um die Nachfolge des Hauses Hohenzollern

Schon seit Längerem beschäftigten mich Sorgen um den Fortbestand unseres Hauses. Die letzten Gespräche, die ich mit meinem Sohn Alexander geführt hatte, bildeten dafür den Nährboden. Laut Testament meines Großvaters war mein Sohn Alexander als Erstgeborener dazu bestimmt, das Erbe in der Folge meines Vaters und mir anzunehmen. Es hatte sich aber schon im Laufe der vergangenen Jahre abgezeichnet, dass mein Sohn mit seiner Rolle haderte. Alexanders Masterabschluss im Jahr 2018 nahm ich zum Anlass, ihn nach seinen Zukunftsplänen zu fragen. Seine Reaktion war zögerlich. Er offenbarte mir seine Zweifel darüber, ob er der Rolle des Hauschefs und Unternehmensleiters gewachsen wäre. Auch wenn ich so etwas schon geahnt hatte, setzte es mir zugegebenermaßen sehr zu. Ich bat ihn eindringlich, sich zu besinnen. In unseren folgenden Gesprächen bemühte ich mich darum, Alexander zu überzeugen, das Amt zu übernehmen, das ihm qua Geburt zugedacht war. Ich betonte, dass ich es für richtig hielt, sein Schicksal anzunehmen, genauso wie ich es einst getan hatte. Im Zuge dessen wies ich ihn auf die vielfältigen Gestaltungsspielräume hin, die ihm bei der Ausführung der Aufgabe offenstanden. Aber diese Aussicht schien ihn wenig zu überzeugen. Auch die weiteren Gespräche machten mir wenig Hoffnung. Wir drehten uns dabei immer wieder im Kreis. Sowohl für Alexander als auch für mich war die Zeit emotional sehr anstrengend. Für Alexander, weil er eine wegweisende Entscheidung zu treffen hatte, und für mich, weil ich mir natürlich Sorgen um das Fortbestehen unseres Hauses und konkret um die Fortführung meines Lebenswerkes machte. Im Laufe der Zeit wuchsen meine Zweifel. Diese richteten sich zunächst gegen mich selbst: Hatte ich Alexander nicht ausreichend auf seine Aufgaben vorbereitet? Hatte ich in der Erziehung grundsätzlich etwas falsch gemacht?

Langsam begann ich mir einzugestehen, dass die Rolle des Hauschefs und Unternehmensleiters möglicherweise nicht die richtige für meinen Sohn war. Alexander ist ein anderer Typ als ich, weicher und vielleicht nicht so belastbar. Auch verstand ich, dass sich die Welt massiv verändert hatte, seitdem ich selbst in der Rolle gewesen war, eine Entscheidung für oder gegen die Übernahme zu fällen. Viele jüngere Menschen haben eine andere Einstellung zum Leben und scheinen weniger bereit zu sein, Verantwortung zu übernehmen. Die Suche nach der sogenannten Work-Life-Balance und die Veränderung der Wertvorstellungen, die Flexibilität und Autonomie betonen, sprechen nicht gerade für die Übernahme eines traditionellen Fürstenamtes.

Als ich merkte, dass die Gedanken immer mehr in meinem Kopf kreisten und mich auch körperlich zu belasten begannen, wurde mir klar, dass ich mich, wollte ich unser Haus nicht in Gefahr bringen, nach einer guten Alternative umschauen musste. Es musste eine Lösung gefunden werden, die sowohl Alexanders Bedürfnissen als auch den langjährigen Bestrebungen des Hauses Hohenzollern gerecht wurde und den Erhalt des Erbes sicherstellte. Es war eine anspruchsvolle Aufgabe, aber ich war entschlossen, sie zu bewältigen und eine zukunftsfähige Lösung zu finden.

Schon länger war mir die Option einer Stiftung durch den Kopf gegangen, ein Konstrukt, das einem ja von verschiedenen großen Traditionsunternehmen bekannt ist. Ich beriet mich zunächst mit meinem Steuerberater, dann mit meiner Frau und meinen Brüdern. Schließlich unterbreitete ich Alexander die Option. Tatsächlich sahen alle den Weg als gute Lösung an. Wir dachten die Gründung gleich zweier Stiftungen an: eine Familienstiftung, in die das Privatvermögen sowie Schlösser und weitere Immobilien einfließen sollten, und eine Unternehmensstiftung für den Forstbetrieb und die Industriezweige.

Mir war klar, dass uns dieses Unterfangen über die kommenden Jahre beschäftigen sollte. Aber allein die Tatsache, dass wir nun eine Lösung gefunden hatten, die für alle Beteiligten ein gutes Ergebnis versprach, ließ mich den konzeptionellen und bürokratischen Aufwand, der mit den Gründungen der beiden Stiftungen einherging, gelassen angehen.

Der versteckte Herzinfarkt – Ein Vorbote der eigenen Endlichkeit

Das neue Jahrzehnt begann mit einer Hiobsbotschaft. Im Januar 2020 stand mein jährlicher Gesundheitscheck beim Kardiologen im Herzzentrum von Bad Krozingen an. Wie mein Vater bin auch ich bezüglich meines Herzens und meines Cholesterinwertes erblich vorbelastet. Die Jahre zuvor war der Arzt aber weitestgehend zufrieden mit mir. Das diesjährige EKG brachte jedoch zu Tage, dass ich einen sogenannten »stummen« Infarkt erlitten hatte. »Wahrscheinlich haben Sie das gar nicht gespürt«, sagte mein Arzt, »aber wir müssen Sie hier behalten, um einen Herzkatheter zu legen.«

Laut Aussage des Arztes lag der Infarkt schon Wochen oder gar Monate zurück. In der Tat hatte ich im Herbst 2019 eine Phase, in der ich mich immer wieder extrem erschöpft gefühlt hatte. Ich hatte dies damals auf die andauernden Herausforderungen im Unternehmen und auf die schwierigen Diskussionen mit meinem Sohn über das Thema der Nachfolge zurückgeführt. Aber dass ich tatsächlich einen Herzinfarkt erlitten haben sollte, konnte ich dennoch kaum fassen, hatte ich doch keinerlei dafür typische Symptome gehabt. »Durch den regelmäßigen Sport ist das glimpflich ausgegangen«, erklärte mein Arzt auf meine Nachfrage. »Und wenn Sie so weiterleben, können Sie 90 werden!« Diese Aussage erleichterte mich natürlich, aber die Diagnose führte mir dennoch aufs Neue die eigene Endlichkeit vor Augen. Sie bestärkte mich in meinem Vorsatz, jeden Tag bewusst zu leben und als kostbares Geschenk zu betrachten.

Die Pandemie greift um sich

Auch global gesehen begann das neue Jahrzehnt nicht gerade rosig. Im Januar gingen aus Wuhan die ersten Bilder von ganzkörpergeschützten Ärzten und künstlich beatmeten Patienten um die Welt. Zu diesem Zeitpunkt rätselte man noch, welcher Erreger für die sich ausbreitende Lungenerkrankung verantwortlich ist. Aber schon im Laufe des Monats wurde bekannt, dass es sich um ein neuartiges Coronavirus handelte. Das Jahr war noch keine vier Wochen alt, da wurden die ersten Covid-Fälle in Europa öffentlich. Ein Patient aus München, der sich auf einer Dienstreise nach China mit dem Virus infiziert hatte, ging durch alle Medien. Danach verbreitete sich das hochansteckende Virus in anderen Gebieten Deutschlands und Europas rasant. Bei uns in Baden-Württemberg tauchten die ersten Fälle in der zweiten Februar-Hälfte auf. Ab Anfang März überschlugen sich dann die Ereignisse deutschlandweit. Zum Anfang des Monats hatte Österreich wegen der Masseninfektionen in Ischgl bereits alles dichtgemacht und seine Grenzen geschlossen.

FASTNACHT UND DER »SCHMOTZIGE DONNERSTAG« Trotz der drohenden Eskalation der Lage feierten wir in Sigmaringen noch die Fastnacht im gewohnten Rahmen. Zu diesem Zeitpunkt wäre die Absage eines solchen Ereignisses noch undenkbar gewesen. Wie bereits in den Jahren zuvor oblag es mir am »Schmotzigen Donnerstag« bei der sogenannten Schülerbefreiung mitzuwirken. Die Schülerbefreiung ist ein in Sigmaringen beliebter Fastnachtsbrauch. Eine Kutsche fährt von

Schule zu Schule und sammelt die kostümierten Schüler ein, um sie in die Innenstadt zum Narrenumzug zu bringen. Als Repräsentant der Stadt sitze ich neben dem Zunftmeister auf der Kutsche. Im Anschluss an den Umzug ging ich wie üblich mit einigen Leuten zum Mittagessen. Mit dabei war ein mir bekannter Pharmaspezialist, der viel unterwegs ist und zu mir sagte: »Wenn wir großes Glück haben, verebbt Corona in wenigen Wochen wieder. Wahrscheinlicher ist jedoch, dass es sich mit großer Geschwindigkeit weiterverbreiten wird. Und dann müssen wir uns auf eine echte Pandemie gefasst machen!« Zu dem Zeitpunkt konnte ich mir noch nicht vorstellen, wie schnell sich seine Prognose bewahrheiten sollte.

DER ERSTE LOCKDOWN Am 22. März 2020 wurde der erste Lockdown verhängt. Dann ging es Schlag auf Schlag: Wenige Tage später stellte der Bundestag eine »epidemische Lage von nationaler Tragweite« fest, die es der Regierung erlaubte, ohne Zustimmung des Parlaments Verordnungen zu erlassen. Nach und nach schlossen Schulen, Betriebe und Einzelhändler genauso wie Kinos und Konzertsäle, die Bundesliga stellte ihre Spiele ein. Dabei herrschte strenge Maskenpflicht in der Öffentlichkeit, alle öffentlichen Veranstaltungen wurden abgesagt, die Grenzen zu den Nachbarländern geschlossen, schließlich auch im persönlichen Bereich Kontakt- und Ausgangssperren verhängt. Es war eine in der Bundesrepublik nie dagewesene Situation. Ab sofort hatte jeder, der in der Öffentlichkeit unterwegs war, eine Schutzmaske zu tragen. Überall waren Spender mit Desinfektionsmittel sowie Hinweise zur Handhygiene installiert. Plötzlich kannte jeder die Namen von Coronaexperten und Virologen und die jüngsten Fallzahlen und Entwicklungen der Pandemie standen am Beginn einer jeden Nachrichtensendung.

AB IN DIE SCHWEIZ Die längste Zeit des ersten Lockdowns verbrachten Katharina und ich in ihrem Haus in Anzère in der Schweiz. Dort ging es uns im Grunde genommen ausgezeichnet. Wir genossen das traumhafte Wetter, waren viel draußen und hatten, wie der überwiegende Teil der Menschen, insgesamt wenig Kontakt zur Außenwelt. Natürlich gab es geschäftlich einige Dinge zu regeln. Aber in dieser Zeit entdeckte man die Möglichkeiten von Videokonferenzen und so ließen sich diese Dinge bequem von der Schweiz aus regeln. Das war eine ganz neue Erfahrung. Die digitale Zusammenarbeit, vor der Pandemie nur äußerst selten praktiziert, wurde von heute auf morgen zur Norm. Auch das Sportprogramm, das Katharina und ich seit einigen Jahren regelmäßig praktizieren, zogen wir in dieser Zeit virtuell durch. Unser Sporttrainer, der normalerweise zu uns nach Hause kommt, zeigte uns per Videoschaltung einige Übungen, die wir ebenso ohne ihn ausüben konnten. Bis uns die dafür erforderlichen Gewichte in die Schweiz geschickt wurden, improvisierten wir mit 1,5-Liter-Wasserflaschen und gut befüllten Rucksäcken.

So verbrachten wir die Zeit, die für einen Teil der Bevölkerung von extremen Anstrengungen, Krankheit und Ängsten gezeichnet war, gelassen und gesund in trauter Zweisamkeit. Erst als die Grenze Anfang Mai wieder geöffnet wurde, machten wir uns auf den Rückweg nach Deutschland. Zurück in Josefslust verbrachten wir auch hier die allermeiste Zeit allein in den eigenen vier Wänden, ohne größere Kontakte zu anderen Menschen zu haben, denn es gab nach wie vor harte Kontaktsperren. Streckenweise durfte man sich nur mit einer haushaltsfremden Person treffen. Alle Veranstaltungen, ob kulturell, beruflich oder privat, die für den Sommer geplant waren, wurden abgeblasen oder verschoben. Schweren Herzens mussten wir denn ebenso unseren inzwischen schon traditionellen Sommerurlaub in den Hamptons ausfallen lassen. Als es im Sommer zu ersten Lockerungen kam und Treffen im Freien zwischenzeitlich erlaubt waren, gaben wir ein Konzert im Bootshaus in Sigmaringen mit einer zusammengewürfelten Band. Nicht nur, weil ich endlich einmal wieder vor Publikum spielen konnte, sondern auch des geselligen Miteinanders wegen, war das ein sehr schöner Abend. Erst jetzt wurde mir bewusst, wie sehr ich doch solche Gelegenheiten der persönlichen Begegnung vermisst hatte.

OLDTIMERAUSFLUG INS LECHTAL Zwischendurch wurden die strikten Coronamaßnahmen glücklicherweise immer wieder etwas gelockert. So konnte ich mit Katharina und einigen Freunden eine Oldtimer-Ausfahrt ins Lechtal machen. Der Hotelier des Hotels *Post Lech* empfing uns mit den Worten: »Da haben Sie noch einmal Glück gehabt, nächste Woche werden die Corona-Regeln wieder verschärft und wir werden wohl wieder schließen müssen!« Und so war es denn auch. Der Lockdown war zurück und mit ihm wurden sämtliche größere Veranstaltungen wieder abgesagt. Katharina und ich beschlossen, wieder in die Schweiz zu fahren. Wir unternahmen viele Bergtouren und Spaziergänge. Mit Beginn der Skisaison waren wir Dauergäste auf der Piste. Das Skifahren bei traumhaftem Schnee, Sonnenschein und leeren Pisten wird mir nachhaltig in guter Erinnerung an die Corona-Zeit bleiben.

Zum Glück hat die Krankheit selbst uns weitestgehend verschont, aber die massiven Einschränkungen schlugen uns, wie vielen anderen Menschen auch, allmählich ziemlich aufs Gemüt. Abgesehen davon bedeuteten sie natürlich auch einen wirtschaftlichen Schaden besonders für unseren touristischen Wirtschaftszweig. Zu Beginn des Jahres 2021 hatte ich die Hoffnung gehabt, dass wir das Skigebiet am Großen Arber wieder öffnen dürften. Das war jedoch nicht der Fall. Besonders traurig war das, weil es auch im Böhmerwald in diesem Jahr reichlich Schnee gab und dabei oft die Sonne schien. Ideale Voraussetzungen für eine einträgliche Saison - aber leider eben nur unter »normalen« Umständen.

Mindestens genauso hart wie den Tourismus traf die Pandemie die meisten Gewerbetreibenden, allen voran die Gastronomie. Aber wie immer gab es auch jetzt einige findige Unternehmerinnen und Unternehmer, die aus der Not eine Tugend machten und ihre Geschäftsmodelle in Richtung Take-Away-Services ausweiteten oder ganz neue Ideen umsetzten.

DAS KARLS HOTEL So auch Soufyen Charni, ein umtriebiger Unternehmer und Gastronom aus Sigmaringen. Herr Charni hatte sich als Betreiber des Restaurants *Bootshaus* in Sigmaringen einen Namen gemacht. Das Restaurant hatte sich schon kurz nach Eröffnung zu einem gut besuchten und umsatzstarken Restaurant entwickelt. Noch vor der Pandemie war Herr Charni mit seiner Idee auf uns zugekommen, ein Hotel in Sigmaringen zu bauen. Als Ort dafür hatte er sich ein Donau-Grundstück unterhalb des Schlosses ausgeschaut. Nachdem er erfahren hatte, dass dies im Besitz unserer Familie lag, schlug er uns vor, den Plan gemeinsam umzusetzen. Obwohl ich mich bislang nie mit der Idee getragen hatte, Hotelier zu werden, entwickelte sich nach mehreren Gesprächen ein Konzept, von dem ich schlussendlich überzeugt war. Denn ein Hotel dieser Größenordnung gab es bisher in Sigmaringen nicht, und die Lage direkt an der Donau erschien prädestiniert für einen Hotelbetrieb, der für Geschäftsreisende wie für Touristen gleichermaßen attraktiv ist. Nachdem wir uns über die unternehmerische Aufteilung und die architektonische Umsetzung handlungseinig geworden waren, reichten wir die Pläne bei der Baubehörde ein. In der zeitlichen Umsetzung kam uns die Pandemie, in der viele Bauanträge aus Unsicherheit hinsichtlich der weiteren Entwicklungen zunächst auf Eis gelegt wurden, sicherlich zu Gute. Nach nur eineinhalb Jahren Bauzeit wurde das *Karls Hotel* im Mai 2021 fertiggestellt und kurz danach eröffnet. Seitdem hat sich das Hotel prächtig entwickelt. Die Überschrift eines Artikels der Schwäbischen Zeitung vom Sommer 2022 bringt den Erfolg auf den Punkt: »*Karls Hotel* als Booster für den Tourismus in Sigmaringen«!

Die Hochzeit meiner Tochter Flaminia

Dank der Entschärfung der Corona-Lage konnten wir im Sommer 2021 die schon länger geplante Hochzeit meiner Tochter Flaminia feiern. Mein Schwiegersohn, Baron Károly Stipsicz de Ternova*, von allen Kari genannt, ist Österreicher. Seine aus Ungarn stammende Familie übersiedelte nach dem Zweiten Weltkrieg in die Alpenrepublik. Meine Tochter und Kari kennen sich seit Kindheitstagen, denn seine Mutter und meine Ex-Frau sind über lange Jahre befreundet. Dass die beiden Gefallen aneinander gefunden hatten, wusste ich schon seit Längerem. Ein gutes Jahr vor der Hochzeit hatte ich eines Tages ein Foto von Flaminia auf mein Handy geschickt bekommen, auf dem sie mit Kari im Skilift saß. Ich hatte meine Brille nicht auf und sagte zu meiner Frau: »Flaminia hat uns ein Foto aus Sankt Anton geschickt, schau mal, wie nett sie winkt!« Ich schrieb ihr einen freundlich-belanglosen Gruß zurück. Daraufhin kam eine neue Nachricht von Flaminia: »Hey, Papi, hast du eigentlich gesehen, was ich an meiner Hand habe?« Ich zog also meine Lesebrille auf und betrachtete das Foto noch einmal eingehender. Erst dann begriff ich, dass sie nicht winkte, sondern einen Verlobungsring in die Kamera hielt.

Die standesamtliche Hochzeit hatte bereits im Sommer 2020 am Verlobungsort in Tirol stattgefunden, genauer in einem alten Bauernhaus in Sankt Anton aus dem Besitz von Karis Familie, wo die beiden sich auch kennengelernt hatten. Das eigentliche Hochzeitsfest war zunächst für den Spätsommer 2020 in Sigmaringen geplant, musste aber auf Grund der Coronaregeln auf das Folgejahr verschoben werden. Allerdings war auch hier zunächst lange unklar, ob und unter welchen Bedingungen das Fest stattfinden könne. Erst Ende Mai wurde amtlich, dass gefeiert werden durfte und sogar mehr als 100 Gäste erlaubt waren. Dies allerdings nur unter Einhaltung der »3G-Regel«, das heißt, dass nur geimpfte, getestete oder genesene Personen kommen durften. So mussten wir im Vorfeld jeden einzelnen Gast um einen entsprechenden Nachweis bitten. Das war natürlich aufwendig, und innerlich fluchten wir in der Vorbereitungszeit bisweilen.

Aber dann kam der große Tag. Obwohl es am Vorabend noch wie aus Kübeln geschüttet hatte, strahlte die Sonne vom Himmel, als ich Flaminia am 26. Juni 2021 an meinem Arm vom Auto in die Kirche zum Altar führte. Sie zitterte so heftig, dass der Brautstrauß in ihrer Hand bebte, und auch ich selbst war aufgeregt und äußerst berührt. Es ist schon ein emotionaler Moment, wenn das erste Kind heiratet!

Die Trauung fand in der Sigmaringer Stadtkirche St. Johann statt. Der Pfarrer Markus Moser aus Krauchenwies fand in der Predigt sehr persönliche Worte für das Paar. Im Anschluss gab es zunächst einen Emp-

Hochzeitsfest von Flaminia und Kari,
Krauchenwies 2021

fang im Schloss, dann feierten wir in Krauchenwies ein schönes Fest bei herrlichem Wetter. Obwohl oder vielleicht auch weil wir statt den ursprünglich geplanten 300 Personen nur 150 Gäste geladen hatten, war die Stimmung toll. Flaminia hatte mich gebeten, mit meiner Band ein paar Stücke aufzuführen, und so spielten wir den Eröffnungstanz und ein paar weitere Stücke. Flaminias Hochzeit war ein Highlight in der für uns doch insgesamt eintönigen, kontaktarmen Coronazeit und gehört zweifellos zu den schönsten Erlebnissen in meinem Leben!

Mein 70. Geburtstag

Im April 2022 stand mein 70. Geburtstag an. Da wir meinem sechzigsten Geburtstag, der das Fest meines Lebens bleiben sollte, keine Konkurrenz machen wollten, beschlossen wir, die Feier dezenter zu gestalten. Neben einem Empfang mit Familie, Freunden, Nachbarn und Mitarbeitern, der von schönen Reden besonders meines Freundes Ferdinand Graf von Metternich und der Landrätin Stefanie Bürkle geprägt war, gab es ein Abendessen mit einem kleinen musikalischen Rahmenprogramm im Kreis meiner Familie und enger Freunde.

Der für mich bedeutsamste Programmpunkt dieses Tages war die Predigt des Militärpfarrers Pater Stefan Havlik, die er am Morgen meines Geburtstages in der Schlosskapelle hielt. »Gott sucht sich seine Menschen aus«, verkündete der Pater hierin. Diese Worte berührten

Hochzeitsfest von Flaminia und Kari, Krauchenwies 2021

mich zutiefst, verwiesen sie doch auf das Schicksalhafte eines, meines Lebens. Sie führten mir noch einmal bildlich vor Augen, wie bedeutsam es gewesen war, mein Schicksal als Fürst der Hohenzollern seinerzeit angenommen und meine Rolle in diesem großen Gefüge ausgefüllt zu haben. Dass ich die große Aufgabe und die damit einhergehende Verantwortung angenommen und nach bestem Wissen und Gewissen sowie mit den mir gegebenen Gestaltungsspielräumen ausgefüllt hatte. Durch die Worte von Pater Stefan Havlik wurde mir nun, siebzigjährig, noch einmal bewusst, dass es eine höhere Ordnung gab, die mich in meine Rolle geführt hatte. Es war eine Demut gebietende Erkenntnis, die bis heute in mir nachhallt.

Auf den Spuren meiner Vorfahrin Amalie Zephyrine

Im Herbst 2022 erhielten Katharina und ich eine Einladung zur Verleihung des Ordens der französischen Ehrenlegion an Anthony von Mandl für seine Verdienste um die Einführung französischer Weine in Kanada. Anthony hatte ich Anfang der zweitausender Jahre in Vancouver kennengelernt. Sohn österreichischer Eltern, war er in Schloss Salem zur Schule gegangen, hatte in Kanada studiert und dort anschließend einen Getränkeimport aufgebaut, der sich zum größten einführenden Unternehmen von alkoholischen Getränken, allen voran von französischen Weinen, in Kanada entwickelte. Als ich hörte, dass die Verleihung der

Ehrenlegion-Auszeichnung im prachtvollen *Hotel de Salm* in Paris stattfand, freute ich mich besonders, zumal die Coronabestimmungen zu diesem Zeitpunkt eine Reise nach Frankreich zuließen.

Das mit wunderschönen Möbeln ausgestattete Palais war einst im Besitz der Familie meiner bedeutenden Vorfahrin Fürstin Amalie Zephyrine von Hohenzollern* gewesen. Diesen denkwürdigen Ort zum ersten Mal zu sehen und dort die Ordensverleihung mitzuerleben, war für uns ein besonderes Ereignis, zumal sich Katharina aus gutem Grund sehr für die Geschichte von Fürstin Amalie Zephyrine interessiert.

Da es sich bei Amalie Zephyrine um eine bemerkenswerte Persönlichkeit handelt, die im Übrigen auch ihre Lebensgeschichte hinterlassen hat, möchte ich an dieser Stelle einige Worte über ihr bewegtes Leben verlieren: Als Prinzessin von Salm-Kyrburg in Paris aufgewachsen, heiratete sie im Jahre 1782 meinen direkten Vorfahren, Fürst Anton Aloys von Hohenzollern. Geboren und sozialisiert im pulsierenden Paris, zog sie wenige Jahre nach Eheschließung im Jahr 1784 aus der französischen Metropole nach Sigmaringen. Das Leben in der gerade mal 1.000 Einwohner großen Residenzstadt scheint ihr indes wenig getaugt zu haben, sodass sie schon im Jahr drauf in einer aufsehenerregenden Aktion aus Sigmaringen floh. Wie sie in ihren Lebenserinnerungen schreibt, floh sie als Mann verkleidet aus dem »unmodernen und düsteren« Schloss Sigmaringen in ihre französische Heimat und ließ dabei ihren zehnmonatigen Sohn in Sigmaringen zurück. Von Paris aus nutzte Amalie Zephyrine ihre engen Beziehungen zum napoleonischen Hof, um sich zu Gunsten ihres Sohnes Karl für den Erhalt des Fürstentums Hohenzollern-Sigmaringen und dessen Souveränität einzusetzen. Dank ihres diplomatischen Geschicks und ihrer guten Verbindung zur Entourage Napoleons, allen voran zu Napoleons Frau Josephine, rettete sie das Fürstenhaus schließlich vor der Mediatisierung. Erst zwanzig Jahre später kehrte Amalie Zephyrine nach Sigmaringen zurück und lebte, immer noch getrennt von ihrem Gemahl Anton Aloys, zunächst im Schloss Krauchenwies und später in Inzigkofen und im alten Prinzenbau in Sigmaringen, den ihr Gemahl Anton Aloys in den Jahren 1822 bis 1825 eigens für sie hatte errichten lassen. Hier starb sie 1841 im Alter von 81 Jahren.

Die Kenntnisse über das Leben Amalies und ihrer Zeitgenossen verdanken wir im Wesentlichen ihren Lebenserinnerungen. Diese Tatsache stimmt mich zuversichtlich, dass auch die Erinnerungen an Personen und Ereignisse aus meiner Lebensepoche über die Biografie lebendig bleiben und die mir folgenden Generationen von den Einblicken in meine Lebenserinnerungen erkenntnisbringende Einsichten über unsere Zeit und die damit verbundenen Erfahrungen gewinnen können.

Hohenzollern, quo vadis?

Nichts bleibt so, wie es ist. Das gilt in der heutigen Zeit mit ihren umfänglichen, nahezu alle gesellschaftlichen, politischen und wirtschaftlichen Bereiche betreffenden Transformationen, ganz besonders. Auch vor unserer Familie beziehungsweise dem Unternehmen macht der Wandel keinen Halt. Ich möchte behaupten, dass sich in den vergangenen drei bis fünf Jahren mehr verändert hat als in den drei Dekaden davor.

DIE ZOLLERN GMBH & CO. KG So sind wir bei der Firma *Zollern* gerade in einer Umbruchphase. Von zwei der ehemals fünf Geschäftsfelder haben wir uns getrennt. Der Bereich der Gleitlager ist gemeinsam mit der österreichischen Firma *Miba Mitterbauer* in ein Joint Venture übergegangen, über das wir viele Jahre verhandelt haben. Und auch vom Bereich Maschinenbauelemente, der schon immer nur einen kleinen Teil unseres Geschäfts ausmachte, haben wir uns getrennt, da es sich einfach nicht mehr für uns rentierte. So bleiben uns noch die Geschäftsbereiche Antriebstechnik, Gießerei und die Herstellung von Stahlprofilen. Nachdem unser Geschäftsführer im Jahr 2022 ausgeschieden war, entschieden wir uns für eine völlig neue Art der Geschäftsführung aus einer dreiköpfigen Spitze, um den komplexen Herausforderungen der Gegenwart gerecht zu werden. So wird das neue Geschäftsführerteam *Zollern* auch in den nächsten Jahren durch sicheres Fahrwasser bringen. Momentan hängen wir mit unseren Produkten noch stark am Verbrennungsmotor, aber durch die Klimakrise und die Lieferengpässe, denen wir uns aktuell ausgesetzt sehen, ist es an der Zeit, sich neu aufzustellen. Einige Vorkehrungen haben wir bereits getroffen, indem wir unser Portfolio um die Bereiche Luftfahrt, Medizintechnik und Gasturbinentechnik für Kraftwerke erweitert haben. Da gibt es natürlich viel Rede- und Abstimmungsbedarf zwischen Beirat, Geschäftsführung und Gesellschafter, und das wird die zentrale Aufgabe in der näheren Zukunft sein.

DER HOHENZOLLERN'SCHE FORSTBESITZ Auch im Bereich Forst haben wir unternehmerische Herausforderungen zu meistern. Zum Glück ist Holz aktuell sehr gut nachgefragt, aber diese Nachfrage gilt es zu kanalisieren, damit wir in unserem »Brot-und-Butter-Geschäft« weiterhin vorne liegen. Nicht zuletzt durch das hervorragende Management des Forstchefs Raimund Friderichs steht der Bereich Forst sehr gut da. So wurden wir Ende 2022 zum Forstbetrieb des Jahres gekürt. Damit hat sich auch die Strategie ausgezahlt, den Wald zukunftsfähig zu machen, ein Weg, an den einige Menschen nicht geglaubt haben.

DER GROSSE ARBER Wie es mit dem Skigebiet am Großen Arber weitergeht, wird sich zeigen. Natürlich beschäftigt uns hier vor allem das Thema Klimawandel. Die Frage ist, ob es in den kommenden Jahren noch ausreichend Schnee geben beziehungsweise hinreichend kalt sein wird, um Beschneiungsanlagen zu betreiben. Wie für alles muss man auch hier einen Plan B in der Tasche haben. Eine Möglichkeit wäre es, auf einen reinen Sommerbetrieb umzustellen. Das wäre zwar nicht einfach, aber durchaus machbar. Zu einer immer größeren Herausforderung in diesem Bereich zählt es, geeignete Saisonarbeiter zu finden, denen man Planungssicherheiten versprechen kann.

DIE FÜRST VON HOHENZOLLERN-STIFTUNGEN Die größte und folgenschwerste Neuerung unseres Hauses ist zweifellos die Gründung unserer beiden Stiftungen – der *Fürst von Hohenzollern Familienstiftung* und der *Fürst von Hohenzollern Unternehmensstiftung* im Jahr 2022.

Der Zweck der *Fürst von Hohenzollern Familienstiftung* ist es, die Versorgung aller Familienmitglieder in der direkten Linie zu gewährleisten. Vorstand der Stiftung ist der Hauschef, der wiederum von einem Beirat mit großen Befugnissen begleitet wird. Der erste Hauschef wird mein Neffe Aloys* werden, der älteste Sohn meines Bruders Ferdinand. Aloys ist mit Unternehmen bereits sehr vertraut und vom Wesen und seinen Fähigkeiten her eine ideale Besetzung für die Aufgabe. Übernehmen kann er laut Satzung aber erst, wenn er sein 30. Lebensjahr vollendet hat. Bis dahin werde ich den Posten weiterhin mit Freude und Verantwortung ausfüllen. Und sollte mir etwas zustoßen, übernehmen meine Frau Katharina und meine Brüder das Steuer.

Der ganze Akt der Stiftungsgründung, den wir während des ersten Pandemiejahres angestoßen hatten und der im Herbst 2022 seinen Abschluss fand, war insgesamt ein langwieriger und sehr mühsamer Akt, von dem ich hier noch berichten möchte: Bei Vertragsunterzeichnung, zu der alle Nacherben anwesend sein und unterzeichnen mussten, hatten wir ein fünf Aktenordner füllendes Vertragswerk zu unterzeichnen. Ganze fünf Stunden hat es gebraucht, um alles vorzulesen und zu unterschreiben. Aber schon heute kann ich sagen, dass es die Mühe wert war. Inzwischen ist die ganze Familie zufrieden. Denn eine Stiftung, so weiß ich heute, sichert den Fortbestand des Vermögens letztlich viel verlässlicher ab als eine einzelne Person. Zudem wird damit etwaigen Erbstreitigkeiten keinen Vorschub geleistet und auch das streitbare Thema Pflichtteilverzichte fällt damit weg. So haben wir mit der Stiftungslösung einen Weg gefunden, der sowohl den langjährigen Bestrebungen des Hauses Hohenzollern als auch den individuellen Bedürfnissen meines Sohnes gerecht wurde. Rückblickend kann ich sagen, dass wir aus der Not, die mich über Jahre hin mit Sorgen in die Zukunft blicken ließ, eine für alle Seiten gültige Tugend gemacht haben. Die Geschichte unseres Hauses geht nun weiter, nicht mehr allein durch die Übernahme einer einzelnen Person, sondern durch die gemeinsame Verantwortung und den Zusammenhalt der Familie Hohenzollern in ihren Stiftungen. Es ist eine moderne und zukunftsorientierte Lösung, die uns als Familie erlaubt, unsere Traditionen zu bewahren und gleichzeitig den Herausforderungen der heutigen Zeit gerecht zu werden, und die für mich persönlich die Voraussetzung geschaffen hat, dass ich der Zukunft gelassen und zuversichtlich entgegen blicken kann.

PERSÖNLICHE ZUKUNFTSPLÄNE Auch persönlich habe ich noch so einige Pläne. Zusammen mit Katharina möchte ich noch viele schöne Dinge unternehmen. Ich möchte die Beziehungen zu Freunden pflegen und auch für meine Kinder und vielleicht auch für Enkelkinder da sein. Ansonsten möchte ich weiter neugierig durchs Leben gehen und sowohl geistig als auch körperlich beweglich bleiben. Dafür will ich vieles tun, mein Bewegungsprogramm fortsetzen, Bücher lesen, Sprachen lernen, anregende Gespräche führen. Und natürlich möchte ich weiter Musik machen. Sonny Rollins, der berühmte Saxophonist, sagte einmal: »Ich möchte bis ans Ende meiner Tage mein Spiel perfektionieren. Denn ich weiß, dass ich nie aufhöre zu lernen!«

NACHWORT

Die Erinnerung ist das einzige Paradies, aus dem wir nicht vertrieben werden können.
Jean Paul

Ein mehr als 70 Jahre währendes Leben ist reichhaltig. Komplett erzählt passt es wohl unmöglich zwischen zwei Buchdeckel. So muss immer eine Auswahl getroffen werden von dem, was man für erzählenswert erachtet und was nicht. Mein Anspruch an das Buch war, die Geschichten hineinzubringen, die ein möglichst umfassendes Bild auf mein Leben bieten. Neben Persönlichem lag der Fokus auf meiner Rolle und meinem Selbstverständnis als Fürst, der wohl letzte in der Reihe der Fürsten des Hauses Hohenzollern qua Geburt.

Das hier Niedergeschriebene basiert auf meinen persönlichen Erinnerungen. Teilweise unterstützten mich auch Freunde und Familie in der Gedächtnisarbeit, allen voran mein Bruder Albrecht, mit dem ich so viele Erinnerungen teile, wie wohl mit sonst keinem Menschen. Von den Jahren 1992 bis 1997 konnte ich auf Notizen aus Kalendern zurückgreifen, die ebenso wie die zahlreichen Fotos unserer Familie eine wertvolle Gedächtnisstütze darstellten. Zuträglich war mir bei all dem meine Fähigkeit zur detaillierten Erinnerung an Menschen und Situationen. Diese Gabe scheint mir in die Wiege gelegt worden zu sein. Das wird mir immer wieder bewusst, wenn ich mit alten Freunden beisammen bin und Erinnerungen aus unserem gemeinsamen Erleben hochkommen, die bei den anderen längst verblasst sind. Dabei scheine ich ein besonders ausgeprägtes Erinnerungsvermögen an sinnliche Erfahrungen wie Musik oder bestimmte Düfte haben, die dann wiederum andere, verloren geglaubte Erinnerungen freisetzten – ein Phänomen, das Marcel Proust in seinem Romanzyklus Auf der Suche nach der verlorenen Zeit so eindrücklich beschreibt.

Die Beschäftigung mit meiner Biografie hat mir noch einmal vor Augen geführt, was ich in meinem bisherigen Leben erreicht habe, welche Pläne ich umgesetzt habe und welche auch nicht, welche Wünsche ich mir erfüllt habe und welche Fehler ich gemacht habe, die nicht rückgängig zu machen sind. Insgesamt bin ich äußerst dankbar für mein Leben. Ich halte es nicht für nötig, eine »Bucket-List« anzufertigen, die meine unerfüllten Wünsche und unerreichten Ziele auflistet. Aber ich möchte weiterhin Herausforderungen annehmen, Entscheidungen umsetzen und die Zeit auskosten, die mir noch bleibt. Frei nach dem geflügelten und vielstrapazierten »Carpe diem«/»Nutze den Tag« des römischen Dichters Horaz. Dabei möchte ich den Begriff des Nutzens hervorheben. Es ist mir ein Anliegen, keine wertvolle Lebenszeit zu verschwenden. Vor kurzem stieß ich auf folgenden Spruch: »Jeder möchte lange leben, aber keiner möchte alt werden.« In diesem Sinne wünsche ich mir, dass ich auf dem Weg des Älterwerdens Würde und Geduld bewahre und dass mir Gott am Ende meiner Reise gnädig beistehe.

ANHANG

Der Fürst im Spiegel dreier Zeitgenossen

Hier beleuchten Prinzessin Philippa von Hohenzollern, Tochter des Fürsten, Raimund Friderichs, Betriebsleitung im Bereich Forst der Unternehmensgruppe Fürst von Hohenzollern, sowie Christian Baumgärtner, langjähriger musikalischer Begleiter und Drummer der Band Royal Groovin', ihre Beziehung zum Fürsten.

Mit welchen drei Attributen würden Sie den Fürsten beschreiben?
Philippa: *Zuverlässig, großzügig, lebensfreudig.*
R. Friderichs: *Stilvoll, verlässlich und neugierig. Und wenn ich noch eins einfügen darf: unterschätzt. :-)*
C. Baumgärtner: *Tolerant, begeisterungsfähig, belastbar.*

Wo sind Sie sich das erste Mal begegnet?
Philippa: *An die erste Begegnung kann ich mich natürlich nicht erinnern, aber eine frühe Erinnerung habe ich. Ich sehe mich zusammen mit meinem Vater und meiner Großmutter in geselliger Runde an unserem Kamin in Josefslust sitzen. Papi schürt das Feuer und wir sitzen einfach da, reden und genießen die wohlige Wärme des Feuers.*
R. Friderichs: *Vor dreißig Jahren habe ich im hiesigen Betrieb als »kleines Försterlein« begonnen. Ich kam damals aus einer Staatsforstverwaltung und war verbeamtet auf Lebenszeit, was ich aber eines Tages aus Frust an den verkrusteten Strukturen an den Nagel gehängt habe. Ich suchte und fand eine neue Stelle in dem privaten Forstbetrieb der Hohenzollern, von der ich mir mehr Gestaltungsspielräume und weniger starke Hierarchien erhoffte. Allerdings sollte sich bald herausstellen, dass ich mich da getäuscht hatte. Vor der vom Fürsten initiierten Reform herrschten im Forstbetrieb strenge Hierarchien. Alle Personen, die unter der Oberforstdirektion standen, hatten praktisch ein Kontakt- und Redeverbot zum Fürsten und zum Erbprinzen. Aber mit der Übernahme der Generalvollmacht änderte sich das etwas. Zu meiner großen Verwunderung hatte der Erbprinz mehrfach das Gespräch mit mir gesucht. Ich spürte seine Neugier und seinen Wunsch, die Dinge von Grund auf verstehen zu wollen. Und von Anfang an entstand eine Vertrauensebene zwischen uns. Ein unvergessener Moment für mich ist ein Samstagnachmittag Anfang der neunziger Jahre. Es war ein schöner Nachmittag und ich werkelte in meinem Garten.*

Plötzlich hörte ich eine Fahrradklingel, und als ich aufblickte, sah ich den Erbprinzen mit seinem Sohn Alexander dahergeradelt kommen. Er wolle nur kurz mal Guten Tag sagen, erklärte er. Ich rief meine Frau, sie machte einen Kaffee und servierte noch ein Stück Kuchen, und schließlich saßen wir den halben Nachmittag auf der Veranda und plauderten. In diesem Gespräch erzählte ich, Moselkind, das ich nun mal bin, frei von der Leber, wie es mir im Betrieb ging. Dass ich mich oft von den Strukturen und Hierarchien ausgebremst fühlte, obwohl ich gedacht hatte, dass mir das in einem Privatbetrieb nicht so ergehen würde. Der Erbprinz hörte mit großem Interesse zu, fragte nach und versuchte zu verstehen. Dieser Nachmittag schaffte die Basis für die vertraute Beziehung, die sich im Laufe der Jahre intensivierte.

C. Baumgärtner: *Karl hat ja in seinem Leben unzählige Bands gehabt. Eine davon, die es auch heute noch gibt, ist Charly & the Jivemates. Da half ich öfter mal aus, wenn der Schlagzeuger verhindert war. So lernten wir uns vor einer gefühlten Ewigkeit kennen. Und verstanden uns eigentlich auf Anhieb sehr gut. Man kann sagen, die Chemie hat gestimmt. Zunächst war ich ein bisschen vorsichtig, so als »Nichtblaublüter«, aber das hat sich sehr schnell gelegt. Ich hatte nie das Gefühl, dass Karl sich durch seine Geburt als etwas Besseres fühlt. Zumindest hat er das mir gegenüber nie zum Ausdruck gebracht.*

Was verbindet Sie miteinander?

Philippa: *Ich denke, ich habe einige Charakterzüge von meinem Vater mitbekommen, teils durch die Geburt und teils durch Erziehung. Uns verbinden viele gemeinsame Erinnerungen und eine ähnliche Sicht auf das Leben.*

R. Friderichs: *Ich bin ja in einem ganz anderen Milieu groß geworden, aber dennoch verbinden uns aus meiner Sicht bestimmte Lebensthemen und Eigenschaften. Da ist zum einen die schwierige Beziehung zu unseren Vätern, die uns beide auf ihre Art unterschätzt haben. So hatte auch ich einen sehr strengen Vater, der immer unzufrieden mit meinen Leistungen war, worunter ich sehr gelitten habe. Eine weitere Gemeinsamkeit sehe ich darin, dass wir beide sehr ehrgeizig sind. Ich beanspruche für mich, in der Champions League spielen zu wollen, und ich meine, einen solchen Ehrgeiz auch beim Fürsten zu erleben. Das ist wohl auch die Ursache dafür, dass der Betrieb so erfolgreich ist.*

C. Baumgärtner: *Eindeutig die Liebe zur Musik. Und vielleicht auch eine Art Begeisterungsfähigkeit für alles, was mit Musik zu tun hat. Manchmal spielen wir uns gegenseitig Musiktitel vor. Oft kommt er mit einem Titel, den wir dann gemeinsam hören. Dann sagt Karl: »Das* *musst du hören, das ist der Wahnsinn!« oder: »Da stellt es dir die Nackenhaare auf, so gut ist das!« Nach wie vor kann Karl sich für die Musik leidenschaftlich begeistern, das schätze ich und das verbindet uns.*

Wie erleben Sie die Führungsrolle des Fürsten?

Philippa: *Mein Vater war in der Erziehung eigentlich der nachgiebigere Part. Meine Mutter war schon etwas strenger und hatte ihre genauen Vorstellungen von dem, wie wir zu sein hatten. Mein Vater hat uns eher gelassen. Es wäre ihm nicht in den Sinn gekommen, uns vorzuschreiben, wie wir uns kleiden sollten oder wann wir zu Hause sein müssten. Vielleicht wollte er sich da von seiner eigenen strengen Erziehung abheben. Auch habe ich meinen Vater als sehr spontan erlebt. Meine Mutter war diejenige, die Pläne machte, auf deren Einhaltung sie dann auch gedrängt hat. Das war bei meinem Vater ganz anders. Am Wochenende oder im Urlaub ließ er sich vom Augenblick treiben. Wenn die Sonne schien, packte er uns auf sein Fahrrad oder sein Motorrad und machte eine Spritztour oder einen spontanen Ausflug irgendwohin. Das habe ich in sehr schöner Erinnerung. Für mich war mein Vater immer sehr sensibel gegenüber meinen Befindlichkeiten. Wenn es mir nicht gut ging, ging es auch ihm nicht gut. Wenn ich traurig war oder ein Problem hatte, konnte ich mich immer an ihn wenden. Er hörte dann zu und sagte in seiner zuversichtlichen Art: »Da wird sich schon eine Lösung finden!« Noch heute ist er sehr zugänglich und ich kann mit ihm über alles reden.*

R. Friderichs: *Ich erlebe den Fürsten als klar, ruhig und kontrolliert. Ich habe ihn noch nie aufgeregt gesehen. Zudem ist er an vielen Stellen kompromissbereit und lässt sich von anderen Lösungen überzeugen. Bemerkenswert ist auch, dass er sich trotz seiner Stellung nie in den Vordergrund spielt. Dazu zählt auch sein Vermögen, zuhören zu können. Als Moselkind, das mit zehn Jahren schon in der Bütt stand, habe ich gelernt zu reden. Wenn wir heute Beiratssitzung haben und ich bekomme das Wort, dann bin ich sehr raumgreifend. Aber der Fürst hört mir dennoch zu. Danach reflektiert er und sagt: »Gute Idee, so machen wir's!« Oder er greift meine Gedanken auf und spinnt sie weiter und korrigiert sie, wo nötig. Und wenn der Fürst einmal bei mir anruft, was nicht so oft vorkommt, dann ist seine erste Frage immer: »Herr Friderichs, wie geht's Ihnen?« Und das ist keine reine Floskel, sondern er meint das wirklich ehrlich.*

Und noch eine letzte Führungsqualität möchte ich hier nennen: Ich empfinde den Fürsten als äußerst loyal. Er stellt sich immer vor seine Mitarbeiter. Er ist uns noch nie in den Rücken gefallen, auch wenn es Ärger mit Behörden oder Landräten gibt, was durchaus mal vorkommt.

Unsere Entscheidungen sind für ihn sakrosankt. Das ist etwas ganz Besonderes und genau daraus entsteht dieses besondere Vertrauen.
C. Baumgärtner: *Ich schätze die zurückhaltende, aber bestimmte Art, die Karl auch auf der Bühne zeigt. Er ist dort sehr präsent. Ohne sich in den Vordergrund zu spielen, strahlt er eine natürliche Autorität aus. Die Musiker lassen sich gern von ihm führen. Was ich ebenso schätze, ist, dass er sich trotz seiner Rolle und Position von anderen etwas sagen lässt. Er ist keiner, dem man Honig ums Maul schmieren muss. Im Gegenteil, er ist dankbar, wenn man ihm die Meinung zu etwas offen sagt. Qualität hat für ihn oberste Priorität. Da geht es nicht um Ego oder um verletzten Stolz. Vielmehr freut er sich, wenn er sieht, dass das Ergebnis dann ein besseres wird.*

Welche denkwürdige Anekdote fällt Ihnen ein, wenn Sie an den Fürsten denken?
Philippa: *Als ich sechs oder sieben Jahre alt war, bin ich mit meinem Vater für ein Wochenende zum Skifahren in die Berge gefahren, ich meine, nach Schruns in Österreich. Die Woche zuvor war ich krank gewesen. Unsere Mutter war zu der Zeit in den USA und unsere Nanny passte auf uns auf. Der Papi rief mich von unterwegs an und fragte mich, ob ich spontan Lust hätte, ein paar Tage mit ihm zum Skifahren zu gehen. So holte er mich in Krauchenwies ab und wir fuhren zusammen los. Nur er und ich, das habe ich sehr genossen. Beim Skifahren musste er sehr geduldig sein, denn schließlich stand ich in dem Alter noch nicht besonders sicher auf den Brettern. Aber das war er auch. Ich genoss die Tage mit ihm sehr, zumal es mir in dem Zeitraum insgesamt nicht sonderlich gut ging. Und wenn es mir nicht gut ging, ging es Papi auch nicht gut, das wurde mir damals bewusst.*

Eine weitere Geschichte, an die ich mich erinnere, spielt sich etwas später ab. Ich war, meine ich, 15 Jahre und hatte Ferien im Internat. Mein Vater fragte mich, ob ich Lust hätte, ihn nach Wien zu begleiten, wo er sich einen alten Porsche kaufen wollte. Natürlich hatte ich das! Wir flogen von Stuttgart los. Am Flughafen – wir saßen in der Lounge und hatten gerade etwas getrunken – bat er mich, auf seinen Koffer aufzupassen, während er auf die Toilette ging. Ich willigte ein und während ich so da saß, wurde mir klar, dass sich in dem Koffer das Geld für das Auto befand. Da wurde mir etwas mulmig, aber zum Glück ging alles gut :)! Von Wien aus fuhren wir dann mit dem Cabrio zurück. Während der Fahrt sprachen wir wenig, weil das Knattern des alten Motors eine Unterhaltung schwierig machte. Aber das machte nichts, denn man kann mit Papi auch einfach mal schweigend zusammensitzen, ohne dass das komisch ist. Ich genoss das Zusammen-

sein trotzdem und er, denke ich, auch. Wir machten verschiedene Zwischenstopps, und am Wolfgangsee kaufte mir Papi mein erstes Dirndl. Nicht zuletzt deshalb habe ich die Fahrt noch in sehr guter Erinnerung.

R. Friderichs: *Die Geschichte von unserem Samstagnachmittag habe ich ja bereits berichtet. Ansonsten fällt mir noch folgende Anekdote ein: Ich war etwa sechs Wochen im Betrieb und damit noch in der Probezeit, da wurde eine Entenjagd an der Donau organisiert. Eines Tages erhielt ich einen Anruf vom damaligen Oberforstdirektor: »Herr Friderichs«, rief er in den Hörer, »Sie haben doch einen Hund. Taugt der was?« Ich bejahte und so wurde ich mit zur Jagd eingeladen. Nun muss man wissen, dass mein Hund exzellent von mir ausgebildet wurde. Nach einem ersten Angehen auf die Enten schickten die Jagdaufseher ihre Hunde los. Diejenigen, die sich überhaupt ins Wasser trauten, schnappten sich halbherzig eine Ente von denen, die wenigsten tatsächlich bei ihren Herrchen ankamen. Die Jagdaufseher warfen Steine in die Donau und trieben die Hunde aufgeregt an: »Voran! Apport!« Ich dachte: »Was ist denn um Himmels willen hier los?« Irgendwann fragte ich den Jagdleiter, ob ich meinen Hund einmal schicken dürfte. »Na, dann zeigen Sie mal, was Sie können!«, rief er mit etwas herablassendem Unterton. Aber davon ließ ich mich nicht beirren, im Gegenteil, es spornte mich an. »Nehmt mal eure Hunde aus dem Wasser!«, rief ich den Jagdaufsehern vollmundig zu. Ich rief meinen Hund, der ohne Leine bis zum Flussufer dicht neben mir hermarschierte, und sagte: »Croy, voran such verloren – Apport!« Darauf sprang der Hund ins Wasser und holte ein Federvieh nach dem anderen raus. Schließlich war ich umringt von lauter Enten. Alle Jagdgäste standen da und schauten mit offenen Mündern zu, darunter auch der Erbprinz. Später ging ich zum Rapport zum Herrn Oberforstdirektor, aus dem es begeistert hervorbrach: »Herr Friderichs, Ihren Hund behalten wir!« Worauf mir mit meinem manchmal etwas locker sitzenden Mundwerk hinausrutschte: »Sie sollten nicht den Hund einstellen wollen, weil er gut funktioniert, sondern den, der ihn erzogen hat. Wie der Herr, so's Gescherr.« Rückblickend ahnte ich, dass dieses Erlebnis mir – jetzt werde ich etwas ordinär – »den Arsch gerettet hat«. Denn ich meine, der Erbprinz bekam auf diese Weise hautnah mit, dass er mit mir etwas anfangen kann.*

C. Baumgärtner: *Eine Geschichte ist die, wie er seine erste Aufnahme bei mir im Tonstudio gemacht hat. Wir wohnen ja nicht weit voneinander, und als er hörte, dass ich ein Tonstudio habe, hat er sich irgendwann für eine Aufnahme seiner CD an mich gewendet. Dabei wurde mir noch einmal bewusst, dass es Karl wirklich um Qualität geht. Er* *ist keiner, der beleidigt ist, wenn man ihm sagt, wie es besser gehen kann, das schätze ich sehr an ihm!*

Auch diese Geschichte kommt mir immer mal wieder in den Sinn: Eines Tages hatten wir mit Charly and the Jivemates einen Auftritt bei einem Festival, wo alle etwas schicker gekleidet waren. Für mich war das eine Gelegenheit, die Krawatten, die ich immer in einem Köfferchen mit mir herumtrage, herauszuziehen. Ich stimmte mich dazu kurz mit Karl ab. »Ja, Krawatten wären heute nicht schlecht!«, pflichtete er mir bei. So gab ich das an die Band weiter, aber da war einer dabei, der stellte sich quer: »Eine Krawatte ziehe ich nicht an!« Damit war das Thema erledigt. Karl ist ganz ruhig geblieben und hat keinerlei Theater gemacht. »Dann halt nicht«, murmelte er abwinkend. Das imponierte mir. Etwas später spielten wir dann auf dem Open Jazz Festival in Stuttgart. Unter den zahlreichen Gästen war auch Jamie Cullum. Wir standen in der VIP-Lounge und beobachteten den grandiosen Auftritt. Cullum stand auf der Bühne, super angezogen, aber ein bisschen flippig. Und seine Band: schwarze Anzüge, weiße Hemden, schwarze Krawatten. Ich stupste Karl an und sagte: »Schau mal, das sieht doch super aus!« Worauf er erwiderte: »Stimmt, das sieht super aus. Und das machen wir ab sofort auch.« Seitdem ist das unser Outfit.

Was haben Sie vom Fürsten gelernt, was haben Sie von ihm mitgenommen?

Philippa: *Mein Vater ist mir in vielerlei Hinsicht ein Vorbild. Ich schätze ihn für sein Durchsetzungsvermögen, seine Selbstlosigkeit und seine bedingungslose Hingabe. Seine Erziehung hat mir Zielstrebigkeit sowie Selbstsicherheit und Hoffnung vermittelt. Er hat mir vor Augen geführt, dass Angriffe auf die eigene Person nicht unbedingt etwas mit einem selbst zu tun haben müssen. Dadurch habe ich gelernt, mich abzugrenzen, was mir im Leben sehr geholfen hat.*

R. Friderichs: *Die »Bucket-List«! Als ich vor zwei Jahren in einer kleinen Versammlung vortrug, dass ich etwas früher mit meiner Arbeit im Forstbetrieb enden möchte, fragte mich der Fürst spontan, warum. Als ich ihm von meinen Plänen erzählte, schrieb er mir am selben Nachmittag eine Nachricht, dass er den Plan gutheißen würde. Er erzählte mir dann später von seinen eigenen Plänen, die er im Alter von 65 realisiert hatte, und ermutigte mich, dasselbe zu tun. Er benutzte damals den Ausdruck »Bucket-List«, den ich zuvor noch nicht gehört hatte. Und wenn man das mit dem »Mitnehmen« ganz sprichwörtlich nimmt, dann gibt es zwei Dinge, die ich einmal mitnehmen werde, weil sie für mich wahre Schätze sind: Das eine ist die Schießweste, die er mir ganz zu Beginn meiner Zeit im Forstbetrieb geschenkt hat. Das* *muss im Sommer 1993 gewesen sein, als er mit seiner Familie in den Sommerferien in die USA ging und ich auf seinen Labrador-Rüden aufpassen durfte. Da habe ich nach der Rückkehr als Dankeschön diese tolle Schießweste geschenkt bekommen, die ich bis heute in Ehren halte und regelmäßig auf dem Schießstand trage. Und das zweite Ehrenstück ist sogar noch von seinem Vater: Ihn durfte ich auf seinen letzten Rehbock in der Blattzeit führen. Und als der erlegt war, schenkte mir sein Vater spontan seinen Rehblatter – das ist eine Lockpfeife, mit der man eine brunftige Rehgeiß nachahmt. Da wusste ich: Das war das letzte Stück, das er in seinem Leben erlegt hatte! Den Blatter nutze ich immer noch, gerade auch, wenn ich mit dem Fürsten heute im Hochsommer zur Blattjagd gehen darf.*

Wofür sind Sie dem Fürsten dankbar?

Philippa: *Dafür, dass er uns nicht damit gequält hat, ein Instrument spielen zu müssen, obwohl er doch so ein begeisterter Musiker ist. Für das Musizieren haben wir uns leider alle untalentiert gezeigt, zumindest kann ich das von mir sagen. Und ich bin dankbar für sein Verständnis. Ich habe den Papi immer als sehr verständnisvollen Vater erlebt, das weiß ich gerade rückblickend sehr zu schätzen. Und last but not least dafür, dass ich mich zeit meines Lebens auf ihn verlassen kann.*

R. Friderichs: *Für sehr viel bin ich ihm dankbar, aber ein Ereignis möchte ich besonders hervorheben. Das ist das Ereignis im Jahr 2004, das ich unter dem Begriff »Forstrevolution« abgespeichert habe. Sie ist bis heute die Erfolgsbasis des Forstbetriebes. Und ich fürchte, alle, die das nicht hautnah mitbekommen haben, können nicht verstehen, warum ich das sage. Daher möchte ich es an der Stelle klar aussprechen. Was der Fürst da angezettelt hat, war ein höchst wagemutiger Akt, der, wie bei einer Revolution üblich, seine Opfer gekostet hat. Aber ohne diese, so bin ich überzeugt, wäre der Betrieb gegen die Wand gefahren. All das, was wir heute sind, wurde mit dieser Aktion begründet. Neben mir waren noch fünf weitere junge Förster dabei, mit denen sich der Erbprinz damals verbündet hatte. Uns alle hat das extrem zusammengeschweißt. Bis heute würden wir für den Fürsten durchs Feuer gehen. Und nicht nur dem Betrieb hat dieser Akt die Existenz gerettet. Auch mir persönlich. Denn ich war ja kurz vorher aus der Beamtenlaufbahn ausgestiegen und hatte damit alle Sicherheiten aufgegeben, darunter auch mein Diensthaus. Daraufhin habe ich für meine damals zwei kleinen Kinder, meine Frau und mich ein Grundstück gekauft. Eine Kündigung hätte mich wirtschaftlich ruiniert. Der mutige Akt der Forstrevolution war nicht nur wirtschaftlich meine Ret-*

tung, sondern hat die Strukturen geschaffen, in denen ich mich persönlich genau dahin entwickeln konnte, wo ich immer hinwollte.
C. Baumgärtner: *Ich bin Karl sehr dankbar für das, was er für die Band tut. Denn er tut wirklich viel für sie. Ich bin einfach immer wieder überrascht, wie gut das funktioniert, obwohl wir aus unterschiedlichen Welten kommen. Das weiß ich sehr zu schätzen!*

River of Freedom

Songtext, Erbprinz Karl Friedrich, 1999

You have left this troubled world
Out of your own black despair
You were gone without a notice
And a chance to bid farewell
But we know the Lord had called you
And you had to find the way
To the river of freedom
In the valley of joy.

You have gone through muddy waters
You have sailed the stormy seas
But you had to find the harbor
To anchor in eternal peace
Your ship has seen so many places
And has travelled many ways
To the river of freedom
In the valley of joy.

You were walking in the sunshine
On dusty roads you felt the pain
You have faced the heavy weather
You were left out in the rain.
When you made your final journey
Then you knew that you would come
To the river of freedom
In the valley of joy.

You have reached your destination
Come to see the promised land
Where one day we'll be together
Stay forever in rejoice.
All the love you laid upon us
Will be returned in endless grace
At the river of freedom
In the valley of joy.

Now you'll see the door to heaven
And the glory of the Lord.
For your one only salvation

He took your soul in His own hand.
And the host of guardian angels
They are showing you the way
To the river of freedom
In the valley of joy.

Fürst Friedrich Wilhelm feiert seinen 75. Geburtstag

Rede, Erbprinz Karl Friedrich, 1999

Lieber Jubilar,
Herr Landrat, meine Herren Bürgermeister, liebe Mitglieder der Familie, meine Damen und Herren!

Ich erlaube mir dem heutigen Anlaß entsprechend, auf eine persönliche Begrüßung einzelner zu verzichten mit einer Ausnahme: Unser Geburtstagskind, das heute seinen 75. Geburtstag feiert und uns zu diesem Anlaß hierher gebeten hat! Herzlichen Glückwunsch im Namen unserer Familie, Deiner Freunde, der Mitarbeiter von Verwaltung und Unternehmen und aller hier Versammelten!

Üblicherweise werden runde Geburtstage in Dekaden gefeiert, der 10. – für das Kind noch nicht so bewußt, aber dennoch wichtig – der 20. – nach hoffentlich beendeter Schulzeit, früher vor, heute nach Erreichen der Volljährigkeit, der 30. in voller Kraft stehend, der 40. schon mit Weisheit und Reife und ab dem 50. mit dem Bewußtsein, daß das Leben irgendwann in der absehbaren Zukunft von 20, 30 oder 40 Jahren sein Ende finden wird.

Natürlich feiern wir auch insbesondere die Geburtstage der Vierteljahrhunderte und ich möchte die heutige Feier von drei Vierteljahrhunderten zum Anlaß nehmen, Leben und Lebenswerk meines Vaters in diesen Abschnitten zu reflektieren und zu würdigen.

Die ersten 25 Jahre entziehen sich naturgemäß meiner eigenen Erinnerung, wobei ich an dieser Stelle darauf hinweisen möchte, daß alles das, was ich heute an Wissenswertem und Interessantem über das Leben meines Vaters berichte, ausschließlich aus seinen eigenen Erzählungen oder aus meinen persönlichen Erlebnissen mit ihm stammt. Am 3. Februar 1924 wird in Umkirch Prinz Friedrich Wilhelm als erster Sohn des damaligen Erbprinzen Friedrich von Hohenzollern und Erbprinzessin Margarethe, Prinzessin von Sachsen, geboren. Nach drei älteren Schwestern waren die Eltern erfreut, einen Stammhalter zu haben, zumal der Zwillingsbruder des Erbprinzen, Prinz Franz Joseph bereits einen Sohn, Prinz Karl Anton vorweisen konnte.

Im Jahre 1927 stirbt Fürst Wilhelm, mein Großvater wird Fürst, mein Vater mit 3 Jahren Erbprinz. Die einzige Erinnerung an seinen Großvater, so erzählte mein Vater, sei der Tag gewesen, an dem er im Schloß aufgebahrt war und er seine Eltern gefragt habe, ob der Großvater denn schlafe.

Mein Vater verbringt seine Jugend und Schulzeit hauptsächlich in Umkirch und Freiburg. Die bis dahin relativ unbeschwerte Zeit wird durch den Beginn des 2. Weltkrieges verdüstert.

Zu diesem Zeitpunkt ist mein Vater 15-jährig und Gymnasiast. Er erlebt im Laufe des Krieges unter anderem die schreckliche Bombardierung Freiburgs aus nächster Nähe. 1945 fällt eine Bombe in der Nähe des Umkircher Schlosses. Mein Vater hörte sie durch die Luft sausen, das Geräusch war ihm inzwischen bestens bekannt. Um sich vor Splittern zu schützen, kroch er ins Bett und zog die Decke über den Kopf. Als die Detonation vorüber war, kam er kaum aus dem Bett heraus, das mit Glas und Schutt von der Zimmerdecke übersät war.

Mein Vater wäre gerne Soldat geworden, wie es in unserem Hause bis dahin Tradition gewesen war. Sein Großvater war General, sein Vater Hauptmann im 1. Weltkrieg. Er meldete sich 1942 zum 1. Garderegiment und wurde zur Musterung bestellt. Dort erfuhr er erstmals von dem sogenannten Prinzenerlaß, den Hitler 1942 erlassen hatte. Dieser besagte, daß alle Mitglieder ehemals regierender Häuser »wehrunwürdig seien und deshalb nicht zum Wehrdienst herangezogen werden könnten. Anlaß dazu war der 1941 gefallene Preußenprinz Wilhelm, an dessen Beisetzung über 80.000 Berliner teilnahmen.

So verständlich diese Enttäuschung war, nicht als Offizier dienen zu können, so froh sind wir alle heute, daß Du nicht das Schicksal der unzähligen jungen Männer geteilt hast, die aus dem Krieg nicht mehr nach Hause kamen. Sicherlich hat der Herrgott seine Hand im Spiel gehabt, da er Dich für wichtigere Aufgaben vorgesehen hatte!

Nach dem Abitur folgt 1943 das Volkswirtschaftsstudium in Freiburg. Zuvor jedoch wird mein Vater für 3 Monate zum Arbeitsdienst in die Mark Brandenburg beordert. Obwohl er sich nie wirklich über diese Zeit beklagte, kann man sich dennoch eine gewisse Demütigung für jemanden vorstellen, der gerne Offizier geworden wäre. Im Jahre 1948 legt er sein Examen ab. Mein Vater ist damit erstmals in der langen Tradition ein zukünftiger Fürst mit abgeschlossenem Hochschulstudium. Im September 1944 beschlagnahmt die Deutsche Reichsregierung das Sigmaringer Schloß, um dort die französische Kollaborationsregierung von Marschall Petain einzuquartieren.

Die Familie muß ausziehen und wird auf Schloß Wilflingen untergebracht, dessen Eigentümer, die Freiherrn von Stauffenberg, aufgrund des Attentatsversuches vom 20. Juli des gleichen Jahres in Sippenhaft sitzen.

Zu dieser Zeit korrespondiert mein Vater mit seinem sächsischen Vetter über die Aussichtslosigkeit des Krieges und über das Hitlerregime überhaupt. Diese Korrespondenz gerät in die Hände der Gestapo, die meinen Vater daraufhin verhaftet. Nach mehrtägigem Verhör wird er wieder entlassen, nicht ohne einen Prozeß angekündigt zu bekommen. Dieser findet jedoch nie statt, nachdem eine Bombe auf

Stuttgart das Archiv der Gestapo und damit sämtliche Beweisunterlagen vernichtete. Ich brauche nicht besonders zu erwähnen, daß ein Prozeß unter Umständen ein Todesurteil bedeutet hätte! Wieder einmal hatte der Herrgott seine schützende Hand dazwischen gehalten! Die Nachkriegszeit verbringt mein Vater vornehmlich in Sigmaringen. Meine Großeltern nehmen unzählige Flüchtlinge aus dem Osten bei sich auf und verschaffen ihnen zum Teil Arbeit und Brot in den Fürstlichen Betrieben. Aus dieser Zeit stammt der Ausspruch meines Vaters, den er uns als Kinder oft mahnend mitgab: »Ihr wißt nicht, was es bedeutet, Hunger zu haben!« Es ist eine Zeit des permanenten Mangels an fast allen Dingen, die wir heutzutage als selbstverständlich empfinden.

Aus dieser Zeit erzählte uns mein Vater unzählige Geschichten, wie er beispielsweise mit seinem Bruder Franz mit dem Fahrrad nach Freiburg fuhr, über das Fahren mangels Benzin mit Holzvergaser, über Schwarzschlachten und vieles mehr. 1948 verbringt mein Vater ein Jahr in Genf, um Französisch zu lernen, anschließend ein weiteres Jahr in Basel bei der Schweizerischen Bankgesellschaft. In dieser Zeit entsteht ein für unser Haus später sehr wichtiges Projekt, nämlich 1949 der Bau der ersten Sesselbahn am Großen Arber in Bayerisch Eisenstein.

Wir freuen uns, in diesem Jahr nicht nur Deinen 75. Geburtstag, sondern auch das 50-jährige Jubiläum der ASB feiern zu können! 1950 ernennt Fürst Friedrich seinen ältesten Sohn zum Generalbevollmächtigten seiner Gesamtverwaltung, im gleichen Jahr verlobt sich mein Vater mit Margarita Prinzessin zu Leiningen. Die Hochzeit findet 1951 statt, allerdings nicht in Amorbach, woher meine Mutter stammte, sondern in der Schloßkirche des benachbarten Kleinheubach, dem Sitz der Fürsten zu Löwenstein. Mein Onkel und Bruder meiner Mutter, Fürst Emich zu Leiningen, fand es damals unpassend, daß seine evangelische Schwester einen Katholiken im evangelischen Fürstensitz Amorbach heiraten sollte. Auf Hochzeitsreise gingen meine Eltern damals nach St. Moritz, einem Ort, wo man heute eben mal zum Wochenende hinfährt. Man sieht daran, wie seit damals die Ansprüche gestiegen sind!

Die 50er Jahre sind die Jahre des Wirtschaftswunders und in dieser Zeit, nämlich 1952, kam ich zur Welt. Meine Eltern zogen in den sogenannten Wilhelmsbau und zwar in die Wohnung, in der danach mein Onkel Franz und noch später wir mit unseren ersten zwei Kindern bis zu unserem Umzug nach Krauchenwies lebten. An diese Wohnung habe ich meine ersten Kindheitserinnerungen, besonders an die Zeit nach 1954, als mein Bruder Albrecht geboren wurde und wir dort zusammen aufwuchsen. Diese Wohnung mit ihrem langen Gang eignete sich besonders gut als Fahrbahn für Tretautos und auch als Fußballplatz.

Ich erinnere mich noch gut daran, als wir einmal abends, als unsere Eltern abwesend waren, mit dem Fahrer und dem Hausdiener Fußball spielten.

Am Ende des Ganges hing ein großes Hirschgeweih. Es kam wie es kommen mußte – nach kurzer Zeit hatte einer von uns das Geweih mit dem Ball von der Wand geholt, das mit abgebrochener Hälfte am Boden lag. Auf jeden Fall wurde es am nächsten Tag eiligst von der Hofschreinerei wieder zusammengeklebt. Ich weiß nicht, ob Du jemals davon erfahren hast!

Bekanntlich besitzt das Sigmaringer Schloß keinen Garten, wir gingen als Kinder in den Prinzengarten gegenüber. Der Garten, der damals noch nicht der Öffentlichkeit zugänglich war, besaß eher den Charakter eines Stadtparks. Bereits Mitte der 50er Jahre wächst bei meinen Eltern der Wunsch nach den eigenen vier Wänden im Grünen. Mein Vater hatte schon immer eine Vorliebe für den Josefsluster Wildpark und läßt nach längeren Beratungen mit seinem Vater dort neben dem Jagdschlößchen von dem Architekten Prof. Schmitthenner ein Landhaus entwerfen. 1957 ziehen wir in dieses Haus ein, in dem meine Brüder und ich unsere Kindheit verbringen. Über diese Zeit könnte ich vieles erzählen, es würde aber den Rahmen der heutigen Laudatio sprengen. Nur eines kann ich sagen: Das Verständnis, das Du uns in diesen Jahren in Josefslust entgegengebracht hast – sei es beim Erproben sämtlicher Motorisierungsmöglichkeiten, sei es das Erdulden unzähliger Proben unserer Schülerband mit für Deine Ohren sicher unerträglicher Musik – findet man nicht in jedem Elternhaus! Mein Vater ist einer der wenigen, der bereits Anfang der 50er Jahre zum ersten Mal nach Amerika reist. 1954 besucht er Kanada und die USA und bekommt dadurch eine Leidenschaft, diese Länder zu bereisen, die ihn später nicht mehr loslassen wird.

Auch unternehmerisch ist mein Vater zu dieser Zeit sehr aktiv. Als das Gebäude des damaligen Fürstlichen Elektrizitätswerkes aufgrund seines immer größer werdenden Angebots zu klein zu werden droht, setzt er durch, daß dafür die Fürstliche Reithalle umgebaut wird. Die EZS, wie sie später hieß, war dort bis 1993 beheimatet. 1958 strengt einer seiner Vettern einen Prozeß um Apanagierung des gesamten Teils der Familie an, dieser verliert ihn in drei Instanzen, die Prozeßkosten trägt mangels Masse mein Großvater.

Die angehenden 60er Jahre kann man im Rückblick auf das Leben meines Vaters als die sicherlich aktivsten und ereignisreichsten bezeichnen. 1960 kommt mein zweiter Bruder Ferdinand zur Welt. Zur gleichen Zeit bauen sich meine Eltern ihr Ferienhaus in Klosters in der Schweiz, wo wir ab dann Winter- und zum Teil auch Sommerferien verbringen.

Ebenfalls in das Jahr 1960 fällt der Erwerb des Kanadischen Besitzes in der Provinz Britisch Kolumbien, dieser Forstbetrieb existiert heute noch.

1961 beginnt mein Vater mit der Ausbildung zum Flugzeugführer, ein Vorhaben, von dem er meine Mutter erst nach bestandener Prüfung in Kenntnis setzt. Den ersten Flug, den mein Bruder und ich mit ihm auf dem Degerfeld bei Albstadt machten, werde ich bis heute nicht vergessen. Aus diesem Hobby heraus entsteht später der Erwerb einer zweimotorigen Maschine und zuletzt der Zollern-Flugdienst mit der Dienstleistung auch für fremde Kunden und professionellen Piloten. An dieser Stelle muß ich ganz besonders den unermüdlichen Einsatz meines Vaters für die zivile Nutzung des damaligen Militärflugplatzes Mengen erwähnen. Ohne sein Engagement wäre dieser Platz nicht einer der meistangeflogenen Privatplätze Baden-Württembergs! 1962 stirbt meine Großmutter nach schwerer Krankheit, ein Verlust nicht allein für ihre Kinder, sondern auch für ihre zahlreichen Enkel, die sie, so oft es ging, um sich scharte und die teilweise auch bei meinen Großeltern aufwuchsen.

Drei Jahre später erleidet mein Großvater am Abend des Geburtstags meines Vaters einen Schlaganfall, an dessen Folgen er drei Tage später verstirbt. Mein Vater ist mit 41 Jahren Familienchef, sein jüngster Bruder ist zu diesem Zeitpunkt 22 Jahre alt.

Wie bereits erwähnt, sind dies einschneidende persönliche Ereignisse, zu denen sich weitere Probleme hinzugesellen: Neben den immer schlechter werdenden schulischen Leistungen seiner beiden älteren Söhne kommt die bundesweit heranziehende Stahlkrise hinzu, die auch das Fürstliche Hüttenwerk Laucherthal betrifft.

Von dieser immer schwieriger werdenden Situation erholt sich das Werk augsrund seiner Abhängigkeit von der Stahlproduktion nicht mehr. 1973 steht die Firma kurz vor dem Konkurs und wird nur durch den massiven Verkauf anderer Vermögensteile sowie durch eine anschließende Umstrukturierung gerettet.

Es hat mich immer erstaunt, mit welcher Zuversicht mein Vater diese für ihn sicherlich schwersten Jahre gemeistert hat.

Nicht nur hat diese Krise beinahe den anderen Teil des Vermögens in den Abgrund gerissen, mein Vater verstand es sogar, uns Kindern diese Probleme vorzuenthalten, um uns nicht damit zu belasten. Ich war damals mitten im Abitur – erst während meiner anschließenden Bundeswehrzeit erfuhr ich das ganze Ausmaß dieser Misere. Zu dieser Zeit entschloß sich mein Vater auch schweren Herzens zur Abgabe der Pacht an unserer Bergjagd Hinterhornbach, was ihm als leidenschaftlichem Jäger besonders schwer fiel, zumal diese Jagd über 40 Jahre von unserer Familie betrieben worden war. Wir haben bis heute noch schöne Ferienerinnerungen daran.

In den nachfolgenden Jahren schlossen auch meine beiden Brüder die Schule ab und leisteten ihren Wehrdienst ab. Ich glaube sagen zu können, daß mein Vater auf diese Tatsache sehr stolz war, daß alle seine Söhne bei der Bundeswehr waren!

1974 feiert mein Vater seinen 50sten Geburtstag, ich selbst war an diesem Abend zum Dienst bei einer Fastnachtsfeier meines Batallions abkommandiert, bekam aber die Erlaubnis, vor Mitternacht für eine Stunde nach Hause zu sehen, um meinem Vater zum Geburtstag gratulieren zu können.

1979 kann mein Vater wieder einmal aufatmen, nachdem ich in diesem Jahr mein Examen als Diplomkaufmann abgelegt hatte. Nach vier weiteren Jahren Berufserfahrung ernennt er mich anläßlich seines 60sten Geburtstages 1984 zu seinem Generalbevollmächtisten. Bei dieser offiziellen Feier bekommt er für seinen unternehmerischen Einsatz zum Erhalt der Arbeitsplätze das Bundesverdienstkreuz verliehen.

Noch erleichterter ist er aber, als sich sein Ältester im gleichen Jahr verlobt und im Jahr darauf die Hochzeit stattfindet. 1987 kommt sein erster Enkel Alexander zur Welt.

Trotz aller freudigen Ereignisse haben die leidvollen Erfahrungen der früheren Jahre ihre Spuren hinterlassen. 1986 erleidet mein Vater einen Herzinfarkt, von dem er sich glücklicherweise dank seiner bis zum heutigen Tage anhaltenden Disziplin wieder erholen konnte. Besonders hatte ihn die Tatsache mitgenommen, daß ihn zwei Menschen, denen er beinahe blind vertraut hatte, auf fast kriminelle Weise betrogen hatten. Sein Bevollmächtigter hatte mit Hilfe falscher Zahlen ohne sein Wissen das Laucherthaler Unternehmen und damit den Familienbesitz an den Rand des Ruins geführt. Sein kanadischer Verwalter hingegen hatte 1985 aufgrund einer persönlichen finanziellen Schieflage beinahe den gesamten dortigen Besitz in die Pleite getrieben.

1989 kommt es zu einer einschneidenden Entscheidung, die meiner Vater nicht leicht fällt, ihn aber von einer seiner größten Sorgen befreit: Unser Haus verkauft einen Teil der Anteile der Fürstlichen Hüttenwerke an die Merckle-Gruppe und befreit damit unser Hausvermögen von der alleinigen Haftung an dem Unternehmen. Mein Vater ist von dieser Zeit an Beiratsvorsitzender, eine Funktion, die er bis zum vergangenen Jahr gerne und gewissenhaft ausübte.

Der Anfang der 90er Jahre verläuft in ruhigen, geordneten Bahnen, der Generationswechsel in unserer Verwaltung vollzog sich die Jahre zuvor bereits durch den Ruhestand der beiden leitenden Personen der Hofkammer, Herrn Dr. Krezdorn und Herrn Küpferle. Obwohl er, wie er sagt, als Eigentümer gar nicht in den Ruhestand treten kann, wobei er zugibt, daß ihn das auch langweilen würde, frönt mein Vater doch vermehrt sei-

nen verbliebenen Hobbys, der Jagd und dem Skifahren. Seine geliebte Fliegerei mußte er bereits einige Jahre zuvor auf Anweisung des Arztes aufgeben.

In dieser Zeit gehen wir regelmäßig zusammen zur Fasanenjagd nach Dänemark, Tschechien und Ungarn. Auch wird bei ihm der Wunsch nach den sagenhaften Rehwild- und Hirschtrophäen immer stärker und er erlegt mehrere Jahre hintereinander einige hervorragende Trophäen in Ungarn.

Leider verschlechtert sich in den darauffolgenden Jahren die Sehfähigkeit meines Vaters dermaßen, daß er schließlich die Jagd schweren Herzens ganz aufgeben muß. Alle haben Dich bewundert, wie Du klaglos von einem Teil Deines Lebensinhalts Abschied genommen hast!

Abschied von geliebten Beschäftigungen zu nehmen ist eine Sache, mit dem Abschied von geliebten Menschen aber nicht zu vergleichen. 1996 verläßt ihn zuerst sein Bruder Franz, dann seine Frau, unsere Mutter für immer. Einen gemeinsam geplanten Lebensabend alleine zu verbringen, ist sicherlich eine Perspektive, mit der man erst einmal zurechtkommen muß. Aber wo Dunkel ist, dort ist auch Licht und im gleichen Jahr heiratet mein Bruder Ferdinand Ilona Gräfin Kálnoky.

Wir sind heute hier zusammengekommen, um meinen Vater zu feiern, ihn zu ehren und ihm zu danken. Wir alle sind ihm zu Dank verpflichtet, als Vater, Freund und Dienstherr. Es ist dies auch die Stunde, zurückzublicken auf all das, was er den Menschen gegeben hat in vielen Ehrenämtern wie als Präsident der Malteser, als Kurator des Klosters Beuron, als Ratgeber in Beiräten und vielem anderen mehr. Gemäß unserem Wappenspruch »Nihil sine Deo« hat er mit Vertrauen auf Gott die Höhen und Tiefen des Lebens gemeistert. Der Ausspruch »Ein Fürst muß einer Kerze gleichen, die sich selbst verzehrt, indem sie anderen leuchtet« hatte auch für ihn immer eine besondere Bedeutung, wenn auch viele immer wieder versuchten, die Kerze noch mehr anzufachen, damit sie mehr Licht gibt, ohne Rücksicht darauf, daß diese sich damit schneller verzehrt!

Mein Vater ist eine Persönlichkeit, die es in unserer Zeit der Anpassung und der politischen Korrektheit immer weniger gibt. Als echter Demokrat, der die Weimarer Republik, das 3. Reich und die Gründung der Bundesrepublik erlebt hat, hat er sich stets die Freiheit genommen, zu sagen, was er denkt. Wie viele kreative Menschen mit einer gewissen Ungeduld ausgestattet, widerstrebten ihm immer schon Menschen, die Entscheidungen hinauszögern oder sich vor Entscheidungen drücken. Immer zum Dialog mit anderen bereit, macht diese Eigenschaft einen großen Teil seines Charakters aus. Nachdem Du inzwischen ein Alter, wie vor Dir noch kein Hohenzollernfürst, erreicht hast, kannst Du den kommenden Jahren ohne größere Zukunftssorgen entgegengehen, von gewissen politischen Besorgnissen einmal abgesehen. Du hast Dein Haus wohlbestellt, Menschen, denen Du vertrauen kannst, eine Familie, die für Dich da ist und Freunde, die sich um Dich kümmern. Du hast vier wohlgeratene Enkelkinder, das fünfte ist bereits im Anmarsch.

Lebe die Jahre, die noch vor Dir liegen, mit Bedacht, Gelassenheit und Vernunft, damit wir Dich noch möglichst lange in unserer Mitte haben konnen!

Wir wünschen Dir alles erdenklich Gute und Gottes Segen!

Second Hand Blues

Songtext, Erbprinz Karl Friedrich, 2001

One day you're up, the next day you're down
Today you're king, tomorrow a clown
And every day in worn out shoes
That's when you get the Second Hand Blues

You want it good but you get it bad
Want to be happy but you feel sad
And all you do is payin' your dues
That's the main reason for the Second Hand Blues

Ain't nothing like that
Ain't nothing like that
Aint't nothing like that
Nothing like the Second Hand Blues

You wanted sunshine but you get rain
Should have good feelings but you feel pain
You wanna win but you just lose
When you're overcome by the Second Hand Blues

You get it nasty when you want it nice
And then again you pay the price
No lucky number that you can choose
Who's knocking at the door, it's the Second Hand Blues

Ain't nothing like that ...

You wanna leave but you come back
You're still walking the same old trac
The days are changing but there're no news
Every day's the same with the Second Hand Blues
So when you think you've got enough
It won't be easy, it's gonna be rough
Just leave the track, kick off your shoes
Then you get rid of the Second Hand Blues

Ain't nothing like that ...

Karl Anton und sein Sigmaringen

Büttenrede Erbprinz Karl Friedrichs zur Fasnetseröffnung, 11. November 2004

In unserer schönen Heimatstadt, da steht der alte Fürst und hat
Den Blick ganz grad nach vorn gerichtet, als ob er hätt´ sein Reich gesichtet.

Karl Anton von dem Denkmal schaut, das seine Nachfahrn ihm gebaut
Zu seiner Ehr´ und für sein Tun, bekannt im ganzen Land sein Ruhm.

Seit 1890 steht er dort, an diesem immer gleichen Ort,
Er schaut auf Leute und die Stadt, die sich doch sehr verändert hat.

Den Stadtvätern ist es egal, er ist ja nur ein Steindenkmal.
Die meisten Leute gehen vorbei, Karl Anton ist ihn´ einerlei.

Die Vögel scheißen ihm aufs Haupt, und manchmal, auch wenn's nicht erlaubt,
Wenn's um ein kleines G'schäft mal geht, macht mancher ihm ins Blumenbeet.

Am ersten Mai, ganz ungeniert, da wurde er mit Farb´ beschmiert.
Er hat es mit Geduld ertragen, er konnt´ ja dazu gar nichts sagen.

In all den vielen Jahrn, den langen, ist viel an ihm vorbeigegangen.
Er hat's zum Glück nicht mitbekommen, sonst wär´ er sicherlich beklommen,
ob all der Sünden, die geschehn, man kann's ja heut am Stadtbild sehn.

Was würd'Karl Anton dazu sagen, könnt´ er nur einmal noch was fragen?
So vieles ist hier neu entstanden, was Architekten neu erfanden,
Mit sogenannten Geistesblitzen, ein mancher sollte dafür sitzen!

Manches wurd´ wieder abgerissen, man tut es gar nicht mehr vermissen.
Doch anstatt Flair hier zu verbreiten, baut man gleich neue Scheußlichkeiten.

In diesem Jahr im Februar, der Fasnachtsdienstag war´s sogar.
In dieser kalten Winternacht, da ist er plötzlich aufgewacht.
Und weil es ziemlich dunkel ward, blieb dieser Anblick ihm erspart.
Doch dann beim ersten Tageslicht, er traute seinen Augen nicht!

Jetzt als er´s richtig konnte sehn, was war mit seiner Stadt geschehn?
Direkt vor seiner Nase stand, ´ne riesengroße graue Wand.

Er hat dann näher hingeschaut, man hatte dort ein Haus gebaut.
An dieser Stelle viel zu groß, ach hätte man´s gelassen bloß!

Ein Blick nach links, was ist denn das? Jetzt wurde er erst richtig blass.
Wo früher er spazieren ging, da baute man so Kisten hin,
Und wo er einstmals hier regierte, der Bauherr sich wohl nicht genierte,
Seinen schönen Regierungsbau, krönt jetzt ein schnöder Glasverhau.

Als er dann etwas weiter schaut, ist manches, was ihm doch vertraut.
Hoch oben die Josefskapelle, und bei ´nem Rundblick auf die Schnelle
Hat einiges er doch entdeckt, was ihn nicht mehr ganz so erschreckt.

Die Apothek´, Fidelishaus, der Prinzenbau schaut auch noch raus.
Und auch das Schloss in seinem Rücken,
konnt´ er noch gar nicht so erblicken, sonst hätte er,
bin überzeugt, sich noch ein wenig mehr gefreut.

Noch da sind Reitstall, Prinzengarten, das konnte man ja wohl erwarten!
Dass seine alte Heimatstadt so etwas nicht beseitigt hat.

Und wie er vor sich hin sinniert, die alten Zeiten er verspürt.
Auf einmal hört er Bläserklänge und altbekannte Liedgesänge.

Dann sind sie da, die Alten, Jungen, und tanzen um den alten Brunnen,
Und pflegen, wie seit jeher schon, die schöne Fastnachtstradition.

Er hört das Fasnetslied erklingen, das war sein altes Sigmaringen!
Jetzt ist ihm plötzlich nicht mehr bang, freut Euch des Lebens, ´nauf auf d´ Stang!

Hai-Jo

Gedicht über ein Haileben, Fürst Karl Friedrich, 2013

Zu diesem Gedicht wurde ich bei einem Aufenthalt 2013 auf den Malediven inspiriert. Wir wohnten in einem Wasserbungalow im Meer, um den besonders abends, wenn die Unterwasserbeleuchtung angeschaltet wurde, unzählige Fische herumschwammen. Wir bröselten etwas Brot ins Wasser, um das sich die Fische stritten, bis auf einmal ein Babyhai erschien und die anderen Fische vertrieb, um selbst an das Brot zu kommen.

Es war einmal ein Hai, der hatte
Zuhause eine Hängematte.
Dort lag er drin, wenn hai er war
Vom Zechen in der Haifischbar.

Das Leben, das ist unter Wasser
So wie bei uns, nur etwas nasser.
Und auch der Hai das, was er kennt,
Ganz wie bei uns die Hai-mat nennt.

Am Meeresgrund ist er zu Hause,
Fühlt sich dort wohl, braucht keine Brause.
Abends hat er´s besonders eilig,
Denn sein Zuhause ist ihm hai-lig!

Hai junior, der ist schlau, versteht
Alles, weil er zur Hai-School geht.
Mit dem Diplom zählt irgendwann
Zur Hai-Society er dann.

Nur in der kalten Jahreszeit
Plagt ihn auch mal die Hai-serkeit.
Dann nimmt er sich, zu Haus´ verweilend,
´nen Hustensaft, denn der ist hai-lend.

Aber auch dieses geht vorbei,
Der Sommer wärmt das Hai-Land neu.
Der Hai sich seines Lebens freut
Mit Friede, Freud´ und Hai-terkeit!

Rede der Landrätin Stefanie Bürkle anlässlich des 70. Geburtstags des Fürsten

Hoheit,
Fürstin,
meine sehr geehrten Damen und Herren,
namens des Landkreises Sigmaringen, der hier vertretenen staatlichen Repräsentanten, aber vor allem ganz persönlich, darf ich Ihnen – verehrter Fürst Karl Friedrich von Hohenzollern – von Herzen zu Ihrem heutigen 70. Geburtstag gratulieren und Ihnen alles erdenklich Gute wünschen: vor allem Gesundheit, Freude an den vielen schönen Dingen des Lebens, weiterhin allen erdenklichen Erfolg als Oberhaupt des Hauses Hohenzollern und Chef der Unternehmensgruppe Hohenzollern, immer das erforderliche Quäntchen Glück und für alles Gottes reichen Segen.

In Ihr Geburtsjahr – 1952 – fällt die Entstehung unseres Bundeslandes Baden-Württemberg, unser Regierungsbezirk trägt bis heute den Namen Württemberg-Hohenzollern und unser Landkreis, der ehemals württembergische, badische und hohenzollerische Gebiete umfasst und damit einer der wenigen Landkreise ist, in denen sich alle drei Landsmannschaften ungefähr paritätisch vereinen, wird in den sogenannten hohenzollerischen Landen nach wie vor stark vom Bewusstsein der Menschen, Hohenzollern zu sein, geprägt. Quer durch alle Bevölkerungsschichten stimmen die Menschen hier bei passender Gelegenheit mit Inbrunst das Hohenzollernlied an.

Hohenzoller zu sein, ist für die Menschen hier Identität und Heimat, ein tief verwurzeltes historisches Bewusstsein der Zugehörigkeit und ein modernes Verständnis von Weltoffenheit. Und dass dies so ist, hängt maßgeblich mit Ihnen, Hoheit, und dem Vorbild, das Sie geben, zusammen.

Anders als Ihr Großvater, Fürst Friedrich, der von der Gründung des Südweststaates, gelinde gesagt, nicht gerade begeistert war, haben Sie die heutige Rolle des Hauses Hohenzollern, seine Verantwortung für den Erhalt des historischen Erbes, aber auch seine Verpflichtung, die Veränderungen der modernen Zeit zu antizipieren und diese offensiv zu gestalten, angenommen.

Sie wissen, dass der Erhalt einer Kernsubstanz des familiären und kulturellen Erbes und die damit verbundenen öffentlichen Verpflichtungen nur auf der Grundlage einer erfolgreichen unternehmerischen Tätigkeit unter betriebswirtschaftlichen Gesichtspunkten möglich ist. Mit den Werten, Traditionen und Tugenden, die Ihnen Ihre Familie dabei in die Wiege gelegt hat, bringen Sie dabei immer auch zum Ausdruck, dass Eigentum verpflichtet. Und diese Verpflichtung beinhaltet eine Ver-

antwortung für Ihre Familie, für die Ihnen anvertrauten Menschen und Unternehmen und auch immer eine Verantwortung für die Raumschaft, in der Sie leben und wirken.

Ich durfte Sie in all den Jahren, in denen ich nun Landrätin dieses wunderschönen Landkreises sein darf, als einen Menschen kennenlernen, der sich dieser Verantwortung zu jeder Zeit sehr bewusst ist, der diese annimmt und lebt, und dafür bin ich Ihnen von Herzen dankbar.

Ich durfte Sie erleben, wie Sie für Zollern, dem ältesten Familienunternehmen Baden-Württembergs, alle Hebel in Bewegung gesetzt haben, um im Zusammenschluss mit Miba eine Ministererlaubnis in einem kartellrechtlichen Verfahren für ihr Unternehmen zu erlangen. Eine Ministererlaubnis, die seit Bestehen der Bundesrepublik noch keine 20 Mal erteilt wurde.

Und Sie waren erfolgreich. Erfolgreich, weil Sie vernetzt waren und sind, wie dies nur wenige Menschen sind. Weil Sie sich auch überregional in der Vollversammlung der IHK Bodensee-Oberschwaben und im Landes- und Bundesvorstand des CDU-Wirtschaftsrats engagiert haben. Weil Sie Entscheidungsträger kennen und diese Sie ihrerseits ebenfalls kennen und schätzen.

Ich durfte Sie erleben, wie Sie vor sieben Jahren für den Unternehmerverband im Landkreis Sigmaringen, in dem sich zwischenzeitlich branchenübergreifend über 60 Unternehmen im Landkreis zusammengeschlossen haben, bei dessen Gründung Pate gestanden sind und mit für die Idee geworben haben, dass wir alle mit gebündelten Kräften stärker sind als jeder für sich allein. Die Zeiten, in denen jedes Unternehmen für sich alleine nach Fachkräften gesucht und den Wettbewerb gescheut hat, haben Sie überwunden, weil Sie wissen, dass nicht nur die Stärke des einzelnen Unternehmens, sondern auch die Qualität eines Standorts für die Gewinnung von Fachkräften von entscheidender Bedeutung ist.

Ich durfte Sie als Partner erleben, an unserem Regio Airport in Mengen, bei dem wir durch schwierige Zeiten gegangen sind, und gemeinsam, Schritt für Schritt, diesen Flugplatz wieder zu einem besonderen Asset in und für unseren Landkreis und seine Unternehmen machen, oder auch aktuell, als es in der Corona-Pandemie darum ging, im November vergangenen Jahres binnen weniger Tage erneut ein Impfzentrum für die Menschen dieses Landkreises auf die Beine zu stellen, und Sie uns eine Ihrer zentral gelegenen Liegenschaften – obwohl Sie zu dieser Zeit im Ausland weilten – völlig unkompliziert zur Verfügung gestellt haben.

Und ich erlebe Sie als einen Menschen, der mit dem Blick eines Mannes, der international unterwegs ist, seine Entscheidungen tiefgründig durchdenkt und wägt und dabei die großen Linien nie aus dem Auge verliert. Ihre Neujahrsansprachen, in denen Sie zu Beginn eines Jahres die jeweils aktuellen Themen in einen Gesamtkontext einordnen, geben Orientierung und Richtung. Dabei greifen Sie immer wieder Themen heraus, die Antworten auf die Frage geben, wie wir unserer Verantwortung in der heutigen Zeit gerecht werden. Der Spannungsbogen von Tradition und Moderne, von Bewahren und Verändern zieht sich wie ein roter Faden durch Ihr Wirken, wobei Sie den Blick immer fest in die Zukunft gerichtet haben und vorausschauend antizipieren, welche Herausforderungen sich uns morgen und übermorgen stellen. Sie stehen auf dem Fundament der Tradition und wissen doch um die Notwendigkeit der Veränderung. Und wenn die Zeit für das Annehmen dieser Notwendigkeit gekommen ist, dann gehen Sie diese auch beherzt an.

Dies ist auch einer der Gründe, weshalb die Menschen in diesem Kreisteil immer noch sehr wachsam Ihr Tun und Wirken beobachten. Ihr Handeln ist in der öffentlichen Wahrnehmung nicht das irgendeiner Person oder irgendeines Unternehmers. Diese Öffentlichkeit, in der Sie handeln, kann Fluch und Segen zugleich sein. Doch ganz gleich, was Sie tun, es lässt die Menschen nicht kalt. Ihr Handeln bewegt, weil Sie der Fürst sind und weil die Menschen Ihnen bis heute zutiefst innerlich verbunden sind. Sei es, weil Sie einer der größten Arbeitgeber im Landkreis sind und nahezu jede Familie ein Mitglied oder zumindest einen Bekannten hat, der bei einem Ihrer vielen Unternehmen beschäftigt ist. Sei es, weil Sie mit Ihren Entscheidungen als einer der größten Grundbesitzer im Landkreis das Leben vieler beeinflussen, oder sei es, weil Sie als nahbarer Fürst bei der Fasnet oder bei einem Ihrer wunderbaren Konzerte als Musiker einfach ganz Mensch sind und die Menschen sich hierdurch mit Ihnen verbunden fühlen.

Sei es, wie es sei. Ich persönlich bin dankbar, dass wir an so vielen Stellen miteinander so vertrauensvoll und gut verbunden sind; dass Sie unserem Landkreis an so vielen Stellen ein fairer und verantwortungsvoller Partner sind und uns gemeinsam die Verantwortung für die Menschen in diesem Landstrich, im Landkreis Sigmaringen verbindet.

Ich erhebe mein Glas auf Sie, Hoheit, und wünsche Ihnen noch viele schöne, glückliche, gesunde und erfüllte Jahre. Ad multos annos!

Das Narrenschiff

Büttenrede Fürst Karl Friedrichs zur Fasnetseröffnung,
11. November 2022

September es vom Stapel lief,
Das wohlbekannte Narrenschiff.
Getauft wurd´ es von Friedrich Merz,
Auf diesen Namen, ohne Scherz.

Lackiert wurd´ es in Grün und Rot,
Man sah dann, dass das große Boot
Noch eine Farbe bräucht´, im Nu
Nahm man dann noch das Gelb dazu.

Am Steuer steht mit vollem Stolz
Der Kapitän, der Olaf Scholz.
Er kennt sich aus, er weiß es besser,
Er kennt die schwierigen Gewässer.

Schon früher hat er stets geprahlt:
»Ich weiß, wie man ein Schiff bezahlt!«
Doch wie man´s steuert, weiß er nicht,
Trotzdem war er drauf ganz erpicht.

Daneben auf der Brücke hier,
Da steht der erste Offizier,
Der Robert Habeck wird genannt,
War bisher schon recht anerkannt.

Kaum ist das Schiff auf großer Fahrt,
Mault er in den Dreitagebart:
»Die Fahrt in diese weite Welt
Hab´ ich mir anders vorgestellt!«

Dabei wär´ er, das kann man sehn,
Am liebsten selbst der Kapitän,
Drum greift er manchmal in der Tat
Dem Kapitän ins Steuerrad.

Nun hat das Schiff, das gab´s noch nie,
Nicht mehr genügend Energie.

Das Schiff ist nicht genug betankt,
Dem Lieferanten sei´s gedankt!

Scholz sagt: »Den müssen wir bestrafen,
Dann kann er lange nicht mehr schlafen!«
Davon bekommt er aber nicht
Mehr Treibstoff von dem Bösewicht.

»Den Treibstoff teuer wir bezahlen
Und leiden dabei Höllenqualen,
Wir zeigen es jetzt diesem Seckel
Und machen zu den Gaspreisdeckel!«

Und dann gesellt sich zu der Truppe
Eine ganz nette, fesche Puppe
Mit einem schicken kurzen Rock:
Anna und Lena, Bär und Bock.

Zuständig ist sie, weiß man schon,
Für Funk und für Navigation,
Ganz tapfer steht sie ihren Mann,
Auch wenn sie fast kein Englisch kann.

Tief unten in des Schiffes Rumpf
Zahlmeister Lindner brütet dumpf
Die Frage, die lässt ihn nicht kalt,
Wovon der Treibstoff wird bezahlt.

Der Olaf ruft vom Brückenhaus:
»He Christian, rück´ die Kohle raus!
Ich brauche sie, so glaub´ mir, ums
Verrecken für den Doppelwumms!

Und rüttelst Du an diesen Ösen,
Kannst Du die Schuldenbremse lösen!«
Der Christian ruft: »Das ist verkehrt,
Das Schiff dann auch nicht schneller fährt!«

Frau Lambrecht ist auch mit an Bord,
Für sie ist es der falsche Ort,
Dass sie auch noch zur falschen Zeit
Muss sorgen für die Sicherheit.

Es ist für sie der falsche Job,
Doch spart sie nicht mit Eigenlob,
Dass sie von allem gar nichts weiß,
Das interessiert sie einen Scheiß.

Frau Lemke, diese schlaue Maus,
Sagt: »Geht uns jetzt der Treibstoff aus,
Brauchen wir nur die Segel setzen,
Mit Windkraft durch die Meere wetzen!«

»Wir könnten wie vor vielen Jahren
Auch mit Atomkraft weiterfahren«,
Sagt Robert Habeck sehr verwegen,
Doch ist die Mannschaft ganz dagegen.

Dann hat man auf das große Boot
Manch Passagiere ohne Not
An Bord geholt und hat bei allen
Gesagt, sie müssten nichts bezahlen.

Und so beginnt das Narrenschiff,
Bald Kurs zu nehmen auf ein Riff.
Der Käpt'n ruft, es klingt wie Hohn:
»You're safe, you never walk alone!«

Der Habeck, der kommt angehastet:
»Die Mannschaft, die ist überlastet,
Wenn wir nur noch mehr Männer hätten,
Dann könnten wir das Schiff noch retten!

Doch um mehr Männer zu bekommen«,
So sagt die Mannschaft ganz beklommen,
»Um diese Ziele zu erreichen,
Müsst man die Frauenquote streichen!

Es wird von allen groß beteuert,
Dass dieses Schiff der Richt'ge steuert,
Doch welchen Kurs das Schiff muss fahren,
Ist keiner wirklich sich im Klaren.

Das Personal, das dort beordert,
Das ist im Ganzen überfordert.

Wie man solch eine Krise meistert,
Das wird mit Sprüchen zugekleistert.

Erst machen sie sich Konkurrenz,
Dann fehlt ihnen die Kompetenz.
Der richt'ge Kurs wär' nicht zu spät,
Der Kurs, der heißt Realität!

Doch jetzt zur fünften Jahreszeit,
Die Narren machen sich bereit,
Zu übernehmen dieses Boot,
Vielleicht kommt es dann nicht in Not.

Und wenn's nur über Fastnacht wär,
Dann fiel das Steuern nicht so schwer.
Vielleicht wär' uns dann nicht mehr bang,
Freut Euch des Lebens, 'nauf auf d' Stang!

Herr, ich danke Dir

Gebet zum Gottesdienst anlässlich des 70. Geburtstags am 20. April 2022, Fürst Karl Friedrich

Herr, ich danke Dir, dass Du mich begleitet hast an allen bisherigen Tagen meines Lebens.
Herr, ich danke Dir für Deine Begleitung in meiner Kindheit, meiner Jugend, in der Blüte meines Lebens und bis zum heutigen Tag.
Herr, ich danke Dir für Deine Begleitung in den dunklen Stunden meines Lebens und in den Momenten schwerer Entscheidungen.
Herr, ich danke Dir für Deine schützende Hand, die Du stets über meine Kinder und meine Familie gehalten hast.
Herr, ich danke Dir für alle Freundschaften im Laufe meines Lebens und für die Freunde, die mir geblieben sind.
Herr, ich danke Dir für jeden Moment des Glücks und der Freude, die ich erfahren durfte, und für das Glück, der zu sein, der ich bin.
Herr, ich danke Dir für das Glück, einen Menschen an meiner Seite zu haben, dem ich in großer Liebe verbunden bin.
Herr, ich danke Dir für die Gnade, von schwerer Krankheit und schweren Schicksalsschlägen verschont geblieben zu sein.
Herr, ich bitte Dich um Zeit und Kraft, meine Aufgaben zu Ende bringen zu können.
Herr, ich bitte Dich um Deine Begleitung im Alter und um Geduld, wenn das Leben mühselig wird.
Herr, ich bitte Dich um Gnade in meiner letzten Stunde. Herr, ich danke Dir!

Legende der Familienmitglieder (auch angeheiratete)

Bei Erstnennung im Text mit * versehen

Adalbert Prinz von Bayern
* 27. Dezember 1944 in Krauchenwies

Albrecht Prinz von Hohenzollern
* 3. August 1954 in Umkirch

Alexander Prinz von Hohenzollern
* 16. Mai 1987 in New York

Alexandra Schenk Gräfin von Stauffenberg
* 25. Mai 1960 in Detmold

Aloys Prinz von Hohenzollern
* 6. April 1999 in Berlin

Amalie Zephyrine Fürstin von Hohenzollern
* 6. März 1760 in Paris, † 17. Oktober 1841 in Sigmaringen

Andreas Fürst zu Leiningen
* 27. November 1955 in Frankfurt

Angela von Morgen
* 11. November 1942 in Berlin, † 11. Januar in Vogtareuth

Angelika Hess
* 18. Oktober 1954

Anna von Bourbon-Parma
* 18. September 1923 in Paris, † 1. August 2016 in Morges/Schweiz

Anton Aloys Fürst von Hohenzollern
* 20. Juni 1762 in Sigmaringen, † 17. Oktober 1831 in Sigmaringen

Antonia Prinzessin von Hohenzollern
* 22. Juni 1995 in München

Antonia Prinzessin von Hohenzollern, Prinzessin von Braganza
* 17. Februar 1845 in Lissabon, † 27. Dezember 1913 in Sigmaringen

Birgitta Prinzessin von Schweden
* 19. Januar 1937 auf Schloss Haga bei Stockholm

Christian Freiherr von Elverfeldt
* 27. Dezember 1960 in Frankfurt a. M.

Clarissa Baronin von Elverfeldt, geb. Schenk Gräfin von Stauffenberg
* 30. Juni 1965 in Sorengo/Tessin

Clemens Schenk Graf von Stauffenberg
* 13. August 1929 in Amerdingen, † 30. Dezember 1987 in Bielefeld

Clementine Schenk Gräfin von Stauffenberg
* 5. August 1937 in Münster

Desirée von Bohlen, geb. Prinzessin von Hohenzollern
* 27. November 1963 in München

Diane Prinzessin von Hohenzollern, Prinzessin von Bourbon-Parma
* 22. Mai 1932 in Paris, † 7. Mai 2020 in Bad Krozingen

Eilika Fürstin zu Leiningen, Herzogin von Oldenburg
* 2. Februar 1928 in Ostholstein, † 26. Januar 2016 in Amorbach

Emich Fürst zu Leiningen
* 18. Oktober 1926 in Coburg, † 30. Oktober 1991 in Amorbach

Ernst Heinrich Prinz von Sachsen
* 9. Dezember 1896 in Dresden, † 14. Juni 1971 in Neckarhausen

Eugenia Prinzessin von Hohenzollern
* 8. Juni 2005 in Sigmaringen

Ferdinand I. König von Rumänien
* 24. August 1865 in Sigmaringen, † 20. Juli 1927 in Sinaia

Ferdinand Prinz von Hohenzollern
* 14. Februar 1960 in Sigmaringen

Ferfried Prinz von Hohenzollern
* 14. April 1943 in Umkirch, † 26. September 2022 in München

Flaminia Baronin von Stipsicz von Ternova, geb. Prinzessin von Hohenzollern
* 9. Januar 1992 in München

Franz Joseph Prinz von Hohenzollern
* 15. März 1926 in Umkirch, † 13. März 1996 in Sigmaringen

Franz Joseph von Hohenzollern
* 30. August 1891 in Heiligendamm, † 3. April 1964 in Tübingen

Friedrich Prinz zu Leiningen
* 18. Juni 1938 in Coburg, † 29. August 1998 in Fischbachau

Friedrich Viktor Fürst von Hohenzollern
* 30. August 1891 in Heiligendamm, † 6. Februar 1965 in Krauchenwies

Friedrich Wilhelm Fürst von Hohenzollern
* 3. Februar 1924 in Umkirch, † 16. September 2010 in Sigmaringen

Georg Friedrich Prinz von Preußen
* 10. Juni 1976 in Bremen

Georg Herzog zu Mecklenburg
* 10. Juni 1956 in Freiburg i. Br.

Georg Herzog zu Mecklenburg-Strelitz
* 27. August 1921 in Nizza, † 26. Januar 1996 in Mirow

Gustav Adolf Erbprinz von Schweden
* 22. April 1906 in Stockholm, † 26. Januar 1947 in Kastrup bei Kopenhagen

Harald Graf von Posadowsky-Wehner
* 25. August 1910 in Kiel, † 8. September 1990 in Bonn

Heinrich Graf von Waldburg zu Wolfegg und Waldsee
* 16. September 1911 in Wolfegg, † 25. Mai 1972 in Stuttgart

Ilona Herzogin zu Mecklenburg
* 20. April 1927 in Budapest, † 12. Januar 2011 in Freiburg i. Br.

Ilona Prinzessin von Hohenzollern, geb. Gräfin Kálnoky von Köröspatak
* 9. März 1968 in Bruck an der Mur/Steiermark

Irene Harmsen, geb. Herzogin zu Mecklenburg
* 18. April 1952 in Freiburg i. Br.

Johann Georg Prinz von Hohenzollern
* 31. Juli 1932 in Sigmaringen, † 2. März 2016 in München

Josef Graf von Waldburg zu Wolfegg und Waldsee
* 15. Dezember 1950 in Heinrichsburg, † 5. Januar 2017 in Augsburg

Josephine Gräfin Posadowsky-Wehner, geb. Prinzessin von Hohenzollern
* 15. Februar 1922 in Namedy, † 11. Juli 2004 in Andernach

Josephine von Baden
* 21. Oktober 1813 in Mannheim, † 19. Juni 1900 in Sigmaringen

Karl II. von Hohenzollern-Sigmaringen/Carol II. (rumänisch)
* 15. Oktober 1893 in Sinaia/Rumänien, † 4. April 1953 in Estoril/Portugal

Karl Anton Bauscher
* 26. August 1931 in Grafenwöhr

Karl Anton Fürst von Hohenzollern
* 7. September 1811 in Krauchenwies, † 2. Juni 1885 in Sigmaringen

Karl Eitel Friedrich von Hohenzollern-Sigmaringen/
Carol I. (rumänisch)
* 20. April 1839 in Sigmaringen, † 10. Oktober auf Schloss Peleș in Sinaia/Rumänien

Karl Emich Prinz zu Leiningen
* 12. Juni 1952 in Amorbach

Karl Ernst Heinrich von Sachsen
* 9. Dezember 1896 in Dresden, † 14. Juni 1971 in Neckarhausen

Karl Fürst zu Leiningen
* 13. Februar 1898 in Straßburg, † 2. August 1946 in Saransk/ Russland

Karl Prinz zu Leiningen
* 2. Januar 1928 in Coburg, † 28. September 1990 in Vered Hagalil/ Israel

Károly Baron von Stipsicz de Ternova
* 13. Juni 1990 in Wien

Katharina Fürstin von Hohenzollern, geb. de Zomer
* 16. Juli 1959 in Freiburg i. Br.

Kira Kirillowna Romanowa
*9. Mai 1909 in Paris, 8. September 1967 in Saint-Briac-sur-mer

Kira Prinzessin zu Leiningen
* 18. Juli 1930 in Coburg, † 24. September 2005 in London

Leopold Fürst von Hohenzollern
* 22. September 1835 in Krauchenwies, † 8. Juni 1905 in Berlin

Leopold Prinz von Bayern
* 21. Juni 1943 in Umkirch

Louis Ferdinand jr. Prinz von Preußen
* 25. August 1944 in Golzow, † 11. Juli 1977 in Bremen

Louis Ferdinand Prinz von Preußen
* 9. November 1907 in Potsdam, † 26. September 1994 in Bremen

Margarete Fürstin von Hohenzollern
* 24. Januar 1900 in Dresden, † 16. Oktober 1962 in Umkirch

Margarita Fürstin von Hohenzollern, Prinzessin zu Leiningen
* 9. Mai 1932 in Coburg, † 16. Juni 1996 in Überlingen

Maria Adelgunde Huber, geb. Prinzessin von Hohenzollern
* 11. Oktober 1922 in Sigmaringen, † 13. Dezember 2004 ebenda

Maria Antonia Gräfin von Waldburg zu Wolfegg und Waldsee, Prinzessin von Hohenzollern
* 19. Februar 1921 in Sigmaringen, † 11. Oktober 2011 ebenda

Maria Fernanda Prinzessin von Thurn und Taxis
* 19. Dezember 1927 in Schloss Haus bei Regensburg, † 9. Juni 2018 in Waldkraiburg

Maria Herzogin zu Mecklenburg-Strelitz
* 14. November 1949 in Stuttgart

Maria Kyrillowna Fürstin zu Leiningen, Großfürstin von Russland
* 2. Februar 1907 in Coburg, † 25. Oktober 1951 in Madrid

Maria Prinzessin von Hohenzollern
* 19. Februar 1921 in Sigmaringen, † 23. Mai 2006 in Frauenfeld

Mechthilde Bauscher, geb. Prinzessin zu Leiningen
* 2. Januar 1936 in Würzburg, † 12. Februar 2021 in Bamberg

Michael von Rumänien/Mihai I. (rumänisch)
* 25. Oktober 1921 in Sinaia, † 5. Dezember 2017 in Aubonne/Schweiz

Monika Hess
* 8. Juli 1953

Nathalie Prinzessin von Hohenzollern, geb. Viets
* 10. November 1970 in Hamburg

Philippa Prinzessin von Hohenzollern
* 2. November 1988 in New York

Sibylla Erbprinzessin von Schweden, Prinzessin von Sachsen-Coburg und Gotha
* 18. Januar 1908 in Gotha, † 28. November 1972 in Stockholm

Stephanie Prinzessin von Hohenzollern
* 8. Mai 1971 in München

Wilhelm Fürst von Hohenzollern
* 7. März 1864 in Benrath, † 22. Oktober 1927 in Sigmaringen

Wilhelm-Karl Prinz von Preußen
* 26. August 1955 in Bonn

DANK

An der Stelle möchte ich verschiedenen Personen danken, ohne deren Engagement und Unterstützung dieses Buch nicht möglich gewesen wäre:

Meiner Frau Katharina für ihre fortwährende Ermunterung, Unterstützung und Geduld.

Meinem Bruder Albrecht für die stetige Auffrischung meines Gedächtnisses.

Frau Annette Hähnel, Bibliothekarin und Kuratorin der Sammlungen von Hohenzollernschloss Sigmaringen, für die Zusammenstellung der Unterlagen aus dem Hausarchiv und der Fotografien des Hauses und der Familie.

Herrn Stefan Heidbreder, Geschäftsführer der Stiftung Familienunternehmen, für die Empfehlung meiner Mitautorin Katrin Frische und sein stetes Interesse am Fortgang des Buchprojektes.

Des Weiteren danke ich allen Menschen, die in diesem Buch nicht erwähnt werden, die aber dennoch mein Leben, in welcher Form auch immer, begleitet, bereichert und an meiner Seite gestanden haben.

Anette Hähnel / Karen Kuehl
Das Fürstliche Haus Hohenzollern
160 Seiten, 28 x 22 cm
Hardcover
ISBN 978-3-8392-1222-6
€ 19,90 [D] / € 20,50 [A]

Beeindruckend und einzigartig sind die gesammelten Schätze des Fürstenhauses Hohenzollern. Zu diesen außergewöhnlichen Zeugnissen der Vergangenheit zählen auch mehrere 1 000 Fotografien, mit denen die Fürsten die Ereignisse ihrer Zeit festhielten. Mit dem vorliegenden zweisprachigen Band öffnet das Hohenzollernhaus seine privaten Fotoalben und präsentiert zahlreiche unveröffentlichte Aufnahmen aus 150 Jahren fürstlicher Geschichte und Leben am Hofe – Außergewöhnliches und Neues für die Nachwelt.

GMEINER KULTUR

WWW.GMEINER-VERLAG.DE
Mensch, Kultur, Region